"信息哲学"的争鸣与思辨

Xinxi Zhexue De Zhengming Yu Sibian

霍有光◎著

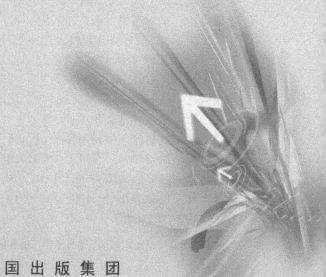

中国出版集团

世界图书出版公司

图书在版编目（CIP）数据

"信息哲学"的争鸣与思辨 / 霍有光著. —广州：世界图书出版广东有限公司,2013.4

ISBN 978-7-5100-5910-0

Ⅰ．①信…　Ⅱ．①霍…　Ⅲ．①信息学—哲学—研究—中国　Ⅳ．①G201-02

中国版本图书馆 CIP 数据核字（2013）第 058917 号

"信息哲学"的争鸣与思辨

策划编辑：陈名港
责任编辑：钟加萍
责任技编：刘上锦　佘坤泽
出版发行：世界图书出版广东有限公司
　　　　　　（广州市新港西路大江冲 25 号　邮编：510300）
电　话：020-34203432
http：//www.gdst.com.cn
编辑邮箱：gzzjp2012@126.com
经　销：全国各地新华书店
印　刷：虎彩印艺股份有限公司
印　次：2013 年 4 月第 1 版　2014 年 4 月第 2 次印刷
规　格：710mm×1000mm　1/16　19.5 印张　270 千字
书　号：ISBN 978-7-5100-5910-0/G·1310
定　价：50.00 元

若因印装质量问题影响阅读，请与承印厂联系退换。

序 言

　　对邬焜先生"信息哲学"产生质疑可谓纯属偶然。2003 年，西安交通大学出版社出版了一部教材——《自然辩证法新编》。邬焜先生在长期研究"信息哲学"并出版多部专著的基础上，将其关于"自然界演化的全息境界论"浓缩编入该教材，长达 200 多页，使原有的教学体系发生了很大变化。在交大《自然辩证法》课程属大面积的公共课，每年有3000 多名理工科硕士生必选，所以有多位教师承担课程教学任务。除邬先生外，由于任课教师对这一授课内容都未接触过，所以对这部分内容都是避而不讲。但是笔者作为任课教师之一，不得不开始接触这些"新编"的内容。

　　笔者第一篇稿件《"自然界演化的全息境界论"质疑》几经波折，终于在 2009 年 10 月，于《江南大学学报》（社科版）上刊出。2011 年 6 月邬先生来信邀请，准备编一本《信息哲学问题的探讨与争鸣》，表示"从未和高手过过招"，希望笔者参与，并慷慨寄来了《信息哲学》的 Word

1

版，由此有机会更加全面地了解"信息哲学"的理论体系，并在盛情邀请的鞭策下，继续笔耕与思辨，使这场关于"信息哲学"的讨论能够深入进行，在此谨向邬先生表示由衷的敬意。

一般说法是，"信息哲学"是20世纪80年代初期（1980~1981）在大学二年级读书的邬焜先生最早提出的。邬天启、靳辉在《江南大学学报》（社科版）发表《信息哲学在中国的兴起》（2010年第5期）一文指出："邬焜先生的《哲学信息论要略》（1985）一文的发表以及《哲学信息论导论》（1987）一书的出版成了信息哲学在中国正式创立的标志。邬焜先生特别强调指出，由于信息哲学阐明了一种全新的存在领域分割模式，从根本上改变了哲学基本问题的具体表述方式，所以，信息哲学是一种元哲学或最高哲学。信息哲学实现了人类哲学的第一次根本转向，并因而导致人类哲学的全方位的根本性变革。"对于这样的评价，邬先生在《自然辩证法研究》发表《中国信息哲学核心理论的五种范式》（2011年第4期）一文给予了回应："由于自身显示的间接存在说在哲学本体论层面提出了一个全新的存在领域，从而确立了信息哲学的'第一哲学'的地位。信息哲学于20世纪80年代中期在中国首先创立。21世纪以来，中国的信息哲学已开始走向成熟性发展的阶段。""2005年，我在《信息哲学——理论、体系、方法》一书中，更是强调了信息本体论的建构在信息哲学中的核心地位，我写道：信息在存在论意义上所具有的普遍而独特的品格，恰恰是信息哲学可以成为'元哲学'、'最高哲学'、'第一哲学'的依据。"

早在1985年10月23日，钱学森院士曾致函浙江大学哲学系的老师说："一个学校中大家不交流，搞哲学不进行多学科的互相讨论是不行的。"正是由于交大哲学系乃至哲学界难以展开"多学科的互相讨论"，因此邬先生的"信息哲学"再次编入2009年出版的《自然辩证法新教程》中。对于一门将"导致人类哲学的全方位的根本性变革"的"元哲学、最高哲学、第一哲学"，中国哲学界居然不闻不问，冷冷清清，这样的学术空气显然是非常不正常的。如果它真的能"导致人类哲学的全方位的根本性变革",那么中国哲学界这种一潭死水的氛围就是在扼杀世界顶尖级的人才!不言而喻,对信息哲学的讨论,并非针对个人。如果说"中国的信息哲学已开始走向成熟性发展的阶段",如果说一个理论能够建立、经得起历史的考验,那么必须经得起逻辑与实践的检验。鼓励开展百家争鸣,显然有助于发展中国的信息哲学。通过不同视角的辩论,将自言自语,变为你言我语,必将激活人们的思辨能力,使更多的人来参与。完全可以相信,有争鸣比没有争鸣好,在众多哲学工作者的参与下,通过全面商榷与完善,中国的信息哲学一定能够得到健康的发展,不排除"导致人类哲学的全方位的根本性变革"的可能。

本书是一本倡导争鸣、存疑与思辨的学术著作。读者在阅读时务必注意,"信息哲学"(包括六论,见下文)研究的对象不是物质本体,邬先生为了与传统哲学(马哲)的"物质—精神"范畴相区别,确立"认识发生的信息中介说"、"自身显示的间接存在说"、"哲学认识论的信息中介论",以"天上的月亮"和"水中的月亮"为案例,通过"存在领域的重新划分",认定有两种"存在":"实在、直接存在"的物质(如月亮)和"不实在、间接存在"的"信息"(如水中月)。将"不实在、间接存在"的"信息"视为人类认知的"中介"或对象,建立起一对新范畴或新的话语系统,即"不实在"的"客观信息(自在信息)—主观信息(精神)"。其中"客观信息"一词在不同的语境用不同的术语来表述,即"客观信息 = 间接存在 = 不实在 = 自在信息";"客观信息(自在信息)"寓于"中介物、中介粒子场、光子场、信息场、第三者"里。

笔者与邬先生争论的全部焦点问题是,如果坚持传统哲学(马哲)的基本观点,物质是第一性的,精神(信息)是对物质世界认知后的产物,那么精神(信息)只能是第二性的。这种学说是不是已经不适应21世纪哲学的发展了呢?或者说它已经不能指导人类的实践和认知活动了?如果说"信息哲学"能够成立,核心问题就是有没有一个邬先生所说的

3

"客观的信息世界"?① 在"客观的信息世界"里有没有从"宇宙开端（宇宙时为零）"就开始能够"纯自然演化"的、名为"客观第二性"实为"客观第一性"的"不实在"的"自在信息"？它们能不能经得起逻辑和实践的检验？因此，本书对邬先生"信息哲学"的六论进行了全面的分析与质疑，包括：①"信息本体论"——"存在领域的重新划分"以及"不实在、间接存在"的"客观信息"范畴能不能成立。中介物（第三者）是否有关于"实在、直接存在"的物质本体的"全息"，认知事物是面对"实在"的物质本体还是"不实在"的"客观信息（自在信息）"。②"信息认识论"——用中介粒子场（光子场、信息场）来替代"实在、直接存在"的事物本体，用"信息运动的过程"代替传统哲学中认知的实践活动，认为人的认知对象永远是"第三者（中介粒子场）"而不是事物本体（客体）能不能成立。③"信息进化论"——"不实在"的"客观信息（自在信息、第三者）"能否进化或退化（同化或异化），人类生产的本质是不是"信息生产"以及对"物质守恒定律"与"信息守恒与不守恒"的理解问题。④"信息价值论"——在"客观的信息世界"里，是不是"存在"一种"不实在"的"客观信息（自在信息）"，这种名为"客观第二性"实为"客观第一性"的"第三者"是不是既有存在的价值又有认知的价值。⑤"信息思维论"——这种名为关于"不实在、间接存在（信息场、中介粒子场、第三者）"的"信息思维"，实为关于"实在、直接存在"的"物质和能量的思维"能不能成立。⑥"信息的度量（质和量）论"——为什么人类不能直接"度量"具有

---

① 邬焜先生认为："我们承认，在我们的认识之外，存在着本源的、自在的、广阔无垠的信息世界。这个信息世界我们把它规定为'信息世界1'。这个'信息世界1'以客观信息体（场也是一种信息体）的形式存在着。"（《信息哲学》商务印书馆2005，第96页）"客观的信息世界是由客观的物质世界载负的纯粹客观自在的存在，它不需要什么如霍先生所说的'谁'去'沟通'，如果硬要像霍先生所希望的那样非要找出一个'操纵''信息同化和异化'的'谁'来的话，那么，我们就只好请出那个所谓的'上帝'了。天地无心、天道自然、万物自化、自为始因、自生中介、自身显现、自结关系、自通信息、自成过程。"（《信息哲学中的几个问题的再讨论——与霍有光先生再商榷》，《江南大学学报》（社科版）2011年第2期第20页）

"实在"质量的、"直接存在"的物质？为什么"不实在"的"客观信息（自在信息、第三者）"能够"度量"？"度量"的单位是什么？将"实在"物质本体的质和量，说成是"不实在"的"客观信息"的质和量，是不是使传统哲学的物质范畴，沦为没有质和量可"度量"的"离休"或"下岗"地位？

本书共收入 12 篇论文，其中 9 篇是接到邬先生邀请之后写成的，有 7 篇已经公开发表。文章排列的次序，大致也是按照当时写成的顺序。需要说明的是，由于邬先生要编《探讨与争鸣》，笔者的稿件寄给了邬先生，但他的回应文章并未寄给我。所以，邬先生发表的回应文章数量比笔者多，如果读者在阅读笔者的质疑文章时，对所引邬先生的原文觉得存疑或不过瘾，可到中国期刊网查阅邬先生的原文。邬先生的《信息信息——理论、体系、方法》一书在网上也可以下载到电子版。本书能够出版，得到人文学院"985"项目经费的有力扶持，在此表示深深的谢意。限于学养，错误之处自难避免，望同行专家不吝赐教，作者将不胜感激。

霍有光

2012 年 7 月于交大一村

CONTENTS 目 录

第一编

风 起 青 萍

"自然界演化的全息境界论"质疑

——评《自然辩证法新编》中邬焜先生的理论与观点

【摘　要】邬焜先生在《自然辩证法新编》中，从哲学角度将信息分为"客观不实在"信息（以"水中月、镜中花"为案例）与"主观不实在（精神）"信息，并用所谓的"客观不实在"（客观信息）取代物质第一性的地位，使物质成为没有认知内容的空壳；以信息进化取代物质进化，认为"客观不实在"信息不仅可以进化或退化，而且可以全息；主张认识世界就是将客观信息变为主观信息，就是创造主观信息；世界统一于全息境界。其逻辑推理不仅是荒谬的，而且也违背了马克思主义的基本原理。

【关键词】自然辩证法；邬焜；客观信息；主观信息；全息

2003 年，西安交通大学出版社出版了一部教材——《自然辩证法新编》。通常编写教材，应该采用普遍认可的，或较为成熟的理论与观点，而不是大量阐述个人的学术见解。然而，邬焜先生在长期研究信息哲学并出版多部专著的基础上，[1,2]将其关于"自然界演化的全息境界论"浓缩编入该教材，[3]不仅涉及认识论、哲学观点的诸多问题值得商榷，而且关系到当前国内高校自然辩证法教学、教材与改革等问题，因此学界如果能够倡导批评与反批评，显然是非常有益的。

一、关于《第一章　自然界是物质和信息世界的统一》的质疑

在这第一章中，邬先生首先引用了列宁对物质的定义："物质是标志客观实在的哲学范畴，这种客观实在是人通过感觉感知的，它不依赖于我们的感觉而存在，为我们的感觉所复写、摄影、反映。""物质的唯一'特性'就是它的客观实在，它存在于我们的意识之外。"接着在指责列宁对物质的定义是"未经严格的科学或逻辑论证的、难以成立的先验性观念"后，[3]35邬先生设计出一幅"存在领域分割图"（见图1-1，不妨从右相左看，可整理为表1-1），表述了他对物质、信息、精神三者的理解，提出了与"客观实在"相对应的所谓"客观不实在"、"主观不实在"等概念，其哲学概念之间的相互关系是：

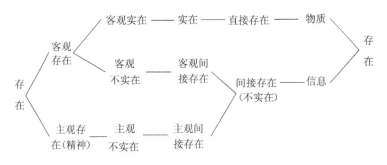

图1-1　邬焜先生的"存在领域分割图"
（参见西安交大《自然辩证法新编》第37页）

（1）物质＝直接存在＝客观存在[3]37（图1-1、表1-1）

（2）信息＝客观信息（客观存在）＋主观信息（精神：主观存在）[3]37（图1-1、表1-1）。

（3）客观不实在＝客观信息≤客观存在。"按照前所述及的传统哲学对存在领域的分割方式，'客观不实在'是不可能存在的……然而，正如

我们已经指出的那样，这样的一种传统信条是未经严格的科学或逻辑论证的、难以成立的先验性观念。""'水中月、镜中花'一类现象中的'月'或'花'，既是客观的又是不实在的。这样我们找到了一个'客观不实在'的存在领域。'客观不实在'正是对客观事物间的反映内容的指谓。"[3]35-36

（4）主观不实在＝主观信息＝主观存在（精神）。"既然是一种反映，那么反映着的内容就不是被反映的客体本身，它也就不可能是实在的"，"显然指的就是意识、精神之类的现象。它们是主体对客体的主观反应，是主观的，不实在的。"[3]35-36

（5）存在＝物质＋信息[3]37（图1-1、表1-1）。

表1-1　邬焜关于"物质"、"信息"的定义与划分

哲学（及语词学）的概念		过渡的概念		存在的方式	本体论
物质		直接存在—实在		客观存在	第一性
信息	客观信息	信息—间接存在（不实在）	客观间接存在—客观不实在		
	主观信息		主观间接存在—主观不实在	主观存在（精神）	第二性

邬先生归纳说："依据上述分析，我们可以结论：整个宇宙（世界、自然）中的一切'存在'都可以划归客观实在、客观不实在（注：客观信息）、主观不实在（注：主观信息、精神）这样三大领域的。"

仔细分析邬先生的上述见解，在哲学上是根本难以成立的：

1. 所谓"客观不实在"的概念是玩文字游戏

列宁说："物质的唯一'特性'就是它的客观实在。""它不依赖于我们的感觉而存在，为我们的感觉所复写、摄影、反映。"不难看出，我们（主体）"感觉所复写、摄影、反映"的认知成果，是第二性的（主观的），通常称其为信息、意识、精神等，而物质（事物）则是第一性的（客观的）。信息（Information）的本意指资料与情报。如果给信息一个哲

5

学的定义，那么所谓信息就是对物质（事物）属性、规律以及对其加以利用的认知成果的总和。由于人的认知总要受一定历史条件的制约（局限性），所以信息有正、误之分而物质无正、误之分。对人类而言，尽管语言和文字具有多样性，但信息必须由人来认知，借助语言和文字（包括符号、图形）来表达，并通过一定的载体才能得到记录与传播。因此，被人类认知的信息，必须借助语言、文字（包括符号、图形）及其载体而存在，而物质则"不依赖于我们的感觉而存在"，也不需要借助语言、文字（包括符号、图形）及其载体而存在。（表2-2）

表2-2　关于列宁"物质"定义的理解与推论

哲学（及语词学）的概念	特征	本体论
物质——客观实在	客观的：人意志外存在	第一性
	实在的：可被人"感觉所复写、摄影、反映"	信息（精神）第二性
子虚乌有——客观不实在（推论）	客观的：人意志外不存在	无本体
	不实在的：不能被人"感觉所复写、摄影、反映"	无可认知的信息（精神）无本体

列宁说"物质的唯一'特性'就是它的客观实在"。为对应"客观实在"之概念，邬先生提出"客观不实在"。假如采用相同的造词方法，那么对应"物质"一词，姑且造词为"虚无的物质"。由于"它"是子虚乌有的，所以也就无法被"我们的感觉所复写、摄影、反映"。或者说，与邬先生所言"客观不实在"在语词上相对应的、客体世界根本不存在的、子虚乌有的那个"东西"，关于"它"的可被认知、能反映其本质属性的所谓"信息"，也就根本不存在！（表1-2）邬先生认定"水中月、镜中花"就是"客观不实在"，目的是通过转换概念而进一步偷换概念。这样一来，"虚无的物质"居然有"客观信息"了，并且成为客观存在（"客观间接存在"）的东西了。

众所周知，由于"月亮"和"花朵"是客观实在的，所以在一定的条件下"水中月、镜中花"也是客观实在的，而且"水中月、镜中花"可随着"月亮"和"花朵"变化而变化，这也是客观实在的。"水"和"镜"，其实属于观察仪器。譬如：中国古代不直接观察太阳（阳光太耀眼），而是利用水盆里太阳的影子来研究黑子变化，不能说太阳黑子是"客观不实在"，也不能说水盆里有太阳黑子活动的影子是"客观不实在"。从战壕里（或水下潜艇）伸出潜望镜观察敌人活动，不能说敌人的活动是"客观不实在"，也不能说潜望镜里的影像是"客观不实在"。同样，汽车行进时，倒车镜则有助于观察后方的追尾情况。如果客体以及客体产生的镜像是"客观不实在"，那人们还观察什么呢？

利用仪器进行科学观察，又称间接观察。仪器能改善、扩展或补充人的感觉器官，去视、听、尝、摸外部事物。仪器有许多种类，特别是现代光学仪器的功能已成为人脑神经功能的延伸和拓展，诸如显微镜、望远镜、放大镜、夜视仪、投影仪、折射仪、照相机、幻灯等，已成为工农业生产、资源勘探、空间探索、科学实验、国防建设以及社会生活各个领域不可缺少的观察、测试、分析、控制、记录和传递的根据。从仪器中得到的"水中月、镜中花"，是即时的影像（客观实在），绝不是历史的（如几年前的、史前的）或未来的（如几年后）的影像（客观不实在）。通过仪器观察到的事物，是一定条件下多种事物发生相互联系与作用的产物（如影像），它们不是没有本体的、"虚无的物质"，人们对它们的认知，恰恰源自"客观实在"的事物，可被"我们的感觉所复写、摄影、反映"。人们既可以认知仪器的属性及规律，也可以发挥仪器的作用，认知观察客体的属性及规律，而这些"属性及规律"作为被人认知后的信息，都是第二性的。

倒影与镜像是同一种光学现象，称为虚像。虚像对于水平反射面来说，称为倒影，如水面中建筑物的倒影，光滑地面上物品的倒影等；对于垂直、倾斜的反射面来说，称为镜像，如垂直或倾斜镜面中物体的影子。倒影或镜像遵守光学反射定律，入射角＝反射角，镜像和实物关于镜面对

称。以"水中月、镜中花"作为"客观不实在"的事物，来证明"客观
间接存在"有"客观信息"，理论上是不能成立的。由于"月有阴晴圆
缺"（受天气以及自身运行规律制约），"水中月"是时有时无的，难道能
够说"水中月"表征的"客观间接存在"的事物（月亮及其属性），有
时"存在"，有时又"不存在"（彼此矛盾）吗？月亮是不以人的意志或
水面的存在而存在的，关于月亮的完整信息只能通过月亮自身去认识，而
不是通过"水中月"去认识。水面不仅可以照影日月星辰、天光云影、
水中生物以及周边事物，如果愿意，我们可以根据虚像（光学）原理，
人为制造各种邬先生所谓的"客观间接存在"即"客观不实在"的"客
观信息"，譬如"水中书影"、"水中佛影"、"水中水影（盛了水的透明
器物）"等等，使天地万物与水面、镜面产生虚像关系。遗憾的是，这既
不能说明水面、镜面作为"客观不实在"的载体是否异同，也无法说明
大千世界的倒影或镜像，它们千差万别的属性。其实，如果没有光线，世
界上一切物体都将是漆黑的。由于月亮、水、光、天气等事物都是客观存
在的，所以科学家在弄清了它们的相互关系后，才发现了"水中月"的
光学原理。正像人吃了五谷，不能通过"间接存在"的五谷的"客观信
息"去替代认识人体一样，将信息随意泛化，只能混淆事物的本源（本
体）。

2. 所谓"主观不实在"是为了对应"客观不实在"而臆造词汇

为了与"客观不实在"相对应，邬先生又提出了"主观不实在"的
概念。问题是：假如说"主观不实在"是对客观世界的认识（邬先生说
"主观不实在""指的就是意识、精神之类的现象"），那么这种"主观"
获得的认知成果，应该是"实在的"。怎么是"不实在"呢？观察的客体
是实在的。反映的内容也是实在的。如果"主观"所要认识的那个对象
（月亮与月影）根本不存在，那么能够看到什么呢？谈何去认知它（获取
信息）呢？中国古代成语云："以铜为镜，可以正衣冠"，人们知道利用
"铜镜"梳妆打扮自己。唐人卢怀慎《奉和圣制龙池篇》云："楼台影就

波中出，日月光疑镜里悬。"人们能将实物与镜中物进行比较，怎么能妄言从镜（水面）中直接看到自己的形象以及楼台、日月的影像（以及产生的意识），是"主观不实在"呢？

马克思主义认为，人类认识世界，物质决定精神，精神反作用于物质，物质是第一性的，精神（意识）是第二性的。精神（如真理）的表述形式是主观的（如语言、文字、符号），但表述的内容可以是客观的，否则人类就永远无法认识事物的本质、规律、属性等。人们不懈地追寻客观真理（或真理的客观性），目的就是要实现主观与客观统一。因此，所谓"主观不实在"完全是为了对应"客观不实在"而臆造的词汇。

3. 提出"客观信息"与"主观信息"，实质要替代物质与精神的关系

邬先生将"信息"分割为两类，即：客观不实在＝客观信息，主观不实在＝主观信息（精神）。从图1-1可以看出，所谓"主观信息"与"客观信息"的区别是，他专门用括号注明前者代表"精神"，本意是让"客观信息"取得等同于"物质"第一性的地位，违背了列宁关于"物质是标志客观实在的哲学范畴"，它可"为我们的感觉所复写、摄影、反映"，其认知的成果（意识、精神、信息）只能是第二性的思想。可见，邬先生提出"客观信息"与"主观信息（精神）"的真正用意，说白了就是要替代物质与精神的关系，在他撰写的第二章和第三章中，将会看得更加清楚。

4. 物质作为哲学范畴可有可无了

关于什么是"信息"，邬先生说："信息概念的含义极为广泛和深刻，可以从不同的角度和层次上对之进行探讨。可作通信技术上的考察；可作经济学、社会学、语言学方面的考察；可作神经学、心理学、遗传学方面的考察；可作系统科学和哲学方面的考察。"[3]46不难看出，所谓经济学、社会学、语言学、神经学、心理学、遗传学乃至通信技术所言的"信息"，只要是人们的认知所得，自然都是第二性的、精神的。但是，邬先

生强调自己的认识与众不同，他说："邬焜曾在《哲学信息论要略》一文中就信息的本质进行了专门的讨论，现将其基本点扼要转述于下：从信息的存在方式来看，信息并不是一个直接、具体的物质存在形式，信息是在表征、表现、外化、显示事物及其特征的意义上构成自身的存在价值的。信息是它所表现的事物特征的间接存在形式。"[3]49

如果根据邬先生定义"客观信息"的这一"基本点"，请问：那么"物质"所"表征、表现、外化、显示"的"事物及其特征"是什么呢？通常人们认知"一个直接、具体的"客体（事物），要回答"是什么、怎么样、为什么"等问题，不仅需要认知物质自身的"特征"与"存在形式"，需要认知事物与环境之间相互作用的"特征"与"存在形式"，而且需要认知事物与事物之间相互作用的"特征"与"存在形式"。

邬先生通过对"存在"的划分，将所谓"不实在、间接存在"的"客观信息"从"信息"中分割出来，取得与"物质"并列的第一性地位，这样一来，"实在、直接存在"的"物质"自身反而没有可被认知的内容了，或者说"物质"没有可被认知的"客观信息"了，"物质"什么也不是了。如此划分，醉翁之意不在酒，邬先生进一步推论说："主观信息是对客观信息的把握或创造的形态。"[3]133人类要认识自然界，无须认识"实在、直接存在"的"物质"，而是认识所谓的"不实在、间接存在"的"客观信息"，把"客观信息""把握或创造"为"主观信息"就行了。

总之，邬先生玩文字游戏："实在"与"不实在"都是"存在"，"直接存在"与"间接存在"也都是"存在"。"主观信息"与"客观信息"都是"信息"，"信息"是"存在"，"物质"也是"存在"。所以"信息（存在）"取得了"物质（存在）"同等的地位，前者可以架空并抛弃后者，人类对自然界的认知，是对"客观信息"的认知，能够取代对"物质"的认知，"物质"作为哲学范畴，可有可无了。（注：第三章进一步变成"自然界是全息世界的统一"。）

二、关于《第二章 自然界的双重演化》的质疑

邬先生在第二章开宗明义说："物质形态进化的演化观远不能揭示出真实演化过程的丰富的、深刻的全貌。"[3]91 那么"真实演化过程的丰富的、深刻的全貌"是什么呢？应该是信息的演化。显然，他要在第一章用客观信息替代物质本体论的基础上，用"信息形态进化的演化观"替代"物质形态进化的演化观"。邬先生借用"物质形态进化的演化观"，从自然界的演化包括进化（有序）与退化（无序）两种方向出发，推出信息的演化也可分为进化（"信息模式的创生和积累"）与退化（"信息模式的消解和耗散"）两种方式和方向，并分别与物质的双重演化（进化与退化）相对应。[3]88

由于一切有限的事物都要经历有生有灭的过程，所以人们通常将成长的事物（有序）称为进化，将衰亡的事物（无序）称为退化。作为某一具体的事物，对它的认识可以不断的深化，尽管它可能退化并消亡，但是信息作为人类对具体事物演化及其规律的认知成果，只要存储得当，那些已被认知的信息是不会因具体事物的消亡（退化）而消亡（退化）的。譬如像《诗经》、《论语》、《考工记》、《史记》等已被认知、总结并刻意传承的信息，只要自然界和人类没有毁灭它们，是不会在人类的精神财富馆藏里消亡的。

众所周知，人与自然的对象性关系，是由人而不是其他有机物（如动物）所认定的。"信息"作为主体（人）对"实在、直接存在"的客体的"认识"，是第二性的。主体（人）对客体不闻不问、熟视无睹，是不可能产生对客体的认知的。信息是人感知了客体以后的产物，在人类社会产生以前，自然界没有"虚无人"所能感知的信息，只有永恒的物质运动，不可能有信息运动（进化或退化）。在人类社会产生以后，人无论

是认知和揭示自然界事物进化（有序）的规律（信息），还是事物退化（无序）的规律（信息），同样都是非常有意义的。信息作为人类认知客体所揭示的事物的规律或属性，它们有正误之分，但物质没有正误之分，没有值得认识与不值得认识之分。譬如说：明天股市要大涨、明天风和日丽，不能说信息进化了；明天股市要大跌、明天天气不好，不能说信息退化了。认知这两种（关于股市与天气的）信息，反映了事物运动的属性和性质，对人们认识事物运动具有同等的价值。而且，事物进化对人类未必是好事，退化未必是坏事，譬如禽流感病毒、艾滋病病毒等。信息自身不会发生进化或退化，只能是物质运动进化（有序）了，或退化（无序）了。所谓进化或退化，也是按照人的价值标准来判定的，这种价值标准也是第二性的。

显然，更不能荒诞地说，明晚天气晴朗，水中有月亮的虚像，所以"水中月"信息（倒影或镜像）进化（有序）了；明晚天气阴晦，水中没有月亮的虚像，所以"水中月"信息（倒影或镜像）退化（无序）了；当然更不能荒诞地说，"水中月"进化是"创生和积累"了信息，退化则是"消解和耗散"了信息。无论水丰盈还是水干涸，天气晴好还是天气阴晦，都无法制约月亮自身的周期运动（朔望运动、自转和公转）。物质是皮，信息是毛，皮之不存，毛何进化？

需要指出是，人们对待或运用信息的不同态度，可以能动地影响事物进化或退化，这称之为"主观能动性"，而不是"信息能动性"。发明家富尔敦第一次把蒸汽机安装到"克莱蒙特号"轮船上，曾被世人嘲笑为"富尔敦的蠢物"。以蒸汽机为动力的轮船，之所以被世人所接受，不是来自信息的自动进化，而是客观实践促使人的认识发生了变化，人的认识又反作用于客观实践活动，靠的是主观能动性。

那么，邬先生是如何"对以往的进化理论重新予以审视"，"揭示信息形态进化的过程和机制"的呢？[3]91 他进一步论证说：

（1）原始宇宙的演化：实质是信息的进化或退化，主要是信息进化。

结论是："宇宙信息（注：邬先生未下定义）的自在进化构成了宇宙信息进化的坚实的主流，而那些自为信息，再生信息，乃至社会信息的活动则只是附带增生在这一主流之上的一些为时短暂的、范围极小的信息进化现象。而正是这些附带增生的信息进化现象却成了信息活动的高级形态。"[3]103 在邬先生的理论里，"宇宙的演化"与物质演化无关，变成了所谓具有客观第一性属性的"宇宙信息的自在进化"，并且是"坚实的主流"。

（2）生命的演化：实质也是信息的进化或退化，主要是信息进化。即：生命之所以能够发生进化，在于"信模跃迁"、"动物信息活动的形态跃迁"[3]110。"跃迁最重要的是自在信息向自为信息的跃迁，自为信息向再生信息的跃迁，以及自在、自为、再生信息在社会信息中的综合。"[3]113 在邬先生的理论里，所谓"生命的演化"，与物质演化无关，变成了所谓"生命信息模式"的进化。"生命的信息模式可以通过自复制的遗传信息的表达再造出与自身拥有同样信息模式的新的个体，这种自复制的遗传信息的表达使生命的信息模式在横向上获得了量的扩张，在纵向上获得了历史性的长存。"[3]110 生命的新陈代谢，不是来自物质的变化而是信息的变化。

（3）人类社会的演化：鉴于上述所谓"宇宙的进化"、"生命的进化"都源自"信息进化"，"所以能动地把握、利用、开发，创造和实现信息是人类社会的本质"，"是社会进化的尺度"[3]125,130 尽管邬先生说："与人类、人类社会的存在和进化相一致，人类、人类社会的物质形态和信息形态的进化也都相应是宇宙物质形态和信息形态进化的最高形态。"[3]117，似乎谈到了物质形态的进化问题，但只是不得已为之，主旨论证是"人类社会的进化"，与物质演化（有序或无序）无关。

具有讽刺意味的是，在邬先生大谈关于宇宙、生命、人类社会的信息演化时，却忘了自己对信息的定义："从信息的存在方式来看，信息并不是一个直接、具体的物质存在形式，信息是在表征、表现、外化、显示事物及其特征的意义上构成自身的存在价值的。信息是它所表现的事物特征的间接存在形式。"他讨论的问题，根本不是什么"事物特征的间接存在形式"问题，譬如："不实在、间接存在"的"水中月"、"镜中花"（倒影或镜像）是如何进化抑或如何退化的，大千世界（如原始宇宙）所反映的倒影或镜像是如何进化抑或如何退化的，他只是抄袭生物学的部分研究成果，生吞活剥地为事物的双重演化贴上信息演化的标签罢了。

邬先生还提出"文化进化"的概念，他说："社会的进化是文化的进化，而文化的进化又是人的心理和行为活动方式的进化，而人的心理和行为活动方式的进化又是人类把握、利用、开发、创造和实现信息的方式的进化。因此进化即是人类对信息处理的方式的进化，即是人类社会本质的进化，即是人类社会的进化。"[3]127对这段话可以理解为：（1）"信息进化"、"文化进化"和"社会进化"是同义词，具有递进关系，而"信息进化"起关键作用。（2）那么信息怎样进化呢？它来自"人类对信息处理的方式的进化"，只要"人类对信息处理的方式"进化了，那么文化就进化了，社会就进化了。邬先生用"人类对信息处理的方式的进化"取代"物质运动的进化"，并决定文化进化，社会进化。

那么如何推动文化与社会的进化呢？邬先生认为："劳动在广义上被理解为人们的生产实践，它是人们对自然客体有目的的改造活动。……劳动是一个主体目的性信息，通过主体计划性信息的实施在客体中得以实现的过程。这里创造的不是物质，而是信息。是主观信息的客观实现改变了对象的性质，使它能够满足人类的需要。"[3]125劳动的目的，不是通过劳动来创造人类的生存物质，而是通过劳动来创造"主观信息"，并在客体中实现"主观信息"，就"能够满足人类的需要"，于是文化与社会就进化了。笔者在前面曾对邬先生创造的"客观信息"和"主观信息"的概念，进行了批判。看来在这里，邬先生创造的"客观信息"概念已不重要了，人类要推动文化进步、社会进步，无须去认识自然界，只要创造"主观信息"并实现"主观信息"就可以了。

恩格斯在马克思墓前曾有一段著名讲话："正像达尔文发现有机界的发展规律一样，马克思发现了人类历史的发展规律，即历来为繁茂芜杂的意识形态所掩盖着的一个简单事实：人类首先必须吃、喝、住、穿，然后才能从事政治、科学、艺术、宗教等等；所以，直接的物质的生活资料的生产，因而一个民族或一个时代的一定的经济发展阶段，便构成为基础，人们的国家制度、法的观点、艺术以至宗教观点，就是从这个基础上发展起来的，因而，也必须由这个基础来解释，而不是像过去那样做得相反。"[4]而邬先生认为，人类关于"吃、喝、住、穿"的生产劳动，没有意义了，而是应该去生产"主观信息"，实现"主观信息"，主观与客观可以相脱离。

邬先生的观点，显然与恩格斯关于"必须由这个基础来解释"的思想大相径庭。不能说，经济基础进步了，由于人的认识出现了相对滞后性（未得出"主观信息"），社会就没有进步。"文化"无疑是信息，自然科学（文化）必须来自对自然界的客观认识活动，社会科学（文化）必须来自对人类社会的客观认识活动，"主观信息"不能随意地去创造，人的正确认识只能来自客观实践活动。所谓"文化进化"不取决于创造"主观信息"，也不取决于"人类对信息处理的方式的进化"，经济基础（物质基础）是皮，上层建筑（文化）是毛，皮之不存，毛之焉附？

邬先生在结论中说："人类社会进化的信息意义也并不仅仅停留在'信息选择'上，而更重要的还在于信息的主体（个人的、社会的）创造，和通过人类的社会实践将这些创造出来的信息转变为社会的、自然的现实。"[3]130众所周知，物质既不能创造也不能消灭，就主体所要认识的客体而言，被感知的该事物（物质运动）的信息，假如它符合该事物的客观属性，那么被认知的信息，既不能创造也不能消灭，正如客观规律和真理既不能创造也不能消灭一样。发挥人的能动性，目的是追求主观与客观的统一，理论与实践的统一，主体与客体的统一，不能脱离客观实际去"创造主观信息"。信息表征的是事物（物质运动）的属性与性质，由于事物具有多样性、复杂性、变化性，人类对认知的各种信息的态度是，既有真理标准也有价值标准。所以，认知了信息并不一定非要"转变为社会的、自然的现实"，譬如人类认知了黑洞、恐龙、玛雅文化、奴隶社会、法西斯主义、瘟疫病毒等，并不一定非要将它们"转变为社会的、自然的现实"。

三、关于《第三章　自然模式、演化机制与全息境界》的质疑

邬先生为了进一步强调人的认识活动是认知客观的信息世界而不是认知物质世界，在第三章中明确提出，"自然界存在与演化的一般模式和机制"就是全息境界或全息世界。

邬先生说："自然向上演化的进化发展，乃是一个信息不断创生、不断凝结积累的自组织过程，在这一过程中，既有信息形态在量上的扩张，也有信息形态在质上的迁跃。"在自然界进化的过程中，"新创生的和凝结积累起来的信息"与"不断创生、不断凝结积累起来的多重信息"，[3]162构成了"种种演化全息现象"：

（1）"演化历史关系全息"："自然系统的发展、进化，意味着信息的产生、凝结和积累，而这种信息产生、凝结和积累是在一个全新结构的建构过程中实现的。"[3]162

（2）"演化未来关系全息"："任何事物都只能是一种在种种历史关系中的生成之物，并且又都必然会向未来演化而去。正是在这种历史生成和向未来演化的双重性质中，事物将自身在这样一个历史——现状——未来的关系系列中全息化了自身。"[3]168

（3）"演化系列关系全息"："我们便有理由把演化历史关系全息和演化未来关系全息具体地统一到一类更具普遍性的全息现象之中，这就是演化系列关系全息。"[3]168

（4）"演化内在关系全息"："进化中的事物内部普遍存在着一种非线性相互作用的协同相干现象，这种内部非线性相互作用的协同相干效应的稳定化，一方面把事物的各个部分紧密结合为一个整体，另一方面又在各部分之间、部分和整体之间建立起不可分割的联系，这些联系原则上是通过种种质量、能量、信息的交换和沟通来实现的。通过这样的一种普遍的内在相互作用，使事物的部分和整体、部分和部分之间，建立起了某些内在统一的相互规定性，这就导致了演化内在关系全息现象的发生。"[3]170

（5）"演化结构全息"："演化结构全息是演化内在关系全息在事物组成结构模式方面的表现。它的内容是：现存的不同等级的事物之间、事物的整体和部分之间、事物的部分和部分之间的一般结构模式相同或相似。"[3]171

邬先生口若悬河，针对自以为得意的"不实在、间接存在"的"水中月"、"镜中花"这类事例，鼓吹无须去研究作为物质第一性的"实在、直接存在"的月亮、花朵，而是去研究"间接存在的月亮"等"客观不实在"的"客观信息"，大谈可以从"水中月"、"镜中花"等倒影和镜像事物（大千世界的虚像）中得到所谓的"演化历史关系全息"、"演化未来关系全息"、"演化系列关系全息"、"演化内在关系全息"、"演化结构全息"，是不是有点太荒唐了？

不难看出，邬先生为世人展现的自然图景是，自然界从"原始宇宙的演化"开始，已经不是一部物质运动演化的历史，而是一部信息乃至全息演化的历史。按照马克思主义的观点，自然界是一个无限的发展过程，而在无始无终的演化过程中，一切有限的事物都有它的"自然过程"，即发生、发展、消亡的历史。自然界中形形色色的事物，有的产生着，有的成长着，有的消亡着，物质运动永恒循环（物质不灭，运动不灭），且运动转化在量上和质上保持守恒。恩格斯说："自然界用了亿万年的时间才产生了具有意识的生物，而现在这些具有意识的生物只用几千年的时间就能够有意识地组织共同的活动。"[5]人类只有一百多万年的历

17

史，对信息的认识并以文字形式加以记载，仅有几千年的历史。在史前的自然界或宇宙，不存在"具有意识的生物（地球人）"或"思维着的物质"，对于弥散宇宙间的各种物质形态而言，已经历了不计其数的有生有灭、有灭有生的演化过程，无机物转化为无机物，无机物转化为有机物，有机物转化为无机物，低序转化为高序，高序转化为低序，无序转化为有序，有序转化为无序，此类运动形态转化为彼类运动形态，新的物种产生旧的物种灭亡，等等。人类作为漫漫宇宙长河中有限的生命（意识的局限性与"思维着的物质"的阶段性），无法认识宇宙中全部的（或所有的）有限事物的演化史，因此不可能获得所谓的全息。

除了自然界自身的无限运动以外，作为任何一种有限的事物，既然都要经历"发生、发展、消亡的历史"，那么在地球产生了人类文明以后，对人类能够涉及的那部分客体而言，人们可以认识它。假如某事物已经"消亡"了，可有三种情形：一是有残迹化石存在，若该物种已无法恢复完整实体（形体），一般只能获得部分的信息、片断信息，不可能获得关于实体（形体）的全息。二是某物种可通过各地发现的残迹化石，拼凑成大致完整的物种实体（形体），那么有可能获得较为完整的实体（形体）信息。三是实体（物种）在人类未认知它以前，已经完全消亡并转化为另一种新的物质（运动）形态，通常只能认识后者而无法了解前者了。

众所周知，由于现代人类活动对自然界产生了巨大的负面影响，已造成众多的物种先后灭绝。譬如，新疆虎从人们视线中消失已有数十年了，华南虎、白鳍豚、中华鲟或将面临同样的命运。人类不仅无法恢复新疆虎这一物种，而且更无法弥补关于这一物种"由来、演化、消亡"的全部历史。又如，以中国古代历史为例，《史记》曾记载汉代西域有楼兰、龟兹等三十六国，然而世道沧桑，如今仅凭史籍中片断的记载以及零星的考古发现，历史学家根本无法了解当年西域三十六国一度辉煌的"由来、迁徙、演化、消亡"以及相互交往关系的全部历史了。这些充分说明，信息是主体（人）认知客体后的产物，是第二性的，它有赖于"我们的感觉所复写、摄影、反映"而存在。文字是记载信息的最重要的手段（其次有绘画、器物、摄影、录音、录像等），凡是没有文字的民族，仅凭语言很难保留自己悠久的历史。当客体（一个民族）存在时，如果人类不能及时全面地认知客体（种与群），并将这些信息全面地、永久性地记载、存储下来，那么当客体消亡以后，人类就很难获得所谓的全息了。

邬先生无限泛化信息的作用，与坊间流行的"细胞（全息胚）"理论密切相关，邬先生说："生物个体首先通过遗传承受了它那个种系在进化中凝结的信息，这就是通常意义上的遗传信息。这种遗传信息就具体凝缩在母体所产生的子代个体的第一个细胞中。……对于人来说，这就是人的体力和智力结构沿生物进化的历史线索进行双重建构的过程。从演化历史关系全息的角度来看，个人的全息元的意义就在于个人只是从动物起源和进化直到人类起源和进化的全部自然历史关系和社会历史关系的凝结物。"[3]165

鼓吹"个人的全息元"是"从动物起源和进化直到人类起源和进化的全部自然历史关系和社会历史关系的凝结物"（全息），并无限夸大全息的作用，显然是十分荒诞可笑的。譬如说：从某人身上获得"细胞（全息胚、个人的全息元）"，至少从中无法获得以下的信息：（1）无法获得某人的籍贯、生卒年、婚姻、家庭、学历、经历、习惯、嗜好、研究成果的数量题目内容等信息。（2）无法获得某人五脏六腑的运动情况与健康情况等信息。（3）无法获得某人的人际关系与社会交往情况等信息。（4）无法获得某人的父辈、祖辈、曾祖、高祖曾经思维过什么。（5）无法获得某人的父辈、祖辈、曾祖、高祖之籍贯、生卒年、婚姻、家庭、学历、经历、习惯、嗜好等信息。（6）无法获得某人的父辈、祖辈、曾祖、高祖之五脏六腑的运动情况与健康情况等信息。（7）无法获得某人的父辈、祖辈、曾祖、高祖之人际关系与社会交往情况等信息。（8）无法获得社会及乡党邻里对某人的父辈、祖辈、曾祖、高祖的评价信息。（9）

无法获得某人（以及他的父辈、祖辈、曾祖、高祖）所处的时代——政治、经济、军事、科技、文化、教育、人口、社会发展、国际交往、生态环境等方面的信息。（10）无法获得某人（以及他的父辈、祖辈、曾祖、高祖）所处的时代——各国之间的疆域变迁、行政沿革、民族迁徙、战争与和平、相互交往以及自身的政治、经济、科技、军事、文化、教育、人口、社会发展、生态环境等方面的信息。（11）无法获得某人（以及他的父辈、祖辈、曾祖、高祖）所处的时代，关于地球海陆变迁、天气变化、资源利用与开采、植物和动物进化等方面的信息。（12）无法获得某人（以及他的父辈、祖辈、曾祖、高祖）所处的时代——关于太阳、月亮、金星、木星、水星、火星、土星、天王星、海王星、冥王星、黑洞、暗物质、银河系等演化的信息。（13）……

总之，人类从具体事物中，无法去认识被无限泛化了的信息，只能认识和揭示"客观实在"的物质与物质形态，无论是处于进化阶段还是退化阶段，它不依赖于我们的感觉而存在，而能被我们的感觉所复写、摄影、反映。信息属于人类意识、认识、精神的范畴，它依赖于物质而存在。已经被认知的信息，在一定的条件下可以永久地保存（如书本知识），本身绝不会自动地发生进化或退化。譬如，人类认识了"封建社会"，"封建社会"作为信息，不会自动退化到奴隶社会，也不会自动进化到资本主义社会。

邬先生在旗帜鲜明地指责"列宁关于物质的定义"，"这样的一种传统信条是未经严格的科学或逻辑论证的、难以成立的先验性观念"的基础上，创造了所谓的"存在分割领域"及理论体系，无限泛化"信息"或"全息"，把"自然界是物质与精神的统一"，替换成"自然界是物质与信息的统一"，通过文字游戏使所谓"客观信息"取得物质第一性的地位；把人类应该认知"实在、直接存在"的"物质世界"，替换成应该认知所谓的"不实在、间接存在"的"信息世界"，并将"物质"变成没有认知内容的空壳；将认知"自然界的物质演化（进化或退化）"规律，替换成应该认知"信息的演化（进化或退化）"规律；劳动不是创造物质资料，而是要创造"主观信息"；自然界与人类的演化是全息的境界，世界统一于全息。最终，在颠覆马克思主义基本原理的基础上，完成了学术"创新"。

改革开放以来，随着研究生招生规模迅速膨胀，国内高校出现了一股自编教材的浪潮，《自然辩证法》课程也不例外。一方面有助于出成果，一方面有助于评职称。遗憾的是，学人身心浮躁、忙忙碌碌，实在是无暇去探讨众多教材的理论观点或学术评价问题。如果学界能够有意识地推动现编各版本教材的学术批评与反批评，必将有助于马克思主义理论教育改革和自然辩证法学科建设。

参考文献

[1] 邬焜. 信息世界的进化 [M]. 西安：西北大学出版社，1994.

[2] 邬焜. 信息认识论 [M]. 北京：中国社会科学出版社，2002.

[3] 邬焜等. 自然辩证法新编 [M]. 西安：西安交通大学出版社，2003：34、35、36、37、46、49、88、91、103、110、113、117、125、127、130、133、162、165、168、170、171.

[4] 恩格斯. 在马克思墓前的讲话，《马克思恩格斯选集》第 3 卷 [M]. 北京：人民出版社，1972：574.

[5] 恩格斯. 致乔治·威廉·兰普卢埃林港（曼岛），《马克思恩格斯全集》第 39 卷 [M]. 北京：人民出版社，2004：63.

（原载《江南大学学报》2009 年第 5 期）

对邬焜先生"信息哲学"的再批评

【摘　要】邬焜先生的"信息哲学",将信息分为"客观不实在信息(客观信息)"与"主观不实在信息(主观信息)",并赋予了"客观不实在信息"以特殊的(第一性的)地位。在推理论证中,他离开"客观不实在信息"范畴的原意,认为信息可以进化或退化,局部痕迹可保存全息,构建出"自然演化的全息境界",在认识论上不仅是荒谬的,而且也违背了马克思主义的基本原理。

【关键词】哲学;邬焜;存在;信息;客观不实在

邬焜先生在《江南大学学报》上发表了题为《与信息哲学相关的几个问题的讨论——对霍有光先生质疑的再质疑》一文[1],对笔者"质疑"[2]提出了反批评。鼓励百家争鸣,是发展学术、解放思想之福,笔者试图就邬先生的"信息哲学"提出再批评,目的是期待更深刻地认识什么是"信息"的哲学与"信息时代"。

一、所谓"信息哲学"中"信息"的哲学地位是什么

正如邬先生在《自然辩证法新编》中论证的内容和他的一贯表述一

样，他谈的哲学问题是"信息"而不是"物质"，逻辑推理的手法分为三大步（三章或三大部分）：赋予"信息"以特殊的地位→信息可以像"物质"一样进化或退化→自然演化的全息境界。可见，赋予"信息"以特殊的地位，是建立"信息哲学"新论的基础。那么邬先生"信息哲学"中"信息"的哲学地位是什么呢？

第一部分（章）提出以列宁为代表的"传统哲学"的"存在划分"是"未经严格的科学或逻辑论证的、难以成立的先验性观念"，[3]35 目的是旨在对传统的"存在领域"进行重新的分割。结果，确有发现与发明：

邬先生说："'客观不实在'是否也确有所指呢？按照前所述及的传统哲学对存在领域的分割方式，'客观不实在'是不可能存在的，因为'客观实在＝客观存在'，所以，只要是'客观的'东西就是'实在的'，就不可能是'不实在的'。然而，正如我们已经指出的那样，这样的一种传统信条是未经严格的科学或逻辑论证的、难以成立的先验性观念。……我们决不可以说水中的月亮和天上的月亮是同一回事。天上的月亮是客观的、实在的月亮，它是一个直接以物质体的方式而存在着的月亮；水中的月亮也是客观的，它在人的意识之外，不以人的意志为转移，但是水中的月亮却并不具有实在的特性，它只是实在月亮的一个影子，而映现或载负这个月影的水却又不是实在的月亮本身，虽然，水本身是实在的水，但水中却没有实在的月。'水中捞月'之所以荒唐，就在于把水中的月亮也看成实在的月亮了。'水中月、镜中花'一类现象中的'月'或'花'，既是客观的又是不实在的。这样我们找到了一个'客观不实在'的存在领域。'客观不实在'正是对客观事物间的反映内容的指谓。在客观世界中普遍映射、建构着的种种自然关系的'痕迹'正是储存物物间的种种反应内容的特定编码结构。正是在这一特定的意义上，我们说'客观不实在'与标志物质世界的'客观实在'的存在方式具有本质的区别。"[3]35

邬先生以"水中月"为经典案例，"找到了一个'客观不实在'的存

在领域",绘出了"新的""存在领域分割图",依据信息与意识(精神)的关系,将信息进一步分为两种:

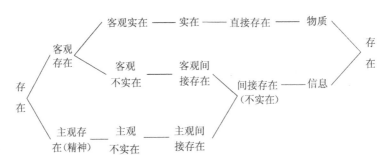

图 2 - 1　邬焜先生的"存在领域分割图"
(参见西安交大《自然辩证法新编》第 37 页)

(1)客观不实在信息(客观信息)。其关系式是:客观不实在 = 客观间接存在 = 客观信息。它与物质有相似的属性,"水中的月亮也是客观的,它在人的意识之外,不以人的意志为转移……这样我们找到了一个'客观不实在'的存在领域"。参见图 2 - 1。[3]37

(2)主观不实在信息(精神)(主观信息)。其关系式是:主观不实在 = 主观间接存在 = 主观信息。"显然指的就是意识、精神之类的现象。它们是主体对客体的主观反应,是主观的,不实的在。""我们通常所说的精神,其实正是信息的自为、再生的形态,是主观间接存在。"参见图 2 - 1。[3]37、52

若以本体论为视角,邬先生赋予了"客观不实在信息(客观信息)"非常独特的地位,足以驳倒他自己的说法:"说我'用所谓的客观信息取代物质第一性的地位'则是牵强附会。因为,在《自然辩证法新编》中根本就没有任何一句话说信息是第一性的……而恰恰相反,坚持物质的第一性、信息的第二性是我所建立的信息哲学的最基本的理论基础。"[1]19 不妨从"存在领域分割图"来看看"客观不实在信息"的哲学地位:

(1)与"主观存在(精神)"相对应的是"客观存在",而"客观存在"包括两大类："物质"与"客观不实在信息（客观信息）"。其中，"客观不实在信息（水中月）"是"客观存在"的！"它在人的意识之外，不以人的意志为转移"的！明摆着与第二性的"主观存在（精神）"的地位有别，为什么说它不是第一性的呢？假如"客观不实在信息"与"主观不实在信息（精神）"都是第二性的，把猫叫成咪，人为将其割裂、对立，那不是同义语反复吗？

相对于地球具有 40 亿~50 亿年的演化史而言，人类，作为"思维着的物质"，至多不过才有一百多万年的历史。信息是人类认识事物的"第二性"产物（意识、精神），在地球没有进化出人类之前，只存在物质世界的无限运动，不存在被"史前人类"认知的所谓"信息"与信息运动。如果像邬先生所说"恰恰相反，坚持物质的第一性、信息的第二性是我所建立的信息哲学的最基本的理论基础"，请问在人类诞生之前，邬先生为什么描绘了那么丰富关于"信息"的"自在"、"自为"等进化方式呢？其实，邬先生认定"信息的第一性活动"在"宇宙开端（宇宙时为零）"就开始了。他说："从信息形态的尺度上来看，此时的宇宙可能存在着某种内部差异间的信息沟通活动，但是这些活动又都具有随机产生、随机耗散的特征。"[3]93——这时的原始宇宙，至少比人类要早数百亿年，人类认识客观世界的意识（精神）还没有产生，然而"此时的宇宙可能存在着某种内部差异间的信息沟通活动"，那么此时的"信息"为什么不是第一性的呢？假如它是第二性的，又是谁使得"信息沟通"呢？或者说是谁将信号，由信源通过信道传给信宿的呢？

（2）如果说人类要认知的"信息"寓于"客观不实在信息（客观信息）"中，"主观信息（精神）"是对"客观信息"的认知和"创造"（即"信息的主观创造活动"[3]52），那么"实在、直接存在"的"物质"还有没有可被认知的"信息"呢？如果"物质"所要认知的"内容（事物属性及其规律）"，被"客观不实在信息"所替代，"物质"成为没有认知内容的空壳，那么哲学还要"物质"这个范畴有什么意义呢？[2]23

笔者在《"自然界演化的全息境界论"质疑》一文中指出了邬先生相对于列宁的"客观实在（物质——有本体）"概念，通过找到所谓"不实在、间接存在"的"水中月"案例，使原本语词学意义上的"客观不实在（无本体、无可被认知的内容）"有了"本体"。他的做法是：混淆了主体（人）、观察的中介（仪器）和观察对象（客体）之间，实体与影像之间的关系。[2]22邬先生针对笔者关于"客观不实在信息"范畴的批评，采取了"顾左右而言他"的态度。因此很有必要再深入讨论一番。满足"水中月"的条件是：

（1）水面必须平静如镜（可作简陋的观察仪器，如古人利用水盆里的影像观察太阳黑子活动），不能波涛汹涌；水面不应发生干涸或消失。

（2）月亮必须处于上弦月与下弦月的一个变化周期之中。

（3）夜晚必须晴朗而不能阴晦（月亮不能被阴云遮挡）。

（4）水面不能被其他物体（如山体、高大建筑、树木）遮挡。

（5）月亮反射的太阳光，必须能够达到特指的水面（如由于时差的关系，处于地球不同纬度的水面，出现月影的先后时间是不同的）。

显然，当能满足上述五个条件时，"水中月"就存在。否则，"水中月"就不存在。也就是说，在一定的条件下，无论"水有月"或是"水无月"，都是物质第一性的反映，人们通过仪器（水的镜面）看到现实的"水有月"或"水无月"，产生了意识，或曰获得了信息，都是"第二性的"。天上的月亮是实在的、客观的，镜面在满足一定条件的情况下反射事物的影像也是客观的、实在的，观察者由此获得信息（认识）也是客观的、实在的。那么为什么要创造"客观不实在信息"这个范畴呢？

邬先生说："我们曾经指出，天上有一个月亮，水中有一个月亮。天上的月亮是实在的月亮，而水中的月亮是不实在的月亮。水中的月亮的存在是因为天上的月亮的存在，前者是后者的'影子'。这样，我们便在实在的月亮和不实在的月亮之间建立起一种对应相关的关系。我们完全有理由说实在的月亮是一个直接存在的月亮,而不实在的月亮则是一个间接存在的月亮。"[3]36 他提出"实在、直接存在"、"不实在、间接存在"概念,意在以"间接存在的月亮"为依据,建立"客观不实在信息(客观信息)"这一范畴,成为演绎"信息哲学"的基础。但是,必须弄清以下问题:

(1)就像研究人的照片,不能替代研究人体一样,研究"水中的月亮"("间接存在的月亮"),不能替代研究"天上的月亮"("直接存在的月亮")。譬如:月球本身并不发光,只反射太阳光。它的亮度随日月间角距离和地月间距离的改变而变化。"水中的月亮"是明亮的(发光),不等于月亮本身会发光。当然,更无法通过"水中的月亮"去研究月球的平原、山脉、沟谷、荒漠、月岩月壤的成分、空气、温度、重力、磁场、运行轨迹等问题。若可替代,人类何必舍近求远,去搞那耗资巨大的绕月、探月、登月工程呢?

(2)自然界的一些物体可以作为记录或反映其他事物影像的载体,如水面、望远镜、照相机等,通常称之为观察的中介或仪器。

如果我们将月亮作为观察和研究的对象,直接观察是指凭借人们的感官直接对研究对象进行观察;间接观察是指借助仪器设备对研究对象进行观察,这里观察的对象——月亮以及月亮的影子,都是客观的、实在的。如果让科学家选择水盆或望远镜研究月亮,肯定会选择望远镜,因为同样是仪器,用望远镜得到的月亮影像效果比"水中月"好得多,怎么能将"眼见为实"的月亮影像称为"客观不实在"呢?仪器能改善、扩展或补充人的感觉器官,去视、听、尝、摸外部事物。人们通过现场水面(镜面)、望远镜、照相机等仪器观察客体,获得的都是即时的、眼见为实的影像(客观实在),决不是过去的(如几年前的、史前的)或未来的(如几年后、千年后)的影像(客观不实在)。

人们借助仪器认知客体,恰恰源自观察的对象是"客观实在"的事物,可被"我们的感觉所复写、摄影、反映"。直接观察与间接观察是人

27

们认识事物的不同方法，它们是相辅相成的。人们既可以认知仪器的属性及规律，也可以发挥仪器的工具作用，去了解观察对象的属性及规律，而这些"属性及规律"作为被人认知后的信息，都是第二性的。[2]22

（3）将"水中月"作为"客观不实在"的典型案例，是无法用来说明"'客观不实在'正是对客观事物间的反映内容的指谓。在客观世界中普遍映射、建构着的种种自然关系的'痕迹'正是储存物物间的种种反应内容的特定编码结构"[3]35这种解释的。

"水中的月亮"并不存在关于月亮自身的以及"物物间"（如月亮与地球、太阳系、银河系之间）的"特定编码结构"。譬如，化验"水中月"的成分、微生物绝不是月亮的成分、微生物，测量"水中月"的温度、密度决不是月亮的温度、密度（相关"物物"的物性是不一样的）。从认识论（认知世界）的角度看，我们绝不能把观察的对象——事物的实体偷换成事物的影像，把对大千世界（物质）的认知偷换成对它们影像（客观不实在信息）的认知，甚至把大千世界（物质）变成没有实际认知内容（信息）的空壳。月亮是不以人的意志（或水面、仪器）而存在的，关于月亮的完整信息只能通过月亮自身去认识，而不是由"水中月"去认识。"半亩方塘一鉴开，天光云影共徘徊。"如果愿意，科学家可以使天地万物与水面、镜面产生虚像关系。形形色色的事物尽管形态、成分、演化等可以千差万别，但它们形成镜像的原理则相同。人们认知万物的属性与规律，不能仅靠"水中宇宙"、"水中生物"的倒影去认识，更无法从它们的倒影中找到什么"储存物物间的种种反应内容的特定编码结构"。

总之，邬先生通过批判"传统哲学"的"存在领域分割"观念，提出新的"存在领域分割图"，赋予"客观不实在信息（水中月）"以"独特的（第一性的）"地位。由于从错误的起点出发，那么其进一步推理，只能是建立在沙滩上的，或者说是更加荒谬的。

二、关于"信息演化观"存在的哲学问题

邬先生的第二部分（章）虽以"自然界的双重演化"为题，但实际宗旨是要围绕"信息演化"来构建"信息哲学"。他借用"物质形态进化的演化观"，认定信息的演化也可分为进化或退化。他说："（自然界有）两种不同的演化方式和方向：A. 向上的有序化演化——物质形态的进化、信息模式的创生和积累；B. 向下的无序化演化——物质形态的退化、信息模式的消解和耗散。在这里，所谓'秩序之展开'，便是'信息的产生'，因为'秩序之展开'只有通过某些新的信息模式的创生才能表明自身是否'展开'，以及'展开'之方式和程度。'秩序之展开'正是通过相互作用中之全息性'痕迹'之建构来实现的，而这一'痕迹'建构的同时就是信息形态的转化，产生、建构和创造。"[3]88那么事实如何呢？

1. "客观不实在信息（客观信息）：水中月"无法进化或退化

邬先生遇到的最大困境是，不得不抛弃"存在领域分割图"中关于"水中月"作为"客观不实在信息"这一典型案例所自我规定的范畴问题，不得不抛弃这类"特指"的"不实在、间接存在"的事物所谓"在客观世界中普遍映射、建构着的种种自然关系的'痕迹'正是储存物物间的种种反应内容的特定编码结构"这种说法。[3]35其原因是：

（1）由于月有阴晴圆缺，"水中月"（受月亮运行规律、天气、水环境等因素制约）是时有时无的。不能说，今晚天气晴朗，存在"水中的月亮"，所以"天上的月亮"或"水中月"信息进化（创生和积累）了；抑或今晚天气阴晦，不存在"水中的月亮"，所以"天上的月亮"或"水中月"信息退化（消解和耗散）了。

（2）"水中月"与月亮的演化（进化与退化）是风马牛不相及的两回事。如上所说，有没有"水中月"，至少要受五个条件的制约。而这五

个条件，与"实在、直接存在"的月亮本体是否进化或退化无关。"水中月"根本不存在月亮的"物物间的种种反应内容的特定编码结构"。月亮自身的规律和属性在本体之中，而不在"不实在、间接存在"的"水中月"（"信息形态的转化，产生、建构和创造"）的影像里。仅靠研究大千世界各种事物在水中、镜中的虚像，都是无法用来说明事物本体如何进化或退化问题的。

（3）可见，"信息哲学"已不是从"不实在、间接存在"的"水中月"的范畴出发，推而广之，去研究"水中宇宙、镜中生物"影像的演化，而是始建终弃，泛指一切"实在、直接存在"的事物（或物质）。没有遵守"同一律"、"不矛盾律"，喧宾（信息）夺主（物质），名实不符。

2. "主观不实在信息（精神——主观信息）"不能"自为"地发生进化或退化

如果认为"信息是第二性的"，[1]19 那么关于"主观不实在信息（精神——主观信息）"能够发生进化或退化的观点，就是难以成立的。

（1）根据唯物主义的认识论，在对一个事物没有任何认知之前，那么对该事物的意识（信息、精神）就是零。通过人的"实践—理论—实践"活动，循环往复，从无到有，由浅入深，不断深化认知，那么关于该事物的意识（信息、精神）就会逐渐深化（或进化）。离开了人对客观世界的认知作用，作为"第二性的"信息不能从"原始宇宙的演化"开始，"自为"地发生进化。

（2）信息（精神、意识）作为人类对具体事物属性及其规律的认知成果，不能从"原始宇宙的演化"开始，"自为"地发生退化。只要存储得当，那些已被认知的信息是不会因具体事物的消亡（退化）而消亡（退化）的。譬如像《诗经》、《论语》、《考工记》、《史记》等已被认知、总结并刻意传承的信息，只要自然界和人类没有毁灭它们，是不会在人类的精神财富馆藏里消亡的。[2]23

3. 邬先生"信息演化观"存在的其他问题

邬先生在抛弃了典型案例的"主语(水中月、镜中花)"之后,却刻意保留了"客观不实在信息"范畴中两点对己有用的东西,即:①这种"信息"是不同于"物质"而"间接存在"的;②从本体论特征来看,它具有"在人的意识之外,不以人的意志为转移"的"客观"属性。又将"信息"进一步划分为四种。需要指出的是,若按他的"存在领域分割图"来分析,不仅难以确定这四种信息的具体位置,而且还存在一些认识错误问题,譬如:

邬先生说:"自在信息是客观间接存在的标志,是信息还未被主体认识的原始形态。"[3]51 "自在信息的活动是与物质活动同在的,它具有客观性、普遍性和存在的永恒性。"[3]53——质疑:①这里"客观间接存在"的"自在信息",已不是通过仪器(镜面)所反映的那种"特指"的"信息(影像)",在概念上已偷换成具有"普遍性"存在的"信息"(实为各种物质或事物);②从本体论上看,所谓"自在信息"已不是主体通过仪器(镜面)观测获得的第二性的认识,而是"与物质活动同在的,它具有客观性、普遍性和存在的永恒性"的具有第一性地位的东西,它在人类意识没有产生的原始宇宙的起点阶段,就已经是客观存在了,并且开始进化(创生和积累)了。

邬先生在对"以往的进化理论重新予以审视"之后,便着手"揭示信息形态进化的过程和机制"。[3]91那么"信息形态"是怎么样演化或进化的呢?

(1)"原始宇宙的演化":"(一)宇宙开端(宇宙时为零)……从信息形态的尺度上来看,此时的宇宙可能存在着某种内部差异间的信息沟通活动,但是这些活动又都具有随机产生、随机耗散的特征。"[3]93 "(二)超大统一力支配的宇宙阶段(宇宙时 $0 \sim 10^{-43}$ 秒)……此时的内部信息的活动在总体上仍是以某些信息模式的随机产生、随机耗散的方式进行的。"[3]94 "（三）混沌场及量子力学真空涨落阶段（宇宙时为 10^{-43} ~ 10^{-35} 秒）……在这个进一步展开着的过渡相上信息活动的方式和具体的信息样态也已经现实地生成和发展了。"[3]95 "（四）宇宙的暴涨阶段（宇宙时 10^{-35} ~ 10^{-3} 秒）……处于暴涨过程中的宇宙内部结构之间虽然无法进行信息通讯，但是内部结构各点上的新的差异生成的信息模式其实已潜在地建构出来了。"[3]95,96 "（五）基本粒子生成阶段（宇宙时第一秒内）……在这里，不仅是新的物质结构的生成、转化和湮灭，而且同时就是新的信息活动方式和内容的生成、转化和耗散。"[3]97……总之，"宇宙信息的自在进化构成了宇宙信息进化的坚实的主流，而那些自为信息，再生信息，乃至社会信息的活动则只是附带增生在这一主流之上的一些为时短暂的、范围极小的信息进化现象。而正是这些附带增生的信息进化现象成了信息活动的高级形态"。[3]103

　　正如前面已经讨论过的，从宇宙演化、人类演化的角度来看，物质先于意识，因为先有物质后有生命（意识），所以意识只能是第二性的。邬先生提出信息先于意识（生命），就赋予信息特殊的地位，即信息也是第一性的。在他的宇宙演化图景里，在人类以及人类的意识还没有产生之前的、十分遥远的混沌时代，"信息"就开始进化了。

　　（2）"生命的信息进化"："如果从信息活动的角度来考察，生命完全可以看作是自然信息活动的产物，它是适宜信息不断同化和异化、不断凝结积累、不断选择自构，不适宜信息不断淘汰，不断耗散而引出的一个必然结果。有机物的合成是特定无机物间相互作用的结果，而这种相互作用的真实价值恰恰在于：在复杂的信息同化和异化的过程中，建立起了载负着新的特定信息内容的质—能结构系统。"[3]107——质疑：为什么说生命不是物理的、化学的等多种物质运动叠加的产物，而是"生命完全可以看作是自然信息活动的产物"？生命的演化不是物种发生了复杂的同化和异化，而是"信息同化和异化"？是谁在操纵"第二性"的"信息同化和异化"呢?[1]19

"生物界出现的第三个崭新的信息活动方式是通过思维的信息的主体创造。主体通过思维创造信息的过程也就是信息的自为形态向再生形态跃迁的过程。"[3]114——质疑:将人类只有通过认知客观世界才能促进认识不断深化的实践活动,篡改为可以离开客观世界去创造主观世界,"主体通过思维创造信息的过程",就可实现"信息的创生和积累"(信息进化)。

(3)"人类社会的信息进化":"从信息形态的哲学划分中我们可以看到,意识是主观间接存在的标志,是信息的自为、再生的态,它包括感知,记忆和思维。……人的意识在本质上是对信息的能动的把握和改造,以及在此基础上的信息的主体创造。"[3]124 "人类社会进化的信息意义也并不仅仅停留在'信息选择'上,而更重要的还在于信息的主体(个人的、社会的)创造,和通过人类的社会实践将这些创造出来的信息转变为社会的、自然的现实。"[3]130

邬先生在这里既不关心客观世界问题,也不关心"客观信息(客观不实在信息)"问题,进一步主张"人的意识在本质上"不是客观世界在人头脑中的产物,而是"对信息的能动的把握和改造",即信息先于人的意识而独立存在,人"把握和改造"的对象是信息而不是物质;不是去认知客观世界,而是"信息的主体创造",即主观脱离客观,理论脱离实践,"主体(个人的、社会的)创造"信息;"不仅仅停留在'信息选择'上",还把"这些创造出来的信息转变为社会的、自然的现实。"

不难看出,邬先生关于所谓信息进化与退化的理论,不仅难以自圆其说,而且主张人的意识的本质就是创造信息,离马克思主义哲学的基本观点越来越远了。

三、关于"自然演化的全息境界"存在的哲学问题

邬先生第三部分(章)以"自然模式、演化机制与全息境界"为

33

题[3]131，实质是通过演绎"自然演化的全息境界"[3]162来建立"信息哲学"，并把"全息性痕迹"[3]88、"全息元"的作用推向了极端。需要指出的是，邬先生在大谈整体与部分的关系时，似乎忽略了"不实在、间接存在"的"水中月"与真实的月亮之间，不存在整体与部分的关系问题，就像人的照片（影像）不是人体的一部分一样，"水中月"根本不存在关于月亮本体的"全息性痕迹"或"全息元"。尤其是在本章里，已不是从"水中月、镜中花"的范畴出发，去讨论"水中宇宙、镜中生物"影像的所谓"全息"问题，而是喧宾（信息）夺主（物质），名实不符。

尽管邬先生没有对"全息"做出具体的定义，然而我们既可以从他行文所谈的内容中理解（见下面关于"全息元"的引文），也可以通过顾名思义来理解。姑且定义："全息"是指事物的部分或痕迹，蕴含着关于自身全部（已知与未知的）演化过程的属性与规律（所谓"全部"则难以证明）。（注：全息 Holography，原木特指一种技术，可以让从物体发射的衍射光能够被重现，其位置和大小同之前一模一样。从不同的位置观测此物体，其显示的像也会变化。因此，这种技术拍下来的照片是三维的。）

邬先生在他压轴性的最后一节"自然演化的全息境界"中[3]162，刻意演绎出五种"演化全息现象"：

（1）"演化历史关系全息"："从信息形态进化的理论来分析，自然界中必然会普遍存在这样一类现象：处于演化高级阶段上的系统以其特定的内在结构形式积累着演化低级阶段上的系统及其环境的信息，而这个处于演化高级阶段上的系统的新的信息活动方式，又恰恰是在它所积累的种种信息的综合建构中产生出来的。由于这类现象中所凝结和表现出的信息是关于事物演化过程中的时空有序性的历史线索的信息，所以，我们把这类现象称为演化历史关系全息。"[3]162"生物个体首先通过遗传承受了它那个种系在进化中凝结的信息，这就是通常意义上的遗传信息。这种遗传信息就具体凝缩在母体所产生的子代个体的第一个细胞中。正是这个细胞的内在信息结构，规定着生物个体发育的一般趋势只能是它那个种系进化过程在时空上大大压缩了的一种重演。对于人来说，这就是人的体力和智力结构沿生物进化的历史线索进行双重建构的过程。从演化历史关系全息的角度来看，个人的全息元的意义就在于个人只是从动物起源和进化直到人类起源和进化的全部自然历史关系和社会历史关系的凝结物。"[3]165

邬先生讨论"全息"时，出现了错误的解读。众所周知，"个体"与"种系"的关系问题，实质是"要素与系统"、"部分与整体"的关系问题，既属重要的哲学范畴，也事关认识论、方法论。对有机物而言，它们之间的关系不是简单的代数和关系，而是非线性关系。认知"部分或要素"所包含的信息，有助于认知"整体或系统"，但并不包含关于"整体或系统"的"全息"，因此根本无法代替对"整体或系统"的认识，否则将犯机械唯物主义的错误，只见树木不见森林。兹以手臂（部分、要素）与人体（整体、系统）为例：一是结构不同，手臂只是人的整体结构中的一个零件（局部结构）；二是功能不同，人的整体功能比手的功能要丰富得多；三是地位不同，失去手，人还可以存活，失去整体生命便终止了。尤其需要指出的是，对"部分或要素"进行优化，可能造成"整体或系统"的恶化。

令人怀疑的是，能不能以"演化高级阶段"的人类之"演化历史关系全息"（"类现象"）为案例，来弄清其"演化低级阶段"的猿类的"系统及其环境的信息"，甚至是全息？更何况眼下还存在"人类是否由猿类进化而来"的质疑。显然，"生物个体"不包含关于"母体"的全息；"人类的个体"不包含人类"从动物起源和进化直到人类起源和进化的全部自然历史关系和社会历史关系"。[2]26 由于不同的"生物个体（如人）"，后天的内因、成长历程不同，加之受环境（外因）影响不同，有的可以是守法的好公民，而有的可以是罪犯。要用"生物个体"反映的信息来描述"生物群体"，可能以偏概全。

（2）"演化未来关系全息"："一般说来，相同的初始状态在相同的条件和环境中会产生相同的演化过程和结果。这种由初始条件的相同所决定的演化过程和结果的相同的现象就是演化未来关系全息。"[3]165 "演化未来关系全息所呈现的演化过程和结果的全息性，其实是对演化系统的诸多条件、因素在动态展开过程中的某种全息综合。"[3]167

邬先生犯了用"即时的过程"（过去）代替"未来演化过程"的错误。在生物进化的漫长历史长河里，在同一地质时代，当形形色色的物种（生物）处于"相同的初始状态"时，未必"在相同的条件和环境中会产生相同的演化过程和结果"。有些物种被淘汰了，有些物种保留了下来，显然还与物种自身"物竞天择的能力"有关。而当代，许多濒危物种的命运除自然因素制约外，还受人类因素的影响，仅靠濒危物种自身怎么能够决定"演化未来关系全息"呢？

（3）"演化系列关系全息"："任何一个健全的生物体，都是关于它那个种系的历史、现状、未来的一个全息元。在这里，全息不仅对历史而言，而且也对现在而言，另外还将对未来而言。"[3]167 "我们便有理由把演化历史关系全息和演化未来关系全息具体地统一到一类更具普遍性的全息现象之中，这就是演化系列关系全息。"[3]168 "任何事物都只能是一种在种种历史关系中的生成之物，并且又都必然会向未来演化而去。正是在这种历史生成和向未来演化的双重性质中，事物将自身在这样一个历史——现状——未来的关系系列中全息化了自身。"[3]168

邬先生在认识论、方法论上犯了用局部代替整体、要素代替系统、即时代替过程的错误。从"任何一个健全的生物体"（"一个全息元"）中，是无法获得"它那个种系的"，"对历史而言"、"对现在而言"、"对未来而言"的全部信息的，是无法获得关于该种系"演化系列关系全息（演化历史关系全息和演化未来关系全息的统一）"之认知的。譬如：从仅存的华南虎身上，是无法获得该种系关于"演化系列关系全息"之认知的。从现代黄河流域"任何一个健全的"人身上，是无法获得关于夏、商、周时代华夏民族"演化系列关系全息"之考古认知的。

（4）"演化内在关系全息"："系统的进化采取的是一种全面进化的方式，这一过程对于系统的整体和部分都是一个全新综合建构的过程，这就造成了另一类全息现象：不仅整体包括着部分，而且部分也包括着整体。一方面整体信息样态由部分的综合建构而产生，另一方面，部分的信息样态又由整体来规定，部分中也映射着整体的信息，部分即是整体的全息元。由于这类全息现象是从系统自身的内在关系演化的角度来看的，所以，我们有理由把这类全息现象称为演化内在关系全息。"[3]169

什么"部分也包括着整体"、"部分中也映射着整体的信息，部分即是整体的全息元"，只能说明邬先生在继续犯错误。其一，根据系统科学知识，整体不能还原成各个部分、各种元素的总和；其二，部分相加不等于整体；其三，整体先于部分而存在，并且制约着部分的性质和意义；其四，部分的功能与结构，不等于整体的功能与结构；其五，整体的核心规律影响着部分而且影响程度存在差异，反之，部分的运行很难影响到整体。譬如说，缺胳膊少腿，对人的影响并不太大，至于缺失头发和胡须，那么影响几乎可忽略不计了。

（5）"演化结构全息"："演化结构全息是演化内在关系全息在事物组成结构模式方面的表现。它的内容是：现存的不同等级的事物之间、事物的整体和部分之间、事物的部分和部分之间的一般结构模式相同或相似。"[3]171

系统结构是指系统内部各组成要素之间的相互联系、相互作用的方式或秩序，即各要素在时间或空间上排列和组合的具体形式。对于邬先生的这段表述，笔者不敢妄加评价，仅表怀疑。人类应该是生物界进化程度最高的代表，不知人的眼睛（司视觉）、鼻子（司嗅觉）、耳朵（司听觉）、舌头（司味觉）等器官，是否存在"事物的部分和部分之间的一般结构模式相同或相似"？又如，显像管、变压器、天线是电视机的组成部分，它们体现了整体和部分、部分和部分的关系。显像管、变压器、天线三者分别不包含对方的"演化结构全息"，显像管、变压器、天线、电视机四者没有"相同或相似"的"一般结构模式"。

总之，邬先生的"全息论"给人一种误导，只要获得某事物的"一个全息元"（痕迹），就能够认识该事物的整体以及全部演化过程（过去—现在—将来）。人类作为漫漫宇宙长河中有限的生命（意识的局限性与"思维着的物质"的阶段性），是无法认识宇宙中全部的（或所有的）有限事物的演化史的，这是因为：对于弥散宇宙间的各种物质形态而言，已经历了不计其数的有生有灭、有灭有生的演化过程，无机物转化为无机物，无机物转化为有机物，有机物转化为无机物，低序转化为高序，高序转化为低序，无序转化为有序，有序转化为无序，此类运动形态转化为彼类运动形态，新的物种产生旧的物种灭亡，等等。譬如从考古发现的楼兰女尸身上，是无法获得古楼兰国（民族）"过去—现在—将来"或"演化历史关系全息和演化未来关系全息"之完整的认知的。又如，《史记》曾记载汉代西域有楼兰、龟兹等三十六国，然而世道沧桑，如今仅凭史籍中片断的记载以及零星的考古发现，历史学家根本无法了解当年西域三十六国一度辉煌的"由来、迁徙、演化、消亡"以及相互交往的"全部自然历史关系和社会历史关系"了。这些充分说明，信息是主体（人）认知客体后的产物，是第二性的，它有赖于"我们的感觉所复写、摄影、反映"而存在。没有先于人的意识而独立存在的信息演化（进化与退化），只有先于人的意识而独立存在的物质演化（进化与退化）。文字是记载信息的最重要的手段（其次有绘画、器物、摄影、录音、录像等），凡是没有文字的民族，仅凭语言很难保留自己悠久的历史。当客体（一个民族）存在时，如果人类不能及时全面地认知客体（种与群），并将这些信息全面地、永久性地记载、存储下来，那么当客体消亡以后，人类就很难获得所谓的全息了。

邬先生在解答编写《自然辩证法新论》标准时说：要讲"自己的学术见解"，不"袭用他人的学术见解"，要有新意，对学生有启迪。[1]26我们应感谢这种治学态度与精神，他的"信息哲学"无疑可拓展人们的视野。只要鼓励学术争鸣与探讨，不仅"对于信息时代哲学的变革具有十分重大的意义和价值"，而且有助于加深人们对当前信息科学技术革命、信息经济和信息社会的认识。

参考文献

［1］邬焜. 与信息哲学相关的几个问题的讨论——对霍有光先生质疑的再质疑［J］. 江南大学学报（人文社会科学版），2010（1）.

［2］霍有光. "自然界演化的全息境界论"质疑［J］. 江南大学学报（人文社会科学版），2009（5）.

［3］邬焜等. 自然辩证法新编［M］. 西安：西安交通大学出版社，2003：34、35、36、37、46、49、88、91、103、110、113、117、125、127、130、133、162、165、168、170、171.

（原载《江南大学学报》2010 年第 5 期）

第二编

邬焜先生"信息哲学"理论体系质疑

邬焜先生"信息本体论"质疑

【摘　要】邬焜先生在他的"信息哲学"中,以"水中月"为案例,建立了"客观信息(不实在、间接存在)"这个哲学范畴。由翔实的分析可知:"客观信息"混淆了"事物影像(不实在、间接存在)"与"事物本体(实在、直接存在)"的区别;"客观信息"不能进化与退化;"客观信息"与事物本体,两者不存在部分与整体的关系问题,所以"客观信息"不可能保存关于事物本体的全息。由于"客观信息"这个范畴不能成立,因此所谓"信息哲学"的理论体系也难以成立。

【关键词】信息哲学;客观信息;全息;信息本体论;邬焜

邬焜先生在《江南大学学报》(人文社会科学版)2011年第2期发表了《对信息哲学中的几个问题的再讨论——与霍有光先生再商榷》一文(简称《再商榷》),[1]就笔者对他"信息哲学"存在的问题,[2,3,4]做了所答非所问的"解释"。为了推动信息哲学研究的深入发展,就"客观信息"范畴("信息本体论")能否成立问题,再次予以辨析。

一、"客观信息"作为信息哲学的基本范畴不能成立

邬先生在他新编的《自然辩证法新教程》(2009)中继续沿用并润色

了他在《自然辩证法新编》（2003）中的论点："'客观不实在'是否也确有所指呢？按照前所述及的传统哲学对存在领域的分割方式，'客观不实在'是不可能存在的，因为'客观实在 = 客观存在'，所以，只要是'客观的'东西就是'实在的'，就不可能是'不实在的'。然而，正如我们已经指出的那样，这样的一种传统信条是未经严格的科学或逻辑论证的、难以成立的先验性观念。我们注意到，列宁曾经表达过这样一种思想：一切事物间都具有类似于反映的特性。反映的实质就是将某物的内容、特性等等在另一物中映现出来，这种映现着的某物的内容、特性显然并不等同于某物本身，也并不等同于映现着这些内容、特性的另一物。我们决不可以说水中的月亮和天上的月亮是同一回事。天上的月亮是客观的、实在的月亮，它是一个直接以物质体的方式而存在着的月亮；水中的月亮也是客观的，它在人的意识之外，不以人的意志为转移，但是水中的月亮却并不具有实在的特性，它只是实在月亮的一个影子，而映现或载负这个月影的水却又不是实在的月亮本身，虽然，水本身是实在的水，但水中却没有实在的月。'水中捞月'之所以荒唐，就在于把水中的月亮也看成实在的月亮了。'水中月、镜中花'一类现象中的'月'或'花'，既是客观的又是不实在的。其实，'水中月、镜中花'只是一个十分通俗而表面化的例子。相关的更为深刻的例子我们随便可以举出很多。如，树木的年轮中凝结着的树木所经历的多年寒暑状况及其他相关关系的内容；DNA 中编码的生命种系发生的历史关系以及个体发育的一般程序的关系的内容；地层结构中凝结的地质演化的历史关系的内容；现存宇宙结构状态中凝结的宇宙起源与演化至今的相关关系的内容等等，都具有了客观不实在的性质。这样我们找到了一个'客观不实在'的存在领域。'客观不实在'正是对客观事物间的反映内容的指谓。在客观世界中普遍映射、建构着的种种自然关系的'痕迹'正是储存物物间的种种反应内容的特定编码结构。正是在这一特定的意义上，我们说'客观不实在'与标志物质世界的'客观实在'的存在方式具有本质的区别。"[5]27~28

这段话是建立"信息哲学(信息本体论)"的精髓。邬先生认为,"信息哲学"克服了传统哲学在基本范畴问题上长期存在的"未经严格的科学或逻辑论证的、难以成立的先验性观念",以"水中月"为案例,提供了可被验证的科学事实——即"水中月""既是客观的又是不实在的",它"与标志物质世界的'客观实在'的存在方式具有本质的区别",这就是"客观不实在"。由此,可对"存在方式"进行新的分割:客观不实在=客观信息,主观不实在=主观信息(精神)。(图3-1)这样,就像传统哲学有"物质—意识(精神)"一对基本范畴一样,"信息哲学"也有了"客观信息—主观信息(精神)"一对基本范畴。(表3-1)

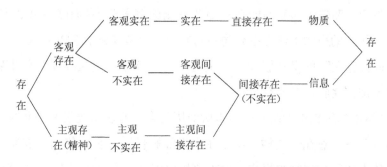

图3-1 邬焜先生的"存在领域分割图"
(参见西安交大《自然辩证法新教程》第29页)

这段话对以往立论所作的"润色"是,为了使"水中月""既是客观的又是不实在的"(客观信息)更有说服力,表示"相关的更为深刻的例子我们随便可以举出很多",于是就"随便"拿出了四个"更为深刻的例子",它们都"具有了客观不实在的性质"。然而,其效果是,更加自相矛盾。

1."此痕迹"不是"彼痕迹"

笔者在以前的质疑中已经指出:人的观察可分为直接观察和间接观察。科学仪器种类繁多,人们利用某种仪器(中介)进行间接观察,只能认知观察对象的某种和部分信息。譬如,"水面、镜面"可充当观察仪器，可获得"间接存在、不实在"的"月和花"的影像（虚像、表象），这一现象被邬先生释为"痕迹"（客观信息）。

对于"水中月、镜中花"的理解实际上存在歧义。邬先生认为，"水中月"是"不实在的"，因为实在的月亮在天上。笔者的理解是，"镜中花"是"实在的"，因为镜子可反射事物的影像，所以"对镜理红妆"就不至于把口红涂在下巴或鼻子上（事物本体是实在的、反射的影像是实在的）。但是，有一点不存在歧义，邬先生所定义的"不实在、间接存在"的"客观信息"，就是事物本体通过中介物反映的事物影像（月影花影等）。

然而，邬先生补充的四个"更为深刻的例子"，它们已不是"实在、直接存在"的事物本体在中介物中的影像，而是变成了事物本体。"不实在、间接存在"的事物影像之"痕迹"与"实在、直接存在"的事物本体之痕迹，性质是根本不同的：

"树木的年轮中凝结着的树木所经历的多年寒暑状况及其他相关关系的内容"——意在使"树木年轮在水里的影像"（客观信息）获得"树木年轮本体"的属性与规律。检验"树木年轮在水里的影像"，是无法获得关于"树木年轮本体"的内部结构、成分、温度、密度、干湿度、细胞、蛋白质等信息的，当然也无法认知"树木所经历的多年寒暑状况及其他相关关系的内容"。年轮是林木因受环境因子的影响，每年所形成的颜色深浅和宽窄不一的环状木质带，也就是说年轮的颜色深浅和宽窄的变化，是通过"木质（本体）"反映的。显然，关于年轮的全息，只能在"木质本体（物质）"中寻找，而不能从水中影像（客观信息）中获得，也不能从所谓"光子场"中获得。[1]20

"DNA中编码的生命种系发生的历史关系以及个体发育的一般程序的关系的内容"——意在使"生物DNA在水里的影像"（客观信息）获得"生物DNA本体"的属性与规律。检验"生物DNA在水里的影像"，是无法获得关于"生物DNA"的脱氧核糖核酸的成分、组成、排列方式、结构、化学键、聚合物等信息的，当然也无法认知生物 DNA 的"生命种系发生的历史关系以及个体发育的一般程序的关系的内容"。关于"生物 DNA"的全息，只能从生物的本体（物质）中寻找，而不能从水中影像（客观信息）中获得，也不能从所谓"光子场"中获得。[1]20

"地层结构中凝结的地质演化的历史关系的内容"——意在使"地层结构在水里的影像"（客观信息）获得"地层结构本体"的属性与规律。检验"地层结构在水里的影像"，是无法得到关于"地层结构本体"的内部组成、成分、密度、孔隙度、干湿度、微生物、化石等信息的，当然也无法认知"地层结构中凝结的地质演化的历史关系的内容"。况且，地层内部每一层岩石或矿物的种类、粒径、颜色是不同的，关于它们的种种信息，只能从千差万别的岩石或矿物（物质）中分别去寻找，而不能从水中影像（客观信息）中获得，也不能从所谓"光子场"中获得。[1]20

"现存宇宙结构状态中凝结的宇宙起源与演化至今的相关关系"——意在使"现存宇宙结构在水里的影像"（客观信息）获得"现存宇宙结构本体"的属性与规律。检验"现存宇宙结构在水里的影像"，是无法得到关于"现存宇宙结构本体"的内部组成、成分、密度、温度、压力、磁场、应力场、基本粒子等信息的，当然也无法认知"宇宙起源与演化至今的相关关系"。关于"现存宇宙结构"的全息，只能从现存宇宙本体中寻找，而不能从水中影像（客观信息）中获得，也不能从所谓"光子场"中获得。[1]20

显而易见，以上四个所谓"更为深刻的例子"，是想把"直接存在、实在"的"事物本体（痕迹）"的属性与规律，移花接木到"间接存在、不实在"的"事物影像（痕迹）"或"客观信息"上。恰恰反映了"客观信息（事物影像）"范畴，违背了同一律的困境，逻辑上犯了偷换概念、用"此痕迹"去替代"彼痕迹"的错误，从而实现借壳上市之目的。

2. "客观信息（事物影像或痕迹）"意在替代传统哲学里的"物质"范畴

如上所说，邬先生通过偷换概念、借壳上市的手法，使"事物影像"有了"事物本体"的属性与规律，进而得出推论：①就像"水中月、镜中花"案例一样，客观世界中存在着"普遍映射、建构着的种种自然关系的'痕迹'"。②这种"痕迹（事物影像）"，"储存"着"物物间的种种反应内容的特定编码结构"。[5]28

首先，《再商榷》忘了回答笔者先前提出的质疑："'水中的月亮'并不存在关于月亮自身的以及'物物间'（如月亮与地球、太阳系、银河系之间）的'特定编码结构'。譬如，化验'水中月'的成分、微生物决不是月亮的成分、微生物，测量'水中月'的温度、密度决不是月亮的温度、密度（相关'物物'的物性是不一样的）。从认识论（认知世界）的角度看，我们决不能把观察的对象——事物的实体偷换成事物的影像，把对大千世界（物质）的认知偷换成对它们影像（客观不实在信息）的认知，甚至把大千世界（物质）变成没有实际认知内容（信息）的空壳。月亮是不以人的意志（或水面、仪器）而存在的，关于月亮的全息，只能通过月亮自身去认识，而不是由'水中月'去认识。"[4]22

第二，《再商榷》在回答"有没有必要提出'客观信息'的范畴"时，再次重申了建立这个范畴的依据："然而，一个明显的事实是，我们所认识的物质对象并不曾与我们的感官直接接触，而与我们感官直接接触的物体又不是我们当下认识的对象。如，我们看到了月亮，而月亮本身未与我们的视网膜接触，与我们视网膜接触的只是月亮反射的光子场，月不是光，光不是月，而我们看到的是月，却未曾看到有多少个光量子，其波长频率如何，其场态分布如何。这就是说，我们对月亮的观察通过了中介物。如此，我们只能假定在中介物中载负着我们认识对象的信息，而这一信息不是由我们的主观赋予的。"[1]20

上述解释十分清晰的表明：①"客观不实在"属于"未经严格的科

学或逻辑论证的、难以成立的先验性观念",来自所谓的"假定"。"只能假定在中介物中载负着我们认识对象的信息,而这一信息不是由我们的主观赋予的",况且"水中的月亮也是客观的,它在人的意识之外,不以人的意志为转移"。[6]35②就像"水中月"不是月亮本体一样,把观察的"中介物"——水面(镜面)换成"光子场",化验"光子场"中光子的能量、质量,绝不是月亮的能量、质量;测量"光子场"中光子的速度、动量,绝不是月亮的速度、动量。反射事物影像的"光子场"中,同样没有关于月亮本体的"物物间的种种反应内容的特定编码结构"或"全息"。③招认建立"信息哲学"理论体系,就是意在用"我们的视网膜接触"的"中介物(事物影像与虚像)"替代事物本体,因为它"载负着我们认识对象的信息"。

如果从主体与客体、主观与客观的角度,仔细分析"存在领域分割图"中"主观信息(精神)"、"客观信息"、"客观实在(物质)"三者的关系,(表3-1)无非有两种情况:

表3-1 邬先生"信息本体论"中"存在领域分割图"
中有关范畴与信息的关系问题

主客关系		案例	存在方式		有关范畴与信息的关系
客体		天上的月亮	直接存在	客观实在	客观实在 = 物质 = (没有客观信息?)
中介物	第三者	水有月影	间接存在	客观不实在	客观不实在(水中影像) = 客观信息
		水无月影			客观不实在(水中无影像) = ?(难道没有信息?如阴天不出月亮)
主体		对月亮的认识		主观不实在	主观不实在 = 主观信息(精神)

注:参见邬焜《信息哲学——理论、体系、方法》(商务印书馆,2005)第37-39页。

(1)"主观信息(精神)"(主体)是对"客观信息(中介物)+客观实在(物质)"的认知。譬如,对月亮的认知,是对月影+月亮本体等的认知。(图3-1)那么要问:单独把"客观信息(水中月=客观的、不实在的=事物影像)"从"物质"范畴中拿出来进行研究,究竟有多大的意义？况且，传统哲学的"物质"范畴，原本包括中介物，中介物也是主体认知的对象（客体），人们可以认知水面、镜面反射事物影像的原理及其相关信息，反射的影像也是由光子构成的（载体和影像都是物质的）。遇到的逻辑困境是："存在领域分割图"中的"实在、直接存在"的"物质"是没有"客观信息"的，或者说"物质"本体已没有可被认知的内容或"全息"。因此，还有一个"主观信息（精神）"对"物质"究竟要认知什么的问题。

（2）"主观信息（精神）"（主体）是对"客观信息"（中介物）的认知。（图 3 - 1）遇到的逻辑困境是：由于"客观信息（水中月 = 客观的、不实在的 = 事物影像）"受定义的规定，赋存的认知内容极微，所以既想证明"客观信息"范畴能够成立，又想说明"不实在、间接存在"的"客观信息（事物影像）"之全息，等于"实在、直接存在"的事物本体（物质）之全息。这样，一方面逻辑上不成立（事物影像≠事物实体），一方面使"物质"范畴丧失了在认识论中的地位。

邬先生的选择实为上述第二种，即："主观信息是对客观信息的把握和创造的形态。"[6]133。从"信息哲学"的行文或推理来看，（图 3 - 1、表 3 - 1）传统哲学里的"物质"范畴，已没有了可被认知的客观内容（"客观信息"），凡是关于事物本体的属性与规律、进化与退化的"全息"（可被认知的客观内容），都被所谓的"客观信息（事物影像）"范畴拿走了，"物质"的地位是鹊巢鸠居了，认知事物只要认识"客观信息（事物影像）"就行了，"物质"作为传统哲学的基本范畴，名存实亡了！

二、用"客观信息"范畴推导的信息进化论、全息论不能成立

众所周知，科学理论通常是由基本概念、基本原理或定律、科学推论（基本原理演绎推导出来的结论）所组成；基本概念（范畴）是逻辑推

理、建立理论的起点。那么在"客观信息"范畴基础上建立的所谓"信息进化论"、"自然演化的全息境界（全息论）"能不能成立呢？

1. "客观信息（事物影像或痕迹）"不能进化或退化

邬先生对他的信息演化观的基本定义是：信息进化是指"向上的有序化演化"，即"信息模式的创生和积累"；信息退化是指"向下的无序化演化"，即"信息模式的消解和耗散"。"在这里，所谓'秩序之展开'，便是'信息的产生'，因为'秩序之展开'只有通过某些新的信息模式的创生才能表明自身是否'展开'，以及'展开'之方式和程度。'秩序之展开'正是通过相互作用中之全息性'痕迹'之建构来实现的，而这一'痕迹'建构的同时就是信息形态的转化，产生、建构和创造。"[6]88其中，"信息形态的转化，产生、建构和创造"与"全息性痕迹"密切相关。

首先，《再商榷》忘了回答笔者先前提出的质疑："'水中月'与月亮的演化（进化与退化）是风马牛不相及的两回事。如上所说，有没有'水中月'，至少要受五个条件的制约。而这五个条件，与月亮本体是否进化或退化无关。'水中月'根本不存在月亮的'物物间的种种反应内容的特定编码结构'。月亮自身的规律和属性在本体之中，而不在'水中月'（'信息形态的转化，产生、建构和创造'）的影像里。仅靠研究大千世界各种事物在水中、镜中的虚像，都是无法用来说明事物本体如何进化或退化问题的。"[4]23

第二，《再商榷》中说："客观的信息世界是由客观的物质世界载负的纯粹客观自在的存在，它不需要什么如霍先生所说的'谁'去'沟通'，如果硬要像霍先生所希望的那样非要找出一个'操纵''信息同化和异化'的'谁'来的话，那么，我们就只好去请出那个所谓的'上帝'了。天地无心、天道自然、万物自化、自为始因、自生中介、自身显现、自结关系、自通信息、自成过程。"[1]20这段话刻意将"客观的信息世界"与"客观的物质世界"并列，仔细品味，实际上是说"信息哲学"要研究什么：

（1）"天地"、"万物"——"客观的物质世界"，是由形形色色具有实体的物质构成。"天地"、"万物"的演化，属于物质范畴的演化。"从宇宙演化、人类演化的角度来看，物质先于意识，因为先有物质后有生命（意识），所以意识只能是第二性的。"[4]21"万物自化"不是"信息自化"，人只有将"万物自化"作为认知的对象，才能获得有关意识（精神、信息）。

（2）所谓"自通信息"——就是指在"客观的信息世界"里"信息自通"，此处"不实在、间接存在"的"信息"实指"客观信息"。根据表3－1、图3－1对"信息哲学"基本范畴的规定，因为"实在、直接存在"的"物质"是没有"客观信息"的，或者说"物质"是没有可被认知的内容或"全息"的，所以人的认知活动，就是将"客观的信息世界"或"不实在、间接存在"的"客观信息"变为"主观信息（精神）"。邬先生终于坦白"坚持物质的第一性、信息的第二性是我所建立的信息哲学的最基本的理论基础"，[2]19只是随便说说而已，在"客观的信息世界"里，"信息的第一性活动"在"宇宙开端（宇宙时为零）"就开始了，传统哲学里的"物质"在"信息哲学"里，有名无实了。[4]21

（3）根据"信息哲学"对"客观信息"范畴的规定，它是事物的影像（中介物）。至于"不实在"的"客观信息"是不是"由客观的物质世界载负的纯粹客观自在的存在"姑且不论，正如前述所指出的，在"信息哲学"里——诸如"天地"、"万物"在水中的影像，是不存在关于它们本体进化或退化的"痕迹"或"全息"的。

（4）既然"信息哲学"里的"不实在、间接存在"的"客观信息（水中月）"与传统哲学里的"物质"、"物质演化"毫不相干，又不存在关于事物本体进化或退化的"痕迹"或"全息"，那么大谈信息演化问题究竟有何指呢？

《再商榷》在"重申""三点基本立场"时说："1.演化有两个方

向：进化和退化，全息现象仅与演化的进化方向相关，因为在退化演化的方向上信息的耗散具有不可追忆的特征。"[1]21 看来，邬先生认定"客观信息"范畴的地位是不可动摇的！既然崇尚"追求真知"，那么一定能解释"水中月"作为"客观信息"典型案例的进化与退化问题：

客观信息（水中月——客观的、不实在的）——在"进化或退化方向"上，譬如关于月亮本体的所谓月壳、月核、月壤、月岩、月气、成分、温度、压力、密度、磁场等信息，为什么能在月亮影像里"自为始因、自生中介、自身显现、自结关系、自通信息、自成过程"的"创生和积累"或者"消解和耗散"呢？它的"全息现象"是什么？为什么在"客观的信息世界"里，客观信息（中介物）能够脱离人对事物本体的认知，能"自为"地演化？

第三，《再商榷》说："严格地来讲，一切关于演化的理论，一切种类的进化学说，都是关于时空转换的内在统一性的演化信息学说。因为，只有在现存空间结构中解译了储存的时间历史、空间历史的信息码后，演化才是可理解的，才是可被证明的，同时，在此基础上建立的理论也才能成为令人信服的科学。"[1]24 为了"令人信服"，随即举出若干例子，笔者仅挑出一例："地球地质的层叠结构的现存空间样态，一页页地记录着地球地层的时空演化史，其中不仅包括地质时空样态的变迁，而且包括生活在不同地质年代的生物，以及与之相应的地球环境条件的具体时空样态的信息。"[1]24 由中可见"信息哲学"存在的问题：

（1）"层叠结构"一般指沉积岩，是地质年代里，由于河流水量不断发生变化，每一次搬运的碎屑粒径不一，一层一层地叠压后，呈现韵律状的地层。兹以最简单的三层地层为例（表3-2），根据沉积物空间上的压盖关系，可以确定地层形成的时间先后，即"下老上新"；根据地层中各层碎屑物沉积颗粒的大小、水流的搬运分选原理，可以推知当时的降雨量以及气候等。——可见，关于"实在、直接存在"的地层时空关系的认知，与地层在中介物里的影像（客观信息）无关。如果没有水流变化带来的搬运碎屑粒径的变化，就不会出现碎屑粒径不同的第二、第三层沉积物。只有先形成韵律状沉积物或地层，人们才能根据地层的叠压关系，解释"现存空间结构（时空样态）"即沉积演化史。如果是数亿年前的地层，那时人类社会还没有产生，人的"解释"、"理解"功能子虚乌有。根本不是什么先"解译了储存的时间历史、空间历史的信息码后，演化才是可理解的"，完全是本末倒置了。

表3-2　三层地层的沉积演化史与地层的时空关系

次序	沉积物的特征	空间关系	时间关系	对地层时空关系的一般认知
第3层	中粒、粗粒、砾石混杂，不同粒径沉积物分布不均	上	晚	沉积晚期，区内发生洪水，形成大小粒径混杂、分选不好的碎屑沉积物
第2层	中粒（中砂），分布均匀	中	中	沉积中期，区内雨量较大，河流稳定，搬运的碎屑物，粒径较大
第1层	细粒（细砂），分布均匀	下	早	沉积早期，区内雨量较少，河流稳定，搬运的碎屑物，粒径较小

（2）地层中化石群落（陆相、海相等）可用来确定地层的沉积时代，通常只靠一种化石还不行，因为它的种群可能延续很长时间，会出现在不同地质时代的地层里。一般要结合上下地层的叠压关系，通过分析化石群落（有哪些化石种群共生，哪些化石种群消亡了，哪些新化石种群出现了），与国际或国内标准地层对比，由此大致来确定地层的时代——这里的化石群落、地层，都不是"信息哲学"中介物里的影像（客观信息），仅凭一种化石也无法认知关于某地层形成年代（过去—现在—将来）的全息。只有先形成地层、化石群落，人类才能去解释"现存空间结构（时空样态）"即沉积与生物演化史。如果是数亿年前的化石群落，那时人类社会还没有产生，人的"解释"、"理解"功能子虚乌有。根本不是什么先"解译了储存的时间历史、空间历史的信息码后，演化才是可理解的"，完全是本末倒置了。

（3）空间位置的变化一般要用地层与地层、地层与岩体、岩体与岩体的接触关系，以及化石（陆相、海相）、断层、褶皱、构造运动等诸多因素来判断——这些都不是"信息哲学"中介物里的影像（客观信息）。只有先形成不同的地层、岩体，经过不同的地质活动形成不同的接触关系，人类才能去解释"现存空间结构（时空样态）"即沉积与构造活动演化史。如果是数亿年前发生的空间位置的变化，那时人类社会还没有产生，人的"解释"、"理解"功能子虚乌有。根本不是什么先"解译了储存的时间历史、空间历史的信息码后，演化才是可理解的"，完全是本末倒置了。

2."客观信息（事物影像或痕迹）"没有关于事物本体的全息

邬先生"全息论"的基本说法是：可通过部分与整体的关系，用部分来认知整体，即用"全息性痕迹"[6]88来认知"自然演化的全息境界"，即包括"演化历史关系全息"、"演化未来关系全息"、"演化系列关系全息"、"演化内在关系全息"、"演化结构全息"等五种。[6]162~171

首先，《再商榷》忘了回答笔者先前提出的质疑："需要指出的是，邬先生在大谈整体与部分的关系时，似乎忽略了'水中月'与真实的月亮之间，不存在整体与部分的关系问题，就像人的照片（影像）不是人体的一部分一样，'水中月'根本不存在关于月亮本体的'全息性痕迹'或'全息元'。"[4]25"水中月（客观信息）"——无论是水的镜面、水分子、水原子，还是水中的影像、光子场、光子，都不蕴含关于月亮本体的"物物间的种种反应内容的特定编码结构"或"全息"。

第二，《再商榷》在"对客观信息和全息现象的论证依据的进一步说明"中，依然在重复长期以来的逻辑错误。一是把四个"更为深刻的例子"中的一些案例拿出来讲了一番。二是归纳说："从最为一般的意义上来讲，演化是通过事物的相互作用实现的，而事物的相互作用过程同时就是事物间进行信息的同化和异化的过程。"[1]24分析这段表述：①承认了"演化是通过事物的相互作用实现的"，即进化或退化是通过物质运动（事物的相互作用）实现的。需要提醒的是，物质或物质运动留下的痕迹，按传统哲学的规定性，是有信息可供认知的；按"信息哲学"的规定性，则是没有信息可供认知！（表3－1、图3－1）②这里所说的"信息"，按照"信息哲学"的定义，"我们只能假定在中介物中载负着我们认识对象的信息"，[1]20即"认识对象（如月亮）"的信息，载负于事物影像（中介物，如月影、光子场）中。然而，这些中介物里，是没有关于事物本体的"同化和异化的过程"的。③再次试图用事物影像（中介物）取代事物本体，使传统哲学的"物质"范畴成为空壳。

《再商榷》在"重申""三点基本立场"时说："2. 全息不全，全息所全息的信息内容仅仅是关于演化的一般程序、合理化的秩序方面的，而不是包罗全部特殊的细节，偶然的因素的；3. 不能把全息观点无限泛化，不仅没有'世界统一于全息境界'、'自然界是全息世界的统一'这样的说法，而且是反对这样的观念的。"[1]21又说："霍先生'通过顾名思义'所'理解'和'姑且试定义'的'全息'概念与我所定义的全息概念的距离是甚为遥远。"[1]21

邬先生在论述"演化历史关系全息"时说："从演化历史关系全息的角度来看，个人的全息元的意义就在于个人只是从动物起源和进化直到人类起源和进化的全部自然历史关系和社会历史关系的凝结物。"[6]165可以看出，在这一表述中，"个人的全息元"所蕴含的时空范围有多大呢？——包括"从动物起源和进化直到人类起源和进化"！"个人的全息元"所蕴含的全息内容有多少呢？——即这种"凝结物"包括了"个人""从动物起源和进化直到人类起源和进化的全部自然历史关系和社会历史关系"。这里不仅存在关于"客观信息"的全息（如个人影像的全息元），与关于"物质（事物本体）"的全息（如个人本体的全息），两者在内涵上的区别问题，而且假如说"全息不全"，那么为什么不提"部分信息"而要提"全息"这个概念呢？所谓"全部自然历史关系和社会历史关系"是什么意思呢？所谓"任何一个健全的生物体，都是关于它那个种系的历史、现状、未来的一个全息元。在这里，全息不仅对历史而言，而且也对现在而言，另外还将对未来而言"[6]167 是什么意思呢？"全部"与"不全"、"种系"与"一个健全的生物体"在语义上相同吗？是谁"无限泛化"了全息的含义呢？

我们还可以看看邬先生在其专著《信息哲学》中所举的"雪花"、"生物遗传基因 DNA"案例，尽管是指鹿为马、冒名顶替，它们是"实在""直接存在"的事物，而不是"不实在""间接存在"的"第三者"，或者说它们根本不是事物在中介物里的影像而是事物本体。但是，我们不难体会他所说的"全息"到底是"全息不全"还是相反！邬先生说："空中飘落的每一片雪花都是具体差异着的，这种具体差异的构型，详尽记录着它在高空结晶和落下历程中所经历的变化多端的天气条件的历史信息，在这里，雪花以它自己的特定构型全息着自身产生、运动，变化的历史；生物遗传基因 DNA 的空间排列结构编码着生物种系进化历史的全部信息，这种信息依其进化顺序的表达便是由此 DNA 所规定的生物个体发育的过程，这种历史的时空样态以某种大大压缩了的方式在个体发育的现存时空样态中的具体展示，便构成了生物个体发育过程重演其种系进化过程的生物重演律现象"。[7]203请问"生物遗传基因 DNA"居然能够拥有"生物种系进化历史的全部信息"，这里所谓的"全部信息"到底全不全呢？

需要指出的是，《再商榷》忘了回答笔者先前提出的质疑："从现代黄河流域'任何一个健全的'人体身上，是无法获得关于夏、商、周时代华夏民族'演化系列关系全息'之考古认知的。"[6]168同样，如果认为关于"演化历史关系全息"的说法是正确的，那么应该直接面对质疑，说明考古工作者应该如何利用"个人的全息元（个人影像全息元）"，去揭示夏、商、周时代华夏民族"从动物起源和进化直到人类起源和进化的全部自然历史关系和社会历史关系"。

大家知道，20 世纪 40 年代，香农用哲学的视野审视通讯技术，建立了信息论。他指出信息传播的途径是：信源（发信者）—信道（干扰或噪声）—信宿（收信者），即信源（发信者）先将有关认知的"消息、信息、情报"进行"编码"，通过信道传输，再经过解码传达给信宿（收信者）。可见，无论是对"消息、信息、情报"的认知（识别、选择、加工等）、编码，还是对它们的接收解读，被人们认知和传递的"消息、信息、情报"或者说"意识（精神）"，都是第二性的。譬如，对盲人而言，是无法感知镜中前额有没有白发、白发有多少（如全白、花白、若干根白发）等影像信息的，这充分说明，影像作为人认知后的意识（精神、信息），只能是第二性的。或者说，在没有认知它（如白发）之前，它是物质的某种形态；被认知后，才是信息（如白发影像、意识、精神）。离开了人的认知活动，所谓"消息、信息、情报"是无法"自为始因、自生中介、自身显现、自结关系、自通信息、自成过程"的。

必须再次指出，邬先生的"自然演化的全息境界论"给人一种误导，[6]162要获得某事物的"一个全息元"、"个人的全息元"、"全息性痕迹"等，就可以认知所谓五种演化关系全息，甚至"演化系列关系全息"还可以将"演化历史关系全息"和"演化未来关系全息"统一起来。[5]168然而，"人类作为漫漫宇宙长河中有限的生命（意识的局限性与'思维着的物质'的阶段性），是无法认识宇宙中全部的（或所有的）有限事物的演化史的，这是因为：对于弥散宇宙间的各种物质形态而言，已经历了不计其数的有生有灭、有灭有生的演化过程，无机物转化为无机物，无机物转化为有机物，有机物转化为无机物，低序转化为高序，高序转化为低序，无序转化为有序，有序转化为无序，此类运动形态转化为彼类运动形态，新的物种产生旧的物种灭亡，等等。譬如从考古发现的楼兰女尸身上，是无法获得古楼兰国（民族）'过去—现在—将来'或'演化历史关系全息和演化未来关系全息'之完整的认知的。又如，《史记》曾记载汉代西域有楼兰、龟兹等三十六国，然而世道沧桑，如今仅凭史籍中片断的记载以及零星的考古发现，历史学家根本无法了解当年西域三十六国一度辉煌的'由来、迁徙、演化、消亡'以及相互交往的'全部自然历史关系和社会历史关系'了。这些充分说明，信息是主体（人）认知客体后的产物，是第二性的，它有赖于'我们的感觉所复写、摄影、反映'而存在。文字是记载信息的最重要的手段（其次有绘画、器物、摄影、录音、录像等），凡是没有文字的民族，仅凭语言很难保留自己悠久的历史。当客体（一个民族）存在时，如果人类不能及时全面地认知客体（种与群），并将这些信息全面地、永久性地记载、存储下来，那么当客体消亡以后，人类就很难获得所谓的全息了"。[4]26

《再商榷》中寄言："我希望霍先生能够提出更新、更严谨、更深入的真知灼见。以有助于推动信息哲学的发展。"[1]25在此谨对邬先生的科学态度表示诚挚的敬意。笔者与邬先生看法一样，讨论"客观信息"范畴是否成立，不针对任何人，而是为了学科发展。因为任何一种理论的形成与成熟，都必须经得起逻辑和实践的检验。只要倡导哲学工作者积极参与，鼓励民主讨论和学术争鸣，那么信息哲学就能得到大发展。

参考文献

[1] 邬焜. 信息哲学中的几个问题的再讨论——与霍有光先生再商榷 [J]. 江南大学学报》(人文社会科学版)，2011（2）.

[2] 邬焜，与信息哲学相关的几个问题的讨论——对霍有光先生质疑的再质疑 [J]. 江南大学学报（人文社会科学版），2010（1）.

[3] 霍有光. "自然界演化的全息境界论"质疑 [J]. 江南大学学报（人文社会科学版），2009（5）.

[4] 霍有光. 对邬焜先生"信息哲学"的再批评 [J]. 江南大学学报（人文社会科学版），2010，（5）.

[5] 邬焜等. 自然辩证法新教程编 [M]. 西安：西安交通大学出版社，2009：29.

[6] 邬焜等. 自然辩证法新编 [M]，西安：西安交通大学出版社，2003：35.

[7] 邬焜. 信息哲学——理论、体系、方法 [M]. 北京：商务印书馆，2005：203.

（原载《哲学分析》2011 年第 6 期）

邬焜先生"信息认识论"质疑

【摘　要】邬焜先生在"信息本体论"的基础上，推导出"信息认识论"，论证的基本思路是：一是重复了"信息本体论"的逻辑错误，使"实在、直接存在"的物质成为没有实际认知内容的空壳；二是以偏概全，旨在用"不实在、间接存在"的中介粒子场（事物中介）来替代事物本体，用"信息运动的过程"代替传统哲学中认知的实践活动，认为人的认知对象永远是"第三者（中介粒子场）"而不是事物本体（客体），可以说"信息认识论"也是站不住脚的。

【关键词】信息哲学；信息本体论；信息认识论；中介粒子场；信息场；邬焜

邬焜先生在"信息本体论"的基础上，推导出"信息认识论"，研究的基本思路是：一是重复了"信息本体论"的逻辑错误，使"实在、直接存在"的物质成为没有实际认知内容的空壳；[1-3]二是以偏概全，旨在用"不实在、间接存在"的中介粒子场（事物的中介）来替代事物本体，用"信息运动的过程"代替传统哲学中认知的实践活动，可以说"信息认识论"也是不能成立的。

一、关于"信息的哲学分类"与"客体信息"范畴问题

"信息的哲学分类"出自邬先生《信息哲学》第五章，有别于传统哲学"物质—意识"一对范畴，邬先生在"信息本体论"中提出了"客观信息—主观信息（精神）"一对范畴，为了进一步推导"信息认识论"，他又将这对范畴进行了新的划分：

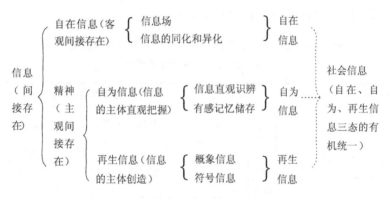

图 4－1　邬焜先生"信息的哲学分类"
（参见《信息哲学》（商务印书馆 2005）第 60 页）

1. 自在信息＝客观间接存在＝客观信息（水中月）

由图 1 可以看出，在"信息认识论"中：①自在信息＝信息场＋信息的同化与异化。②主观信息（精神）＝自为信息（＝信息的主体把握＝信息直观识别＋有感记忆储存）＋再生信息（＝信息的主体创造＝概念信息＋符号信息）。

邬先生定义"自在信息"说："自在信息是客观间接存在的标志，是信息还未被主体把握和认识的信息的原始形态。在这个阶段里，信息还只是以其纯自然的方式，自身造就自身，自身规定自身，自身演化自身，从而展开其自身纯自然起源、运动、发展的历程。信息场以及信息的同化与

61

异化是自在信息的两种基本形式。"[4]47 这里，用到了"客观间接存在"，如果结合"信息本体论"中"客观间接存"的定义，（表4-1）那么自在信息与客观信息的关系是：自在信息＝客观间接存在＝客观不实在＝客观信息（水中月、中介物）。[4]37-39

两种"间接存在"的"信息"的关系是：邬先生说："主观信息是对客观信息的把握或创造的形态"，[4]102 即第二性的"精神（主观信息）"以"不实在、间接存在"的"客观信息（自在信息）"为"把握或创造"的对象，排除了对"实在、直接存在"的物质本体的认知，使"客观信息（自在信息）"获得了客观第一性的地位。

表4-1 邬先生"信息本体论"中"存在领域分割图"中
有关范畴与信息的关系问题

主客关系		案例	存在方式		有关范畴与信息的关系
客体		天上的月亮	直接存在	客观实在	客观实在＝物质＝（没有客观信息？）
中介物	第三者	水有月影	间接存在	客观不实在	客观不实在（水中影像）＝客观信息
		水无月影			客观不实在（水中无影像）＝？（难道没有信息？如阴天不出月亮）
主体		对月亮的认识		主观不实在	主观不实在＝主观信息（精神）

注：参见邬焜《信息哲学——理论、体系、方法》（商务印书馆，2005）第37-39页。

2. 观察的客体在"信息本体论"中无信息，在"信息认识论"中突然有了信息

与"信息本体论"中"客观信息"范畴不同的是，邬先生又提出了"客体信息"概念。他在讨论"自为信息"时说："知觉的过程就是将客体信息对象化、规范化、整合化。"[4]53 在讨论"三个信息世界和世界模式图示"时说："实践（工程）活动是一个主体信息向客体运动的过程，同时也是客体信息向主体运动的过程；是主体信息在客体中实现的过程，也是客体信息在主体中实现的过程。"[4]91 "我们也得到了一个被信息所中介

着的主客体相互作用的崭新模式：客体⟷信息⟷主体"。[4]156

不难看出，邬先生提出这一"崭新模式"：其一，"中介信息"与"客体信息"是两个概念，客体是指观察的对象，"客体信息"是指观察对象——即客体自身赋存的信息。其二，中介信息（中介物）处于主体和客体之间，具有了双向作用的功能。需要指出的是，在"信息本体论"里，客观信息是"客观间接存在（客观不实在）"，它的内涵是指事物在中介物里的影像（水中月）。从主客关系考察，认知的客体（物质）是不赋存任何信息的（实在≠不实在），因为信息赋存于作为"不实在"的中介物的客观信息（水中月）之中，所以，主体（主观信息）认知的对象是"不实在、间接存在"的客观信息（水中月或中介物），而不是"实在、直接存在"的客体（物质）。（表4－1）然而，在"信息认识论"里，摇身一变，用"客体信息"偷换了"客观信息"概念，不仅使中介物（水中月）有了信息，而且使观察的客体也有了"客体信息"。

（1）考察"客体⟷信息⟷主体"，如果是作为中介的"客观信息（水中月）"与客体（物质）发生双向作用，那么它们交换什么呢？假如交换的是信息，那么客体（物质）的本体是什么呢？假如交换的是物质，那么"客观信息（水中月）"的本体是什么呢？假如交换的是意识、精神，那么"客观信息（水中月）"和客体（有机物＋无机物等），为什么会有思维功能呢？

邬先生说："所谓认识的过程，就是客体在和主体发生相互作用的过程中，将客体自身的某些属性、特征的信息输入主体，并在主体中被识辨、加工和改造。"[4]156仔细品味这段话，实质是使"信息输入"具有了主动性。所谓"将客体自身的某些属性、特征的信息输入主体"，就是说客体"某些属性、特征的信息"无需去认知就能自动输入主体，然后再去"识辨、加工和改造"。试问：人想认知黑洞，既然黑洞能够"将客体自身的某些属性、特征的信息输入主体"，那么人还有必要去认知吗？计算机软件"将客体自身的某些属性、特征的信息输入主体"，主体不用学习就会使用了吗？科学事实是：人要认识水中月，水中月不能把"自身的某些属性、特征的信息输入主体"，而是只有主体自觉地去认知，才能获得关于水中月"自身的某些属性、特征的信息"。

（2）考察"主体←→信息←→客体"，那么"主体信息（或主观信息）"是如何经过"中介信息场"的？或者说从本体论上看："主体信息（或主观信息）"如果是意识精神，是如何转化为中介粒子场（信息场）中的粒子或光子的？"主体信息（或主观信息）"如果是物质，又是如何转化为中介粒子场（信息场）中的粒子或光子的？

二、关于中介粒子场（信息场）的认识论问题

邬先生关于"中介粒子场（信息场）"的论述是"信息认识论"的精髓，这里主要摘出四段论述：

"物体的相互作用是通过物体自身辐射或反射的中介粒子场来完成的。正是这个中介粒子场，载负着反映物体自身存在的方式和状态的信息。"[4]48

"我们还应该注意到，在感知过程中，我们的感官也并不与认识对象直接接触。我们可以视见天上的日月星辰，我们可以听到户外的鸡鸣狗吠，我们可以闻到远处的花香屎臭……而这些日月星辰、鸡狗花屎则全都远离我们的躯体而存在。我们的触觉，在宏观上看来，似乎是由我们的肌体与对象的直接接触而引起的，但是，在微观量子的水平上，它仍然是一种间接接触的过程。这就又向我们提出了一个问题：到底是什么东西刺激了我们的感官，从而给我们带来了关于对象的模式？"[4]157

"现代物理学揭示：物体（'粒子'）之间广泛存在着各种形式的场的普遍联系，这个场的联系是通过中介物质（粒子）的传递来实现的。这就告诉我们，在感知时，主客体虽然没有直接接触，但必然存在着中介粒子传递的间接联系。其实，在感知过程中，直接刺激我们感官的并不是客

体本身,而是客体反射或辐射出来的粒子场。……正是由于这种场的普遍差异性,才使任一物体产生出来的粒子场能够将该物的特质显示出来,这样,这个场便成了产生它的那个物的信息的载体。就是在这一特定的意义上,我们把这个场叫做'信息场'。"[4]157

"由此,我们起码可以得出这样一个结论:主客体的相互作用首先被各种不同的信息场所中介着。视觉的中介是客体辐射或反射出来的光子场;听觉的中介是客体振动产生出来的机械振动波场;嗅、味觉的中介是客体辐射出来的各类分子场;触觉则是以各类热温场、机械力场、化学递质场为中介的。这些不同的场只是客体某些方面的信息的载体,而绝不是客体本身。太阳辐射的光子打在我们的视网膜上,使我们获得了太阳形色的信息,但是,直接刺激我们视网膜的光子绝对不是太阳本身,而那个作为我们感知对象的太阳离我们的感官却是那样的遥远。虽然,直接给我们以刺激的是特定的光子,但是,这些光子却并不是此刻我们要感知的对象,我们要认识这些光子,又必须通过它们所辐射或反射出来的另一层次上的粒子的刺激来实现。在其他类型的感知过程中,情景也是这样。主客体之间没有直接的接触,而那些直接接触的刺激物却并不能成为这一过程中的客体,它只能扮演向主体传递另一物的信息的载体角色。换句话说,我们永远只能借助于第三者来把握我们的对象。"[4]157

归纳以上论述,所谓信息场=中介粒子场,或者是指光子场(视觉),机械振动波场(听觉),各类分子场(嗅觉、味觉),各类热温场、机械力场、化学递质场(触觉)等。主体(人)凡是要认知客体(物质)时,必须经过中介粒子场(第三者)。

1. 与视觉有关的信息场(光子场)认识论问题

(1)光子场(中介粒子场)不能代替事物的本体。仍以"信息本体论"中的典型案例"水中月"为例,科学事实是:

①"水中月"不是月亮本体,它们两者没有整体与部分的关系。人们可以扰动水面(使水中月消失)、打破镜子(使镜中花消失),但月亮

和花朵依然存在。把观察（视觉）的"中介物"——水面（镜面）换成"光子场（粒子场）"，化验"粒子场"中"辐射或反射"的光子的能量、质量，绝不是月亮的能量、质量；测量"粒子场"中光子的速度、动量，绝不是月亮的速度、动量。"辐射或反射"月亮影像的"粒子场"中，根本没有关于月亮本体的"物物间的种种反应内容的特定编码结构"或"全息"。[4]37

②众所周知，宇宙间的物体，有的发光，有的不发光。人们看到的光来自于太阳（热效应）或借助于产生光的设备。反射光"产生出来的粒子场"，不是反光体自身发的光，而是反射了来自发光体的部分光线。光是一种电磁波，但反光体（事物本体）大多不是电磁波。"中介粒子场"的载体是中介粒子，中介粒子既不等于发光体，也不等于反光体。譬如：太阳光粒子并不等于太阳，月光粒子并不等于月亮，水中月粒子并不等于水体。

月亮本体是不发光的，举头望明月，是月亮反射了太阳光。由于月球、地球、太阳三者的相对位置发生周期性的变化，所以地球上可看到新月—蛾眉月—上弦月—凸月—满月—残月—下弦月—蛾眉月—新月等不同的"月相"。"月海"是月亮上比较开阔平坦的部分，反射率低，只有6%，肉眼看到的是月亮上的黑斑。"月亮灰光"是指在新月前后，月面上没有被阳光照射部分所呈现的一种微弱的灰色的光。灰光不是月亮本体发射出来的，它是由地球反射的日光照到背着太阳的月面上而形成的。[5]150-154如果说"任一物体产生出来的粒子场能够将该物的特质显示出来，这样，这个场便成了产生它的那个物的信息的载体"——那么要问：仅凭"月海"或"月亮灰光"模模糊糊的影像，或者说"产生出来的粒子场"，究竟"显示"的是光线的反射定律"特质"呢？还是太阳（直射）、月亮（反射）、地球（反射）自身的"特质"呢？譬如：能够"显示""月亮上比较开阔平坦的部分（黑斑）"、"背着太阳的月面（灰影）"多少信息呢？"地球反射的日光照到背着太阳的月面上"，又能为月球提

供多少关于地球（如人类、有机物、地幔、地核）的信息呢？（表 4 - 2）

表 4 - 2　月亮灰光与中介粒子场（信息场）以及阳光的关系

客体	中介粒子场（光子场、信息场、第三者）	光的物质形态与度量	特点
太阳	光直射。无中介粒子场（信息场）。客体的本体无信息。	电磁波	阳光的反射次数越多，电磁波量越小，信息量越大。
地球	第一次反射阳光。有中介粒子场。有太阳与地球相互作用的信息；有太阳、地球演化的信息。客体无信息。	电磁波反射量 < 直射量	
月亮灰光	第二次反射阳光。有中介粒子场。有太阳与地球相互作用的信息，以及地球与月球相互作用的信息；有太阳、地球、月球演化的信息。客体的本体无信息。	电磁波二次反射量 < 一次反射量	

（2）外貌或外观影像不能代表整体。邬先生说："光子是以它的光量子特性为其直接存在的，但是，光子的波长、频率及其场的分布方式却对应着反射这个光子场的物体本身内部以及与其他物体的差异的特质。正因为如此，不同物体反射的不同光子场作用于我们的视网膜，才使我们观察到了不同的形状、颜色、运动状况等等。可见，在场的直接存在的形式中，以其相对差异的结构编码形式间接携带着产生这个场的物体本身的信息。正是在这个间接存在的、确定的信息意义上，我们把这个物质场从信息论的角度规定为信息场。"[4]48 - 49

视觉是光作用于视觉器官，人和动物可感知外界物体的大小、明暗、颜色、动静等影像，或称物体的影像刺激视网膜所产生的感觉。人眼能看清物体是由于物体所发出的光线，经过眼内折光系统（包括角膜、房水、晶状体、玻璃体）发生折射，成像于视网膜上。视觉生理可分为物体在视网膜上成像的过程，及视网膜感光细胞如何将物像转变为神经冲动的过程。光线通过眼内折光系统的成像原理基本上与照相机及凸透镜成像原理相似。众所周知，光的传播有直射（如太阳光、白炽灯）、折射（在两种均匀介质的接触面上发生折射）、反射（在介质交界面反射回原介质的现象)、衍射(又称为绕射,波遇到障碍物或小孔后通过散射继续传播的现象)等形式。①所谓"不同物体反射的不同光子场",从认识论上看,排除了光的直射、折射、衍射等形式。譬如直接观察太阳,太阳光是直射而不是反射。②"不同物体反射的不同光子场作用于我们的视网膜"的图像,其实都是物体的外貌或外观影像。所谓外貌或外观,是指物体的外观结构与容貌。科学事实是:我们能够看见电视机,但看不见机箱里边的集成电路板、变压器、扬声器、电源线;能看见大衣柜,但并不知道里面装的什么衣物或东西,自然也无法知晓是否有存折、存折上有多少钱(必须打开大衣柜,找到与翻开存在,与存在直接接触)。又如:月球永远都是一面朝向地球,地球上只能看到月球的半面。无论是水中月亮还是天上的月亮,人们通过所谓"光子场"(中介粒子场)所观察到的,只是月亮表面的结构与容貌,看不到月亮表面的温度、温差、重力、元素等,更无法看到月壤、月岩、月表(深度 0~2 千米)、月壳(深度约 2 千米~65 千米)、月幔(深度约 65 千米~约 1388 千米)、月核(1388 千米以下)内部的温度、压力、密度、比重、成分、矿产、月龄、月磁等内容。[5]150~154

(3)即时不能包含过程。水中月所反映的影像是即时的(退一步讲,即便是直接观察月亮所获得的月亮本体影像,也是即时的),需要注意的是,月亮本体已有大约 40 多亿年的地质演化史了。兹以地球或月球上的砾岩为例,当拿起数亿年前砾岩标本进行观察时,可以获得关于砾岩的即时(当今)的影像,但仅凭即时影像,是无法确定砾岩的演化史的。因为这块砾岩可能经历了数亿年的历史,最简单情形是:①先形成一套完整的地层;②经过地质运动将其破坏成砾石;③砾石经过搬运沉积活动,与新的泥沙一道,固结砾岩。若要确定这块砾岩生成的地质年代,还要综合地层中的化石群、上下层的叠压关系等地质因素,才能做出认定。这些内容,显然仅靠获得的即时影像,是根本无法认知的。

正是由于"信息场(光子场)"不能代替事物的本体、外貌或外观影像不能代表整体、即时不能包含过程,所以说将"中介粒子场(影像、自在信息)"作为人类认知客观世界的根本途径,就是荒诞不经的。邬先生说:"自在信息是客观间接存在的标志,是信息还未被主体把握和认识的信息的原始形态。在这个阶段里,信息还只是以其纯自然的方式,自身造就自身、自身规定自身、自身演化自身,从而展开其自身纯自然起源、运动、发展的历程。"[4]47"间接存在虽然产生于直接存在的相互作用,但是,间接存在一旦产生便以自身独具的特质超越了直接性的本性,并由此展开了自身运动和发展的历程。在此历程中,信息呈现出了自身的不同的形式和形态。"[4]47 显而易见,若以"信息本体论"中"间接存在"的"水中月"为例,硬说月亮在水中的影像(自在信息)"以自身独具的特质超越了直接性的本性",可以"自身造就自身、自身规定自身、自身演化自身,从而展开其自身纯自然起源、运动、发展的历程",就不禁令人哑然失笑了。

2. 关于"主客体之间没有直接的接触"问题

邬先生说:"主客体之间没有直接的接触,而那些直接接触的刺激物却并不能成为这一过程中的客体,它只能扮演向主体传递另一物的信息的载体角色。换句话说,我们永远只能借助于第三者来把握我们的对象。"[4]157 这段话以偏(视觉)概全,根本不符合科学事实。

(1)在与主体"直接接触的刺激物"中,最重要的客体是劳动对象和生产工具。在人类早期没有发明生产工具之前,人要与劳动对象直接接触(如采集、渔猎等);在发明生产工具以后,人也要与生产工具直接接触。即便发展到当今高科技时代,人也必须与客体直接接触,譬如:从事采摘棉花、水果、蔬菜等农业劳动;驾驶摩托车、汽车、拖拉机、火车、飞机、轮船;人写字要用笔,用电脑要敲键盘,打电话要拿手机,开灯要按开关,腕上戴手表,脚上要穿鞋,刷牙要用牙刷,洗脸要用毛巾,入厕要用手纸;人必须穿衣服,吃饭要用碗筷,喝水要用杯子,睡觉要用床和被子,扫地要用扫帚,买东西要用钱,坐着要有椅子,站着要有地面……不知何年何月进入"主客体之间没有直接的接触","永远只能借助于第三者来把握我们的对象"的荒诞时代了？人类不能靠中介粒子场上中介物，解决生产问题、冷暖问题、温饱问题、购物问题……人类是通过直接接触与间接接触两者方式来认知客观世界的。

（2）味觉是主体与客体直接接触的重要感觉器官之一。味觉是指食物在人的口腔内对味觉器官化学感受系统的刺激并产生的一种感觉。按生理角度分类可有四种基本味觉：酸、甜、苦、咸，它们是食物直接刺激味蕾产生的。科学事实是：人吃梨子的滋味与吃苹果的滋味不一样，只有亲自品尝，才能感受美味佳肴的各种滋味，人对食物滋味的感知，缘自直接咀嚼食物，胃脏则是接受并消化食物的器官，根本不是所谓的中介粒子场或"第三者"。

（3）肤觉是主体与客体直接接触的重要感觉器官之一。肤觉指人的皮肤所具有的感知能力，皮肤是人体面积最大的器官。肤觉是皮肤受到物理或化学刺激所产生的触觉、温觉、冷觉和痛觉等皮肤感觉的总称。皮肤一般由表皮、真皮和皮下组织构成，含有各种感受器，许多肤觉感受器的功能和机制目前还不很清楚。科学事实是：人的手脚几乎天天都要直接接触生产工具或劳动对象，乃至磨出老茧；摸热水就感觉烫，摸冰水就感到冷，被蚊虫叮咬会感觉痒，蜂蜇打针感到疼，跌打损伤感到痛，握手会感亲切，亲吻感到兴奋，打架表示敌意；针灸是将银针扎在穴位里，点滴是将药物输入血管里，起搏器是安在心脏里，体温计要含在嘴里，胎动是在母腹里，脉动是在动脉血管里，沙疗要将身体埋在沙子里，游泳要将身体浸泡在水里……这些受物理或化学刺激作用所产生的肤觉，与所谓的中介粒子场或"第三者"无关。

3. 与听觉、嗅觉有关的信息场（机械振动波场、各类分子场）认识论问题

所谓"听到户外的鸡鸣狗吠"，这与人的听觉有关。听觉是对同种个体或天敌发出的声音的感知能力。外界声波通过介质传到外耳道，再传到

鼓膜。鼓膜振动，通过听小骨传到内耳，刺激耳蜗内的纤毛细胞而产生神经冲动。神经冲动沿着听神经传到大脑皮层的听觉中枢，形成听觉。丧失听觉的人无法感知声音。人对声音的感觉大约在每秒钟振动 20～20000 次范围内，频率范围是 20～20000Hz，如果物体振动频率低于 20Hz（次声波）或高于 20000Hz（超声波），人耳就听不到了。①不能因为"鸡鸣狗吠"，它们声波振动频率相同，就认定鸡等于狗。当代潜水艇的噪声已和大洋背景声音相同，不能说藏匿在大洋深处的潜水艇就等于海水。②不能用部分属性代替整体，更不能用中介物代替事物本体。听到声音只表明客体能够发声，用精密仪器可测量频率范围。但是，仅凭测量声音，是得不到关于客体的化学成分、温度、大小、重量、生活习性、生命周期等认知内容的。③不发声的客体，人类也可以利用声波来认知。人类听不到振动频率高于 20000Hz 的超声波，但人类可用超声波来测速、清洗、焊接、碎石、杀菌消毒等。譬如：声音在空气中的传播速度是每秒 340 米，而在 0℃水中是 1500 米。声波在水中的衰减比在空气中小，因此，声音在水中比在空气中传播得更远。声音在水中遇到障碍物之后，会反射回来。这样，根据声波在水中的传播速度与反射原理，可捕捉敌人的潜水艇与水面舰船；可利用多束声波探测海底深度，再经电子计算机处理，绘制大区域海底地形图。④人类听不到振动频率低于 20Hz 的次声波。次声波具有极强的穿透力，不仅可以穿透大气、海水、土壤，还能穿透坚固的钢筋水泥构成的建筑物，甚至坦克、军舰、潜艇和飞机。海上风暴、火山爆发、海啸、水中漩涡、空中湍流、龙卷风、磁暴、极光等都可能伴随次声波。人类可以利用次声波的原理，制造各种探测仪甚至次声波武器。

所谓"我们可以闻到远处的花香屎臭"，这与人的嗅觉有关。嗅觉是一种通过长距离感受化学刺激的感觉。不同人对同一种气味物质的嗅觉敏感度，有很大的区别，有的人甚至缺乏一般人所具有的嗅觉能力，通常称为嗅盲。丧失嗅觉的人无法感知气味。感知"花香屎臭"，说明客体能发出某种化学气味，但某种气味的化学成分不等于客体本身。譬如：人可以发出汗臭味，但汗臭味不等于人体。同样的道理，仅凭认知动物的汗臭味，是得不到关于动物的化学成分、温度、大小、重量、生活习性、生命周期等认知内容的。在认识论上，绝不能用部分属性代替整体，更不能用中介物代替事物本体。

4. 所谓"自在信息"不能发生信息的同化和异化

邬先生在定位主体与客体的关系时曾说："'主观不实在'显然指的就是意识、精神之类的现象。它们是主体对客体的主观反应，是主观的，不实的在。"[4]37可以看出，他是大致认可传统哲学主体（人）通过认知客体，获得"意识、精神之类的现象（主观不实在＝主观信息）"的。然而，邬先生有一段话，让人颇感玄幻。他说："信息场一经在某物的基础上产生，就展开了信息自身的运动。当这个信息在其运动中作用于它物，并对它物产生了影响时，这就发生了信息的同化和异化现象。客观上，无论在无机界，还是在有机界，或是在二者之间，都普遍存在着物物之间的相互信息传递和接收。信息的同化和异化就是这种相互传递和接收所引起的结果。某物体（信源）扩散的信息为另一物体（信宿）所接收，对于某物体来说就是信息的异化过程，而对于另一物体来说则是信息的同化过程。"[4]50

品味这段高论，声称"无机界"也"普遍存在着物物之间的相互信息传递和接收"（注：排除了物质的传递与接收），它们彼此可以互为信源与信宿、主体与客体，这样在"信息认识论"中，使无机物获得了主体的地位。根据"信息本体论"中关于客观信息（自在信息）与主观信息（自为信息＋再生信息）的定义：①无机物与无机物之间，如果相互传递的是客观信息（水中月）即影像，那么它们之间传递影像有何意义呢？譬如太阳与地球，彼此传递影像有何意义呢？地球接受太阳光，到底是接受能量（物质）还是接受客观信息呢？所谓"某物体（信源）扩散的信息为另一物体（信宿）所接收，对于某物体来说就是信息的异化过程，而对于另一物体来说则是信息的同化过程。"试问：太阳"信息的异化过程"与地球"信息的同化过程"具体内容什么？②有机物与有机物之间，如果相互传递的是主观信息，难道诸如松树与槐树，通过"相互信息传递和接收"，也出现了"意识、精神之类的现象"吗？它们之间到底"传递和接收"的是物质（如树木的气味）还是主观信息（意识、精神）呢？又如，预警机是通过机载搜索雷达发出雷达波，当雷达波碰到飞行目标飞机、导弹等时，一部分雷达波便会反射回来，根据反射雷达波的时间和方位便可以计算出飞行目标的位置（成为被人认知的信息）；隐形飞机则是应用新技术和新材料，尽量减少或者消除预警机可接收到的衍射和散射雷达波。可见，在目标飞机、导弹等未被人识别前，辐射的雷达波是物质而不是"意识、精神之类的现象"，只有当机载计算机采用人工编制的计算机程序，处理收集到的雷达波以后，雷达波才变成了关于飞行目标位置的信息（意识、精神）。可见，预警机与目标飞机、导弹之间，离开了人的认知活动，根本不存在所谓"信息自身的运动"、"意识、精神之类的现象"或"信息的同化和异化现象"。

邬先生还说："'记忆'，则是信息同化和异化所产生的直接结果。这个结果在信息同化物和异化物双方都具有意义。因为二者都将在这一过程中改变自身的内在结构、运动状态或性质，以这种有所改变的'痕迹'保留了某种'异化'过或'同化'着某些信息的'记忆'。……信息场本身不仅是信息异化的产物，而且也是信息同化的产物。信息场的载体，作为信源辐射或反射出来的它物，首先就具有了和信源相互作用的性质，正是在这种相互作用的过程中，信源给信息场的载体留下了某种特定的'痕迹'，以此映现出信源本身的某些特征。"[4]50——科学事实是：①作为无机物而言，天上的月亮（信源）与地上的水面（信息场），两者之间不存在"相互信息传递和接收"后的"记忆"。月亮不会保存关于水面的"记忆"，水面也不会保存关于月亮的"记忆"。反射或辐射光线，是物质（太阳粒子）转递而不是信息传递。虽然水面曾映照过"秦时明月汉时关"，但现今的水面绝不会留下当年的"痕迹"或"保留了某种'异化过或'同化'着某些信息的'记忆';"作为信源（月亮）辐射或反射出来的它物"如月影，不存在"和信源（月亮）相互作用的性质"，月亮不会因为水面（信息场）反映了自己的影像而"改变自身的内在结构、运动状态或性质"。③作为有机物而言（如人），甲被乙看了一眼（为乙留下了即时的影像，乙可能对此有"记忆"），但务必注意，这种"记忆"是人留下的记忆，而不是光子场（信息场、第三者）留下的"记忆"，甲和乙都不会因"看了一眼"或"被看了一眼"而"改变自身的内在结构、运动状态或性质"。试问：某甲即"信源给信息场的载体留下了某种特定的'痕迹'"究竟是什么？"信息场的载体"与某甲的身体（肉体）有什么关系？这种"特定的'痕迹'"载体（第三者），到底是"实在"的物质还是"不实在"的信息？

由此可见，关于"信息"可以"自在"（第一性）、"自在信息"可以发生信息同化和异化的说法是非常可笑的。科学事实是：天上月亮自身的演化（同化和异化作用），与反射太阳的光子场（信息场）关系不大，主要是靠本体自身（物质）的自组织。天上月亮的存在，不以水面（光子场）是否存在为转移。

5. "自在信息（客观信息）"或"第三者"使传统哲学的"物质"有名无实

邬先生说："信息场是信息空间传输的基本形式。本来，信息和物质是同在的，信息的存在形式也是多种多样的，要找一个信息的开端正如要找一个物质的开端一样是毫无意义的事情。"[4]49 "主客体之间没有直接的接触，而那些直接接触的刺激物却并不能成为这一过程中的客体，它只能扮演向主体传递另一物的信息的载体角色。换句话说，我们永远只能借助于第三者来把握我们的对象。"[4]157——邬先生通过语言游戏，混淆"信息与第三者同在"、"信息和物质是同在的"这两个概念的区别与界限！宣称"我们永远只能借助于第三者来把握我们的对象"，使"自在信息

（客观信息）"获得了物质第一性的地位，传统哲学里的物质丧失了可被认知的内容，而所谓"自在信息（中介物）"，可以"自身造就自身，自身规定自身，自身演化自身，从而展开其自身纯自然起源、运动、发展的历程。信息场以及信息的同化与异化是自在信息的两种基本形式"。[4]47显然，旨在用中介物（中介粒子场）或"第三者"来取代事物本体，认定关于事物本体及其演化的认知内容，"永远只能"赋存在中介物里。这样，传统哲学关于"物质"及其"物质演化"的认知理论，有名无实了。

三、"必须以信息凝结为中介"又犯了偷换概念的错误

如上所述，邬先生关于信息中介的定义，是从"信息意义上"看，可以把中介粒子场视为信息场。也就是说，所谓信息场，原本指的就是中介粒子场，而场里传递或表达的信息，对于视觉而言实为事物的影像。然而，总的来看，邬先生在进一步论述"认识主体的产生必须以信息凝结为中介"、"个体认识结构的建构仍然必须以信息凝结为中介"等内容时，重蹈覆辙，所谓"信息凝结为中介"其实已不是中介粒子场或中介粒子。

邬先生说："组成生命和认识主体的元素在无机界中都有，有些微生物的质—能尺度是非常之小的，小到只有在高倍显微镜下才能观察到，而作为万物之灵的认识主体的人体刚出生时也只有几斤重，一尺多长，就是成人之后一般也只有百十来斤重，一米六七来长。如此平常的一些元素，如此微不足道的质—能尺度，之所以具有生命或认识的能力，这就只能从其是一种特殊信息体的角度上来加以解释了。……具体讲来就是：任何物的结构和状态都映射和规定着关于自身的历史、现状、未来的信息，任何物的直接存在的结构和状态都是由它所凝结的间接存在（信息）所规定的。"[4]159——需要注意的是，如果从"客体←→信息←→主体"这一"崭新模式"看，这里的"微生物"、"人体"、"元素"、"任何物的直接

存在的结构和状态"，已不是中介粒子场中所表征的事物影像，这里的"凝结的间接存在（信息）"也不是中介粒子场（第三者）中的粒子，发生了用事物影像替换事物本体的移花接木、偷换概念现象。"微生物"、"人体"、"元素"、"任何物的直接存在的结构和状态"都是事物的本体，而本体的演化（进化与退化）与本体影像或粒子场毫不相干。此外，事物影像也没有关于事物本体的"物物间的种种反应内容的特定编码结构"或"全息"。（参见前述）

邬先生说："如果从信息活动的角度来考察，人体完全可以看成是自然信息活动的产物，它是适宜信息不断同化和异化、不断凝结积累、不断选择自构，不适宜信息不断淘汰、不断耗散而引出的一个必然结果。正是人体中同化凝结着的这些特定的质和量的信息，规定了人体的认识主体的特性。"[4]159——需要注意的是：①所谓"人体中同化凝结着的这些特定的质和量的信息"，就是明确地宣称，信息具有了"特定的质和量"，实质是用信息替代了物质。即物质"特定的质和量"被信息拿走了，物质成为没有"特定的质和量"的空壳了。②"人体完全可以看成是自然信息活动的产物"显然有误。应该是，"人体完全可以看成是"物质活动的产物，人如果离开或停止了物质活动，那么就根本不可能有认知或生命活动。

邬先生说："在生物起源和进化的过程中，伴随着生物进化的每一次质的大飞跃的是地球自然环境的剧烈变化。这一变化，实质是改变了生物起源和进化的环境信息。正是这个环境信息的改变，迫使生物体不得不改变它选择、同化、凝结信息的质和量。对这个新质的环境信息不适应者退化了，灭绝了；而适应者则发展了，进化了。在这里，环境信息的改变直接成了生物进化的契机。"[4]160——需要注意的是：①这里的"生物"与"地球自然环境"，都不是中介粒子场中所表征的中介物（第三者），而是事物本体；这里的"信息"也不是中介粒子场中的粒子，发生了移花接木、偷换概念的现象。"生物"与"地球自然环境"的物质演化，与它们在中介光子场（粒子场）中所表征的中介物无关。②生物进化或退化，是生物本体（物质）的质和量发生了进化或退化，是由"地球自然环境的剧烈变化"形成的物质运动引起的，而不是由"环境信息的改变"引起的。如果没有"地球自然环境的剧烈变化"，那么就根本不可能有"环境信息的改变"。不是"环境信息""退化了，灭绝了"、"发展了，进化了"，而是自然环境中某些事物本体、生物"退化了，灭绝了"、"发展了，进化了"。

邬先生说："个体首先是通过遗传承受了人类种系进化中凝结着的信息，这就是通常意义上的遗传信息。这种遗传信息具体凝缩在母腹中的一个受精细胞中，正是这个细胞的内在信息结构，规定着人的个体发育的一般趋势。因为这个遗传信息凝结的是人类种系进化的信息，所以，由这个细胞所规定的人的个体发育的一般趋势也只能是人类种系进化过程在时空上大大压缩了的一种重演。"[4]161——需要注意的是：①这里的"个体"、"母腹"、"受精细胞"都不是中介粒子场中所表征的中介物，而是事物本体；这里的"信息（遗传信息）"也不是中介粒子场中的粒子，发了移花接木、偷换概念现象。"个体"、"母腹"、"受精细胞"、"遗传信息"的物质演化，与它们在中介光子场（粒子场）中所表征的中介物无关。②所谓"细胞的内在信息结构"，这与"信息本体论"的规定不符。"信息本体论"的物质（客体），是不赋存任何信息的，（表4-1）所以"细胞"里没有"内在信息结构"，"信息"应该在客观信息（中介物）里。显然，为了夸大信息中介论的作用，一而再，再而三地犯移花接木、偷换概念的错误。

四、关于"实践为中介"或"信息为中介"问题

邬先生说：""'活动'、'实践'的主客体相互作用中的信息中介的意

义"一节里，着重讨论了"信息中介论"问题，他说："基于上述论述，我们看到，'活动'、'实践'不仅是一个物质性运动的过程，而且也同时就是一个信息运动的过程。对于主体认识结构的建构、认识产生的过程、认识'格局'的变化等方面来说，'活动'、'实践'的信息运动的意义是更为重要的。正是在这一信息运动的意义上，'活动'、'实践'才真正成了主客体相互作用、主体认识发生的现实中介。"[4]166他又说："主客体矛盾双方的对立是有中介的对立；双方的联系是有中介的联系。正是在这个客体←→信息←→主体三者的相互作用、相互转化的运动中，人类才完成了认识世界、改造世界的过程。"[4]167细细品味高论，有如下问题：

1. "信息运动的过程"难成立

（1）邬先生认为：人的实践活动"不仅是一个物质性运动的过程，而且也同时就是一个信息运动的过程"。与传统哲学说法不同的是，他先将人类在实践中的认识活动，更改成"是一个信息运动的过程"，但承认还有"一个物质性运动的过程"。然后，邬先生又说："实践活动是一个主体信息向客体运动的过程，同时也是客体信息向主体运动的过程；是主体信息在客体中实现的过程，也是客体信息在主体中实现的过程。"[4]91这样，实践活动就完全变成"一个信息运动的过程"了。

必须指出的是：认知活动是人通过实践来认识客体的规律和属性；"信息运动"是指中介信息对主客体具有双向作用。如前面分析所指出的，物质在"信息本体论"里是没有信息的，在信息认识论里突然有了信息。退一步讲，就算上所谓的"客体信息"成立，按照邬先生的原意，这种信息也不应该赋存于"实在"的事物的本体里（如"细胞的内在信息结构"），而应该赋存于"不实在"的中介粒子场里（应改为："细胞在中介粒子场里的内在信息结构"）。或者说："太阳辐射的光子打在我们的视网膜上……主客体之间没有直接的接触，而那些直接接触的刺激物却并不能成为这一过程中的客体，它只能扮演向主体传递另一物的信息的载体角色。换句话说,我们永远只能借助于第三者来把握我们的对象。"[4]157

（2）"主体信息向客体运动的过程"——邬先生说:"主体也在不断地向外辐射或反射信息场。在主客体相互作用的中介面（场）上,同时存在着互逆的两种信息流的运动。一种是主体信息向客体方向的运动,一种是客体信息向主体方向的运动。这互逆的两种信息流的运动使客体和主体都会发生某种相应的变化。"[4]158

必须注意的是,所谓"信息流的运动"、"主体也在不断地向外辐射或反射信息场",就是说"主体信息（意识精神）"要转化为中介粒子场（信息场）里的粒子或光子。试问:"主体信息（意识精神）"是怎样转化为粒子或光子的? 它与"辐射和反射的太阳光粒子"是什么关系? 为什么不是主体（"我们"）通过实践（如直接观察和间接观察）来认识客体（物质）,而要通过粒子和光子——中介粒子场（信息场、第三者）来认知客体?"主体信息（意识精神）"经过中介粒子场（信息场）的转化后,向客体传递的到底是"意识精神"还是物质? 如果是意识精神,那么客体（有机物与无机物）是如何具有思维能力的? 如果是物质,为什么"直接存在""实在"的客体（有机物与无机物）原本自身没有信息,现在为什么又有了信息了? 到底客体的本体是什么?

（3）"客体信息向主体运动的过程"——前面已有分析,此处略。

（4）"主体信息在客体中实现的过程"或谓"使客体发生某种相应的变化"——笔者认为仅仅是主体认知客体,客体不会发生"某种相应的变化"的,如人类认识了月亮、长城,月亮、长城不会因为主体对它有认知而发生"某种相应的变化"。分析主客关系:"主体信息"是意识精神,是人认知客体后的第二性的产物,客体是物质（无机物＋有机物等）。邬先生在"信息本体论"中曾举了四个"更为深刻的例子",即:树木年轮、DNA 中编码、地层结构、现存宇宙结构状态。试问:如果"主体信息"是意识精神,怎样使四种事物"发生某种相应的变化"? 譬如说树木年轮（或硅化木的树木年轮）受到意识精神作用后,"发生某种相应的变化"具体内容是什么？如果"主体信息"是中介粒子场（信息场）里的粒子或光子，那么粒子或光子怎样使四种事物"发生某种相应的变化"？譬如说树木年轮（或硅化木的树木年轮）受到粒子或光子作用后，"发生某种相应的变化"具体内容是什么？

（5）"客体信息在主体中实现的过程"——邬先生说："主体正是在客体信息作用引起的自身变化（生理结构、认识结构的变化）中完成对客体把握的认识过程的。"[4]171

必须注意的是：在客体未被认知前，它是黑系统；在客体被认知后，它是白系统。一般来说，如果客体是黑系统，它是不会引起主体的自身变化（认识结构的变化）的，所谓"主体正是在客体信息作用引起的自身变化（生理结构、认识结构的变化）中……"云云显然有误；只有当客体被人类认知后，才有可能引起主体自身的变化（认识结构的变化）。因此，假设客体已是白系统，那么要它通过中介粒子场（信息场）转化为粒子或光子，对人类的认知就没有意义；假设客体仍是黑系统，那么要它通过中介粒子场（信息场）转化为粒子或光子，形成的只是中介物（如事物影像），这样的"信息认识论"，势必以偏概全，将大大限制人类认知的深度与广度。

2. 人类的实践活动是理论与实践相结合的活动，不能认定为"主体信息活动"

邬先生说："实践只能是主体信息对客体积极作用的一个过程。在这里，无论从实践的开始（目的性、计划性）、实践的过程（主体器官的运动、对工具的操作、对客体的加工改造），还是从实践的结果（客体的被改造）来看，都具有信息活动的意义。而实践活动本身要完成的也只不过是把主体认识中的目的性信息转化为客体的结构信息，这一过程的完成又直接依赖着主体认识中为完成这一过程所设计的计划性信息的实施。"[4]165

必须指出的是，主体的实践活动是理论与实践相结合的活动，是指人类有意识地、能动地改造和探索现实世界（社会、自然与思维）的一切社会的客观物质活动，也是一种脑力和体力劳动相结合的客观物质活动。劳动是人们为了创造使用价值以满足物质和精神需要而对体力和脑力的耗费。体力劳动与脑力劳动是统一在人的实践活动中的。体力劳动是指主要依靠人的身体器官从事劳动，其能量不能不受到劳动者生理界限的限制。脑力劳动是劳动者以大脑神经系统为主要运动器官的劳动。生理劳动是劳动者以除运动系统及大脑神经系统以外的其他生理器官为主要运动器官的劳动。

世上没有完全分割的体力与脑力劳动。《现代高级英汉双解词典》的解释是，劳动是心或身之劳作（labour is bodily or mental work）。譬如：看书是脑力劳动，翻书是体力劳动；不翻书无法获得下页的认知内容和知识，而翻书不看书则是在做无用功，不能创造使用价值。人是通过体力与脑力劳动、理论与实践相结合来认知和改造世界的。当代体力劳动与脑力劳动都要使用生产工具，如机床、仪器、电脑（计算机）等，用好它们既要消耗智力（心力）也要消耗体力。人本身是物质的，是具有特定意识体存在的客观物质，意识也是物质活动的产物。人类认知和改造世界，离不开由劳动力、劳动手段（工具）与劳动对象三要素所构成的劳动。不能简单地定义为"实践只能是主体信息对客体积极作用的一个过程"或"信息活动"。"主体信息"不能直接操作工具、加工改造客体。科学试验离不开各种各样的科学仪器与设备，生产活动离不开各种各样的生产工具与资源（如土地、矿产、石油、水资源）。譬如：就具体实践活动而言，人类了解如何种庄稼是认知客体的活动，但通过劳作种庄稼，即育种、选种、播种、育苗、壮苗、收获以及改良土地、田间管理、施肥浇水等都是蕴含着脑力与体力劳动相结合的物质活动。人类生产粮食是为了生存，盖房子是为了居住，所谓"实践活动本身要完成的也只不过是把主体认识中的目的性信息转化为客体的结构信息"是站不住脚的，人类首

81

先要解决吃穿住行等基本生活必需，而不仅仅是了解"客体的结构信息"；人需要吃得是的食品（物质），而不是食品的结构信息（客体的结构信息）。人类至今对各种各样的食物（植物、动物、菌类）的 DNA 并不清楚，但人类首先要满足生存的需要。退一步讲，如果说"客体的结构信息"是由"主体认识中的目的性信息转化"来的，或者说"客体的结构信息"是"目的性信息转化"来的白系统，那么人类又何必去认知客体呢？劳动又有何意义呢？

更为可笑的是，所谓"主体认识中的目的性信息"、"主体信息"，相当"信息本体论"规定的"主观信息"；根据"崭新模式：客体←→信息←→主体"所做的规定，当主客相互作用时，要先将"主观信息"转化为中介粒子场（信息场）的粒子或光子。试问：中介粒子场（信息场）里的粒子或光子，是怎样实现"对工具的操作、对客体的加工改造"的？是怎样从事种粮食、盖房子等生产活动的？为什么"信息本体论"中"实在"的客体（物质）是不赋存信息的，这里的客体（物质）又突然有"客体的结构信息"了？

3. "主体信息活动（中介粒子场）"不能代替人类利用科学仪器开展的实践活动

人的认知实践活动，可分为直接观察与间接观察。直接观察是用人的器官对客体进行观察；间接观察是通过中介物或仪器对客体进行观察。在认知活动中，两种观察是相辅相成的。两种观察各有利弊，直接观察没有中间环节，可信度高，缺点是人的感官灵敏度较低，譬如人类的鼻子、耳朵的灵敏度还不如狗；间接观察可提高灵敏度，譬如太阳、炼钢炉的温度很高，不能用手去感知，可利用观测仪器，缺点是如果仪器不精准怎么办？因此，要根据不同的情况，采用不同的观察手段。

利用科学仪器（中介）与利用"主体信息活动（中介粒子场）"来认知，两者虽然都说是"中介"，但本质上是不同的，因为前者是"客观实在、直接存在",后者是"客观不实在、间接存在";前者强调的是主体直接的实践活动,后者是中介粒子场(第三者)活动。人类发明各种各样的科学仪器(中介),是为了改善、扩展或补充人的感官功能,提高观察中认知事物各种属性的灵敏度(如超高温、超高压、高真空、高电磁等)以及认知的深度与广度。譬如人站在海边,最多只能看清几千米远或几十厘米水深,但远洋测量船装载各种仪器,可以遍游世界各大洋,开展测量水深、海底地形、海底地貌、海洋气象、海洋水文、海洋生物、海洋矿产等全方位的科考工作。显然,就凭中介粒子场或中介光子,既不能提高人在观察中的灵敏度,也不能提高认知的深度与广度。

尤其需要指出的是,科学仪器是用于检查、测量、控制、分析、计算和显示被测对象的物理量、化学量、生物量、电参数、几何量及其运动状况的器具或装置。人们与科学仪器的接触,一般是直接接触而不是间接接触,要进行安装、调试、维修、操作。光学仪器是以获得影像(图像)为特点的科学仪器,只是科学仪器大家庭中的一类,还有探测温度、压力、速度、密度、频率、成分、磁性、酸度、甜度等等诸多类型的科学仪器,它们都与光的作用或所谓的中介粒子场(第三者)无关。

总而言之,邬焜先生"信息哲学"与传统哲学(马哲)的根本区别是:前者认知的对象(客体)是"不实在、间接存在"的客观信息,即事物本体在中介粒子场上的中介物("永远只能借助于第三者来把握我们的对象");后者认知的对象(客体)是"实在、直接存在"的事物本体(物质);前者认为认知活动是"主体的信息活动",后者认为是理论与实践(体力劳动和脑力劳动)相结合的活动。"信息认识论"不仅自身逻辑矛盾重重,而且以偏概全、以中介物代事物本体,是无法接受逻辑和实践的检验的,因此必然也是难以成立的。

参考文献

[1] 邬焜. 信息哲学中的几个问题的再讨论——与霍有光先生再商榷 [J]. 江南大学学报》(人文社会科学版)，2011 (2).

[2] 霍有光. 对邬焜先生"信息哲学"的再批评 [J]. 江南大学学报，2010 (5).

[3] 霍有光. 邬焜"信息本体论"再质疑 [J]. 哲学分析，2011 (6).

[4] 邬焜. 信息哲学——理论、体系、方法 [M]. 北京：商务印书馆，2005.

[5] 叶叔华主编. 简明天文学辞典 [M]. 上海：上海辞书出版社，1986. 150－154.

（原载《重庆邮电大学学报》（社科版）2013 年第 1 期）

邬焜先生"信息进化论"质疑

【摘　要】邬焜先生在"信息本体论"、"信息认识论"的基础上，推导出"信息进化论"。行文的基本特点是：一是重复了以往的逻辑错误，使"实在"的物质成为没有实际认知内容的空壳，将"不实在"、独立于人的意识而存在的"客观信息（自在信息、第三者）"定为人类认知的对象；二是用"第三者（粒子场）"代替物质本体，认定具有客观第一性地位的"客观信息（自在信息）"，不以人的意志为转移，可以在中介粒子场（第三者）里演化，信息具有质和量，或者说成为"变相的物质"，物质本体演化失去了可被认知和描述的内容（信息）；三是夸大"信息生产和信息生产力"的作用，其实有悖于人类社会发展的客观事实。

【关键词】信息哲学；信息进化论；中介粒子场；信息生产力；邬焜

邬焜先生在《信息哲学》中，用了两编共计 10 章的篇幅讨论了"信息进化论"问题，由于相当多的内容是"信息本体论"、"信息认识论"中所涉及过的，笔者也在《对邬焜先生"信息哲学"的再批评》（江南大学学报 2010 年第 5 期）等文中，专门探讨了"'客观不实在信息（客观信息）：水中月'无法进化或退化"、"'主观不实在信息（精神——主观信息）'不能'自为'地发生进化或退化"等问题，为了避免重复，这里仅就"信息进化论"中前人尚未质疑的问题，进行剖析与探讨，目的是通过追踪邬先生的脚步，验证"信息哲学"是否成立。需要指出的是，"信息进化论"在逻辑上是不断地重复犯相同错误，为了避免给人落下"重复"质疑的印象，方法是尽量地举要。

一、关于事物演化的规定——中介粒子场的界定与质疑

邬先生认为："间接存在虽然产生于直接存在的相互作用，但是，间接存在一旦产生便以自身独具的特质超越了直接性的本性，并由此展开了自身运动和发展的历程。在此历程中，信息呈现出了自身的不同的形式和形态。"[1]47"自在信息是客观间接存在的标志，是信息还未被主体把握和认识的信息的原始形态。在这个阶段里，信息还只是以其纯自然的方式，自身造就自身、自身规定自身、自身演化自身，从而展开其自身纯自然起源、运动、发展的历程。"[1]47那么这种与人类认知活动无关（"未被主体把握和认识"）的、"间接存在"的"自在信息（客观信息）"，究竟如何"展开其自身纯自然"的演化呢？对此，邬先生在第五编"信息进化论（上）"第一章《相互作用、演化与信息》中，对这种演化再次做了规定，这是我们分析"信息进化论"的理论基础，务必深刻领会与反省。

1. 事物的演化"都是通过在作用中派生出的中介粒子场的传递和交换来实现的"

邬先生说："黑格尔曾强调说，仅仅停留在相互作用上还不免于贫乏和空洞，还需要有一个'中介'。……迄今发现的维系宇观、宏观、微观世界运动、变化的四种基本相互作用过程，都是通过在作用中派生出的中介粒子场的传递和交换来实现的。由于中介产生的这种自身派生性，便使相互作用之物在发生相互作用的同时，便不得不改变了自身旧有的结构和

状态。中介，一方面是事物相互联系、规定、过渡和转化的媒介，另一方面又是事物自身运动、变化、发展的方式和环节。""现代物理学对物之相互作用中介物的产生，是在粒子辐射和反射的两种意义上来解释的。辐射是由于物体内部相互作用所引起的质量或能量的外溢，这种外溢出来的质量或能量以粒子或波动的形式沿着空间向各个方向传播。"[1]204~205

邬先生说："相互作用的被中介的性质，以及相互作用必然是某种结构'痕迹'的建构过程，都充分揭示着相互作用乃是信息产生、信息模式的传递的过程的实质。事物之演化恰恰就在这种结构建构、信息产生、信模传递、信息交换的过程中实现。"[1]215

这些表述主要立了三个标准：

（1）凡是事物的演化，都是发生在事物的外部而不在内部。由于事物的相互作用"都是通过在作用中派生出的中介粒子场的传递和交换来实现的"，"正是中介物的这种显示差异的特性，使产生这个中介物的物本身的特有存在方式和状态得以外化。这种外化了的特有存在方式和状态便构成了派生这个中介物的物的间接存在，亦即是构成了派生这个中介物的物的信息"。[1]206 所以，"信息"只能在"间接存在"的"中介粒子场"里通过"传递、交换"才能"实现"，事物的本体（客观实在）无"信息"，"信息"寓于"中介物的物"或"不实在、间接存在"的"客观信息（水中影像）"里。由此可见，所谓认知"实在的"的"物之相互作用"或事物演化问题，就变成是认知"间接存在"的"中介粒子场（信息场）"的信息演化问题，邬先生定性为"认识发生的信息中介说"、"哲学认识论的信息中介论"。

（2）在中介粒子场里形成的信息有两类："中介，一方面是事物相互联系、规定、过渡和转化的媒介，另一方面又是事物自身运动、变化、发展的方式和环节。"

（3）在中介粒子场里，发生相互作用的产物是"粒子辐射和反射"，"这种外溢出来的质量或能量以粒子或波动的形式沿着空间向各个方向传播",即"信息"具有"质量或能量"。对此,邬先生进一步分为"绝对信息量"和"相对信息量"。[1]470 - 510 "不实在、间接存在"的"客观信息(自在信息)"有了物质第一性的地位。

2. 物质形态的"普遍差异性"与中介粒子场辐射和反射的粒子(光强)无关

邬先生说:"我们知道,自然界的物质形态,一方面具有质的差异的无限层次,另一方面又具有量的差异的无限方面。正是物质世界本身的这种普遍差异性,造成了它们辐射和反射的中介物的种类、性质和形式的无限多样和无限差异性。物对它所派生的中介物并不采取随随便便的不负责的态度,在这里,中介是受到严格限定的,它必然与派生它之物本身的特性相关。现代物理学中的光谱分析技术和理论所依据的就正是这种中介物与派生这个中介物的物的'特性相关'性,因为不同的原子发出的是不同能量的光子,特定的原子只能发出确定能量的光子,这也正如任何两个人不会有完全相同的指纹一样。"[1]205 - 206

世界上的事物的确存在"普遍差异性",但从"辐射和反射"角度来考察,只有两大类,一类是发光体,一类是反光体(不发光体)。仔细品味上述这段话,存在的问题是:

(1)反光体(不发光体)只吸收并反射来自发光体的光,譬如月亮、地球(含地球上的万物)都能吸收并反射太阳光。一般黑色物体吸收光最多,灰色物体吸收光较少,白色或镜面反射物体吸收光最少。当进入地球的太阳辐射没有被云遮蔽时,即直接照射时通常被称为阳光,是明亮的光线和辐射热的组合。太阳光粒子的物质形态不存在"无限多样和无限差异性",只是光的波长、强度、热量存在差异(如太阳黑子)。发光强度简称光强,国际度量单位是 candela(坎德拉,或称烛光)。太阳光是最重要的自然光源,是太阳上的核反应"燃烧"发出的光,是一种电磁波,分为可见光和不可见光。"自然界的物质形态""无限多样和无限差异性",即便没有任何光线也仍然存在,不是靠反射了多少太阳光(光强)来显现的。宇宙万物(无机物与有机物)存在多种多样的差异,是由它们的物质构成(物理的、化学的)存在的差异造成的,凭借反射太阳的电磁波,不能反映事物本体的物理性质或化学构成。

(2)发光体所发的光粒子,不存在"无限多样和无限差异性",无非就是电磁波或能量。发光体发的光(能量),来自本体,与自身的属性有关,与不发光体(反光体)无关。

(3)若从中介粒子场里的"粒子"角度来考察中介物,也不存在"无限多样和无限差异性"。所谓"无限多样和无限差异性"是宇宙间形形色色的"实在、直接存在"的万物本体,而不是"不实在、间接存在"的中介粒子场。发光体和不发光体(反光体),与中介粒子场没有整体和部分的关系。

3. 事物本体的"痕迹"不等于中介物中的"痕迹"

邬先生说:"正是在这一派生自身中介的过程中,某物的直接存在过渡到了它的间接存在。某物的直接存在向间接存在的过渡,不仅在其派生的中介物中实现,而且同时就在其自身中实现。因为,随着这种派生中介物的过程的发生,某物本身的内在结构、状态也发生了相应的改变,这种改变使某物保持了某种曾经派生过他物的'痕迹',这种'痕迹'凝结了该物曾经有所运动、变化、转化的自身历史的信息。"[1]206仔细品味这段话,存在的问题是:

(1)若以视觉来考察,对于"实在、直接存在"的不发光的物体(如地球及其承载的万物)而言,它们反射的都是太阳光(电磁波),事物的"无限多样和无限差异性"不能靠反射阳光数量的多少来识别。作为不发光的物体,不能"向间接存在过渡",将自身变成太阳光或光粒子。譬如:人可以反射太阳光,尽管晴天和阴天反射阳光的数量有较大的差异,但不会通过反射作用将自己的物质组成变为光子;月亮反射太阳光,也不是将自己的物质成分变为光子。

(2)"实在、直接存在"的事物本体的"痕迹"不等于"不实在、间接存在"的中介物中的"痕迹"。譬如，恐龙大约在白垩纪时期逐渐灭绝，恐龙化石是恐龙本体留下的"痕迹"，不是中介粒子场里留下的"痕迹"。距今最近的恐龙化石也是 6500 万年以前的"痕迹"，而 6500 万年以前，假如有所谓的中介粒子场的话，那时的光子或粒子早已灰飞烟灭。试问如何从湮灭的光子或粒子中，寻找当年关于恐龙"运动、变化、转化的自身历史的信息"？

（3）中介粒子场形成的只是关于事物本体的即时影像（外观或外貌），即便事物本体与自身的影像发生相互作用，也不会改变"本身的内在结构、状态"。譬如：人在镜子里欣赏了自己的影像后，"内在结构、状态"不会"发生相应的改变"。人可以看到大衣柜，但看不到衣柜里有多少男女衣物和首饰，更看不到存折里存了多少钱，有多少笔收入和支出。认知中介物不能替代认知事物的本体。

（4）请问事物本体在"派生中介物的过程"中，到底派生了什么？物质（光子）？先于人的观念而存在的"客观信息"？意识精神？

4. 中介信息场与信源的相互作用问题

邬先生说："由于物皆处于普遍的相互作用之中，所以，任何物都必然同时就发生着三种过程：派生中介物、异化自身信息、同化他物信息。在相互作用中，这三个过程是同一个过程。因为中介物恰恰是在物之内、外的相互作用（内部质－能扰动的相互作用，与外物之碰撞）过程中产生出来的，这就使处于相互作用中之物必然同时兼具了三重角色（用通讯信息论的语言来表述）：信源——异化信息、信宿——同化信息、载体——以自身变化的'痕迹'载负信息。"[1]206 仔细品味这段话，存在的问题是：

（1）根据"信息本体论"的规定，"直接存在"的事物本体是不赋存任何信息的，即在"任何物"的本体中，不可能"必然同时""发生着""异化自身信息、同化它物信息"。所谓的"异化自身信息、同化它物信息"，只能寓于"间接存在"的客观信息（自在信息、第三者）或中介粒子场（"中介物的物本身"）里。这段表述出现了逻辑矛盾。

（2）若以视觉来考察，对于不发光的物体（如地球及其承载的万物）而言，一是"信源"如果是人（主体），不是"同化它物信息"，而是实事求是、尊重客观规律地去认知它物。譬如：人认识艾滋病毒，显然没有与之"同化"的需求或欲望。二是"载体——以自身变化的'痕迹'载负信息"，仅是事物的影像（光粒子），与事实本体没有整体与部分的关系，不能以偏概全，不能以事物影像替代事物本体。三是"信宿"如果是物质，不能"异化自身信息"，根据"信息本体论"的规定，"直接存在"的事物本体是不赋存任何信息的。

5. 信源（客体）与信息的本体问题

邬先生说："信息的同化和异化引起了物之直接存在样态的变化，而这种变化又呈现着物之间接存在样态的变化。信息的交换造成了物质样态的改变，而物质样态改变的痕迹又凝结了信息，亦即是造成了信息样态的改变。"[1]207仔细品味这段话，存在的问题是：

（1）"信息的交换造成了物质样态的改变"——如果"直接存在"的"物质"能够与中介粒子场交换信息的话，难道物质的本体是信息吗？

（2）"物质样态改变的痕迹又凝结了信息"——根据"信息本体论"的规定，"直接存在"事物本体是不赋存任何信息的（如"天上的月亮"）。如果有"信息样态的改变"，也只能出现在"间接存在"的中介粒子场里（如"水中的月亮"），而不应该出现在物质本体构成的"痕迹"里。[1]38如果"物质样态改变的痕迹又凝结了信息"，这里的"痕迹"是物质的"痕迹（凝结了信息）"，那么岂不是变成了"直接存在＝间接存在（第三者）"、"客观信息"成为"变相的物质"吗？

二、是"客观不实在（客观信息、自在信息）"演化，还是"客观实在（物质）演化

邬先生在论述"时空转化与演化的信息"时说："从最为一般的意义

上来讲，演化是通过事物的相互作用实现的，而事物的相互作用过程同时就是事物间进行信息的同化和异化的过程。在这一普遍相互作用的信息同化和异化的过程中，处于演化过程中的事物必然被普遍信息体化。事物的普遍信息体化的性质，决定了在其内部的特定结构'痕迹'中必然凝结了关于自身演化历史的多重关系的信息。"[1]202

需要指出的是，"信息本体论"中所谓"特定结构'痕迹'"是指在中介物（客观不实在＝客观信息＝自在信息）里的"痕迹"（如水中月），不是指事物（客体）本体的"内部的特定结构'痕迹'"。[1]38 邬先生为了证明"时空转化凝结信息"，在所撰一系列著作、教材中，反复列举了六个例子，[1]203 其实都是通过移花接木的方法，用"实在、直接存在"的事物（客体）本体的"内部的特定结构'痕迹'"，旨在替代"不实在、间接存在"的中介物（中介粒子场、第三者）中的"痕迹"。笔者认为，对于反复出现的问题，应该反复地指出，尽管稍作分析或有"重复"之嫌，但看看所谓演化，到底是说先于人的意识而独立存在的信息演化还是事物本体演化，仍是有认识论意义的。（表 5－1）

表 5－1　中介物（客观信息）与事物本体的"痕迹"，
两者没有整体与部分的关系

例子	点评（两者"痕迹"没有整体与部分的关系）
现存宇宙的时空运动，则向我们提供了我们所处的内宇宙自膨胀演化以来所经历过的时间的信息，以及我们这个内宇宙具有怎样的规模和尺度的空间的信息；[1]203	"现存宇宙"是"客观实在（物质）"，不是"客观不实在（客观信息）"，"客观不实在（客观信息）"不能发生进化或退化。宇宙（Universe）是由空间、时间、物质和能量，所构成的统一体，是一切空间和时间的综合。一般理解的宇宙指我们所存在的一个时空连续系统，包括其间的所有物质、能量和事件。根据大爆炸宇宙模型推算，宇宙年龄大约 200 亿年。宇宙中庞大的物质组合，用现存宇宙在水中影像（中介粒子场）来替代本体，去认知"宇宙自膨胀演化以来所经历过的时间的信息，以及我们这个内宇宙具有怎样的规模和尺度的空间的信息"，显然是根本不可能的。

例子	点评（两者"痕迹"没有整体与部分的关系）
太阳系现存的空时结构及其元素组成方式直接凝结着太阳系起源及演化至今的种种时空样态的信息；[1]203	"太阳系"、"太阳系现存的空时结构及其元素"是"客观实在（物质）"，不是"客观不实在（客观信息）"，"客观不实在（客观信息）"不能发生进化或退化。太阳系是由太阳、行星及其卫星与小行星、彗星、流星体和行星际物质所构成的天体系统及其所占有的空间区域，有8颗行星（冥王星已被开除）、至少165颗已知的卫星和数以亿计的太阳系小天体。用太阳系在水中影像（中介粒子场）来替代它们的本体，去认知太阳系"起源及演化至今的种种时空样态的信息"，显然是根本不可能的。
地球地质的层叠结构的现存空间样态，一页页地记录着地球地层的时空演化史，其中不仅包括地质时空样态的变迁，而且包括生活在不同地质年代的生物，以及与之相应的地球环境条件的具体时空样态的信息；[1]203	"地球地质的层叠结构"是"客观实在（物质）"，不是"客观不实在（客观信息）"，"客观不实在（客观信息）"不能发生进化或退化。地质历史上某一时代形成的层状岩石称为地层，它主要包括沉积岩、岩浆岩以及由它们经受一定变质的浅变质岩。地层可以是固结的岩石，也可以是没有固结的堆积物。在正常情况下，先形成的地层居下，后形成的地层居上。层与层之间的界面可以是明显的层面或沉积间断面，也可以是由于岩性、所含化石、矿物成分、化学成分、物理性质等的变化导致层面不十分明显。用地层在水中影像（中介粒子场）来替代地层本体，去认知地层"时空演化史"与"地球环境条件的具体时空样态的信息"，显然是根本不可能的。
物体以它的运动状态、外观形状，以及其内在结构方式和元素组成分间的现实关系编码着自身产生历史的时间表（如，据此而来的关于物体产生年代的同位素测定法）；[1]203	"物体"、"运动状态、外观形状"是"客观实在（物质）"，不是"客观不实在（客观信息）"，"客观不实在（客观信息）"不能发生进化或退化。自然界客观存在的一切有形体的物质，都称为物体。存在形式有气态、液态、固态等。用物体在水中影像（中介粒子场）来替代物体本体，去认知物体"自身产生历史的时间表"，显然是根本不可能的。而且，对于空气而言，也无法在水中产生影像。
空中飘落的每一片雪花都是具体差异着的，这种具体差异的构型，详尽记录着它在高空结晶和落下历程中所经历的变化多端的天气条件的历史信息，在这里，雪花以它自己的特定构型全息着自身产生、运动，变化的历史；[1]203	"雪花"是"客观实在（物质）"，不是"客观不实在（客观信息）"，"客观不实在（客观信息）"不能发生进化或退化。雪花是雪晶的聚合体。结构随温度的变化而变化，其又名未央花和六出。它在飘落过程中成团攀联在一起，就形成雪片。单个雪花的大小通常在0.05～4.6毫米之间。雪花很轻，单个重量只有0.2～0.5克。无论雪花怎样轻小，它的结晶体都是有规律的六角形。用雪花在水中影像（中介粒子场）来替代物雪花本体，去认知雪花"经历的变化多端的天气条件的历史信息"，显然是根本不可能的。

例子	点评（两者"痕迹"没有整体与部分的关系）
生物遗传基因 DNA 的空间排列结构编码着生物种系进化历史的全部信息，这种信息依其进化顺序的表达便是由此 DNA 所规定的生物个体发育的过程，这种历史的时空样态以某种大大压缩了的方式在个体发育的现存时空样态中的具体展示，便构成了生物个体发育过程重演其种系进化过程的生物重演律现象。[1]203	"生物遗传基因 DNA"、"空间排列结构"是"客观实在（物质）"，不是"客观不实在（客观信息）"，"客观不实在（客观信息）"不能发生进化或退化。DNA 是高分子化合物，组成它的基本元素是 C、H、O、N、P 等，每个 DNA 都是由成百上千个四种脱氧核苷酸连接而成的双链组成。用 DNA 在水中影像（中介粒子场）来替代 DNA 本体，去认知"生物种系进化历史的全部信息"，显然是根本不可能的。化验光粒子，也无法得到遗传基因的化学成分。

三、"信息进化论"不能用自组织理论来解读

邬先生在介绍自组织理论时说："哈肯强调了自组织行为的两个基本点：一个是系统必须是开放的，系统必须与环境保持相应的相互作用；二是系统内部产生的模式不是由外部直接给予的，而是由内部的相互作用自发（自生）建构出来的。"[1]248若以此为标准，其实"信息进化论"与自组织理论是完全相悖的。

1. "信息本体论"中客体（物质）不赋存任何信息，改称系统后突然变得有了信息

邬先生对自组织理论的解读是："就自组织乃是新模式（空间的、时间的或功能的）创生的质的进化过程的意义上来看，自组织显然不可能在纯粹的物质（质量）或能量活动的层面上得到合理的解释。系统模式并不是由质量或能量之类的因素简单规定的，模式本质上是一种关系、构架，是一种组织的方式、序的结构，而诸如关系、构架、组织方式、序的结构等等则只能用信息活动来加以解释，在这里，质量或能量之类的活动仅仅是信息活动的载体形式。"[1]249"系统要素的自主运动以及要素之间、

要素与系统整体之间的随机互动必然会导致多层级的、多向的、复杂的内反馈环路，正是这诸多层级的、复杂的内反馈环路活动进一步相互连锁所形成的整体性信息网络系统，构成了系统内部的整体非线性相互作用发生的机制，也正是在这一特定信息网络体系的意义上，系统的整体性有理由被看成是一个特定的关系网络。"[1]253仔细品味这段话，存在的问题是：

（1）系统是事物普遍联系的一种方式，由此人类可以把认知的客体视为一个系统。若以信息本体论"水中月"、"镜中花"案例为典范，人们通常可以将月亮、花朵看成是不同的系统，而"信息哲学"关心和研究的对象不是"实在、直接存在"的月亮或花朵的内部矛盾运动、自组织，而是关心和研究它们的外部即"不实在、间接存在"的"水中月、镜中花"中的信息场、光粒子问题（"认识发生的信息中介说"）。

通常"事物"一般指的是"物质"而不是"信息"。观念上的"系统"，是对物质系统的认知或反映。系统是客观实在，不是客观不实在（第三者）；是事物本体，不是事物影像；是直接存在，不是间接存在（自在信息）。系统由要素、结构、功能、环境所组成。系统的要素、结构、环境都是物质的，而不是信息的。作为观念而存在的"精神系统"，根本无法与环境进行物质、能量的交换。自然界没有在人的认知行为发生前就"先天"存在的不以人的意志为转移的"客观第一性"的"精神系统"。邬先生说系统内部的"关系、构架、组织方式、序的结构等等则只能用信息活动来加以解释"，系统里存在"整体性信息网络"——这显然与"信息本体论"的规定不符。"信息本体论"认为"直接存在"的客体（事物本体或系统）是不赋存任何信息的，或者说"信息活动"、"信息网络"只能在"间接存在"的中介粒子场（客观信息、事物的影像）里，即系统的"整体非线性相互作用发生的机制"是在系统外部而不在"系统内部"。

（2）如果突然认定"系统内部"（客体）有了"信息活动"、"信息网络"，那么处于"客体←→信息←→主体"作用关系中的那个"实在、直接存在"的"客体",它的本体究竟是什么？是物质还是信息？

（3）如果说"质量或能量之类的活动仅仅是信息活动的载体形式"，即"信息活动的载体形式"是"质量或能量之类"，使信息获得了质与量的属性，那么信息和物质（质和量）的区别是什么？信息不就成了"变相的物质"吗？

（4）所谓系统"要素之间、要素与系统整体之间"，这里的"要素""系统"都是事物本体，它们"形成的整体性信息网络系统"，显然不在"间接存在"的中介粒子场（事物影像）里，而在"直接存在"的"系统内部"。那么人类认知"实在、直接存在"的自然界，到底是关注事物本体（直接存在）呢？还是"永远只能借助于第三者来把握我们的对象"呢？[1]157科学事实是，人类即便没有感知能力（即主客之间不存在中介粒子场或中介物），宇宙万物照样演化。"实在、直接存在"的宇宙万物的演化与"间接存在"的中介粒子场、人类的感知能力没有必然的联系！

2. 自组织理论强调的是系统内部的相互作用，"信息进化论"则相反

邬先生说："相互作用的被中介的性质，以及相互作用必然是某种结构'痕迹'的建构过程，都充分揭示着相互作用乃是信息产生、信息模式的传递的过程的实质。"[1]215 "主客体之间没有直接的接触，而那些直接接触的刺激物却并不能成为这一过程中的客体，它只能扮演向主体传递另一物的信息的载体角色。换句话说，我们永远只能借助于第三者来把握我们的对象。"[1]157仔细品味这些话，存在的问题是：

（1）自组织理论强调事物的演化发生在"直接存在"的系统的内部，即"内部的相互作用自发（自生）"，或系统内部要素（物质）"自发（自生）"的相互作用。而"信息认识论"、"信息进化论"强调"相互作用的被中介的性质"及其"痕迹"，即发生在"间接存在"的中介粒子场的双向作用或"痕迹"，这种作用不是发生在系统内部，而是发生在系统外部"间接存在"的中介粒子场（第三者、中介物的物本身）里。譬如：自组织理论强调月亮的演化，来自月亮"内部的相互作用自发（自生）"；

"信息进化论"强调月亮演化必须要有中介物（水中月），否则月亮无从演化。

（2）"间接存在"的中介粒子场（第三者）根本没有关于事物本体的"一种组织的方式、序的结构"，前面已有讨论，不赘述。

（3）邬先生列举了自组织理论两类有序结构共四个实例，[1]249-250这些实例都说明，自组织理论是指事物（系统）内部的自组织，而不是事物（系统）外部"间接存在"的自组织或中介粒子场（第三者）。这也充分说明旨在抛开"直接存在"的事物的本体，用中介粒子场（第三者）来解释事物演化的想法，即："相互作用中之物必然同时兼具了三重角色（用通讯信息论的语言来表述）：信源——异化信息、信宿——同化信息、载体——以自身变化的'痕迹'载负信息"，是难以成立的。（表5-2）

表5-2　邬先生列举的四个自组织案例与事物本体、中介粒子场的关系

实例	点评（注意"直接存在、实在"与"间接存在、不实在"的区别）
晶格的模式（微观粒子静态有序的空间排列）。（静态有序）	诸如红宝石、金刚石等矿物晶体属晶格模式。这种晶格是矿物内部的原子按一定的几何规律排列的秩序。岩浆岩在喷发凝固前由于受到围压，矿物多形成晶体，与中介粒子场（电磁波）无关。对矿物结晶（"组织的方式、序的结构"）的认知，只能依据事物本体，不能来自"间接存在"的中介粒子场（第三者）。
江河中的旋涡（动态有序）	江河中的旋涡指水流旋转成螺旋形。旋涡发生在水体当中，与中介粒子场（电磁波）无关。对旋涡（"组织的方式、序的结构"）的认知，只能依据事物本体，不能来"间接存在"的自中介粒子场（第三者）。
贝纳德流（动态有序）	又称贝纳德花样。1900年贝纳德发现了对流有序现象，他在一个圆盘中倒入一些液体。当从下面加热这一薄层液体时，刚开始上下液面温差不太大，液体中只有热传导。但当上下液面温差△T超过某一临界值△Tc时，对流突然发生，并形成很有规律的对流花样。从上往下俯视，是许多像蜂房那样的正六角形格子。中心液体往上流，边缘液体往下流，或者相反。形成贝纳德花样，与中介粒子场（电磁波）无关。对贝纳德花样（"组织的方式、序的结构"）的认知，只能依据事物本体，不能来"间接存在"的自中介粒子场（第三者）。
人体的模式（动态有序）	人是一个有机的、开放的系统。人属于动态有序。对"人体的模式"（"组织的方式、序的结构"）的认知，只能依据人的本体，不能依据中介粒子场（电磁波）。

四、关于"人类感知能力发展的几个阶段"存在的问题

邬先生在第六编"信息进化论（下）"第三章"社会进化的信息尺度"一节中，着重探讨了"人类感知能力发展的几个阶段"问题，[1]320-324其特点是，混淆了事物本体与事物中介物的区别，兹对这几个阶段一一进行分析：

"①感官直接对外界在人体自然尺度范围内的信息的识辨。"——该提法有误。视觉"在人体自然尺度范围内"无法瞄准或识辨"不实在、间接存在"的"信息"，只能瞄准和观察外界"实在、直接存在"的客体（物质），然后获得相关的意识或精神。就中介粒子场中的事物影像（如水中月）而言，只占认知领域微乎其微的一部分，笔者已有详细论述，不赘述。不能用对中介物（事物影像）的认知，来取代对事物本体的认知。

"②将外界微信息放大到人体自然尺度然后通过感官加以识辨，如：望远镜、显微镜。"——该提法有误。"望远镜、显微镜"无法直接瞄准"不实在"的"外界微信息"，只能用来瞄准和观察外界"实在"的客体（物质）。如果说客体（物质）在"望远镜、显微镜"下是影像，那么信息在"望远镜、显微镜"下是什么呢？当然，也不是直接瞄准中介粒子场（第三者）中的光子。高倍显微镜未必能看清光子的结构，高倍望远镜看到的物体（譬如太阳、恒星）也不"微小"。不能用对中介物（事物影像）的认知，来取代对事物本体的认知。此外，需要提醒的是，如果仪器能够看到"光子"，那么这种"光子"也是"实在、直接存在"的，而不是"不实在、间接存在"的。

望远镜是一种利用凹透镜和凸透镜观测遥远物体的光学仪器。通过利用透镜的光线折射或光线被凹镜反射使之进入小孔并会聚成像，再经过一

个放大目镜而被看到。望远镜的第一个作用是放大远处物体的张角,使人眼能看清角距更小的细节;望远镜第二个作用是把物镜收集到的比瞳孔直径(最大8毫米)粗得多的光束,送入人眼,使观测者能看到原来看不到的暗弱物体。因此,"小孔成像"看到的是事物影像(外观、外貌)而不是具体的光子(也不是"信息的影像")。经过反射的阳光(电磁波),不是远程反光体(不发光体)自身发的光,所以检验太阳光(电磁波)没有关于事物本体的属性(譬如化学成分)。

显微镜是由一个透镜或几个透镜的组合构成的一种光学仪器,主要用于放大微小物体成为人的肉眼所能看到的仪器。人们利用显微镜可以看到微小动物和植物,以及从人体到植物纤维等各种东西的内部构造(外观影像)。所见所得,是观察事物本体的微细部分,而不是中介粒子场(第三者)。检验中介粒子场中的粒子(电磁波),没有关于事物本体的内部构造、成分、蛋白质、细胞、DNA的信息,关于事物本体内部构造、成分、蛋白质、细胞、DNA的认知,只能依据事物本体而不是中介粒子场(第三者)。

"③利用工具对外界信息进行定性、定量的分析,如:各种仪表、仪器等自动感测系统。"——该提法有误。"信息本体论"中"信息(自在信息)"被定义为"不实在"的,作为"不实在"的尤物,怎么会有"质量"呢?应该是:利用"各种仪表、仪器等自动感测系统"对外界"实在"的客体(物质)"进行定性、定量的分析"。如果"外界信息"有了质和量可供"定性、定量的分析"话,那么它已不是"信息(客观不实在)"而是"物质(客观实在)"了。各种仪表、仪器旨在检测的对象不是中介粒子场(电磁波),可被定性、定量分析的东西在客体本体(物质)之中,不在"不实在"的中介粒子场(自在信息)里。譬如事物的成分、比重、温度、压力、磁场等,与中介粒子场(电磁波)无关。

"④感知信息的超空间传递,如:电话、电报、收音机、电视、信息高速公路。"——该提法有误。"感知信息"应为感知"实在"的物质,只有感知事物（物质）后，才有关于该事物的相关意识精神（信息）。"电话、电报、收音机、电视、信息高速公路"等传播的电磁讯号，是人类直接发射的"实在、直接存在"的电磁讯号，不是中介粒子场中反射或辐射的"不实在、间接存在"的电磁讯号！"电话、电报、收音机、电视、信息高速公路"之所以能够传播讯号，来自主体（人）的积极作为，与中介粒子场中反射或辐射的电磁波无关。兹以电视为例，电视是利用电子技术及设备传送活动的图像画面和音频信号，也是重要的广播和视频通信工具。电视系统的发送端，把景物的各个微细部分按亮度和色度转换为电信号后，顺序传送。在接收端，按相应的几何位置显现各微细部分的亮度和色度来重现整幅原始图像。电视信号从点到面的顺序取样、传送和复现是靠扫描来完成的。因此，电视所呈现的影像，与中介粒子场所反射的影像，根本就是性质不同的两回事。

"⑤利用一定工具、设施，改变或激发客体信息，以便对客体进行识辨。这是对客观信息的一种能动的开发。"——需要注意的是，根据"信息本体论"、"信息认识论"的规定："直接存在"的"客体（物质）"在"主体←→信息←→客体"相互作用的关系当中，是没有信息的。"直接存在"客体的"客体信息"与"间接存在"的"客观信息"是两个不同的概念，绝不能混淆概念。"利用一定工具、设施"对"客观信息（中介粒子场，譬如水中月）"进行能动的开发，没有多大的意义。因为，人类需要认知的对象（客体）是事物的本体，开发对象也主要是事物本体（如月亮），而不是中介粒子场（如水中月）。

邬先生说："人类感知能力的发展的实质是在感官和对象之间不断地增加一些必需的中介因素，或称环节，使人们的感知领域不断向宏观和微观两极发展，向远程高速感知方向发展，向对信息的定质、定量精细感知方向发展。这些中介环节的加入便不能不使人的感知越来越具有间接性的意义。这些中介环节的作用实际上是对客体信息进行必要的放大、整理、传递、转换、改变和激发。"[1]320——需要注意的是：

第一，正如"望远镜、显微镜"无法直接瞄准"不实在"的"信息"，只能瞄准"实在"的"物质（事物本体）"一样，人类感官直接感觉（聚焦）的对象（客体）是"实在"的物质而不是"不实在"的信息。根据"信息本体论"、"信息认识论"的规定："直接存在"的"客体（物质）"无信息。这里又要求在"中介环节（中介粒子场）"里对"客体信息进行必要的放大、整理、传递、转换、改变和激发"，颇为荒诞。况且，对于那个"不实在"的"信息（譬如水中月、光粒子）"，将它"放大、整理、传递、转换、改变和激发"之后，不知有什么意义？它是不是依然属"不实在"的？

第二，所谓"向对信息的定质、定量精细感知方向发展"，就是认为"信息（客观不实在）"有了"质和量"，由此获得了客观第一性（客观实在）的地位，成为"变相的物质"，而传统哲学里的"物质（质和量）"只不过是徒有虚名罢了。由此可以再一次证明，"信息认识论（哲学认识论的信息中介论）"就是旨在代替传统哲学（马哲），或者说"信息哲学"的实质是，变成了以"不实在"的信息替代"实在"的物质的认识论、进化论、质量论。

五、夸大"信息生产力"作用，信息演化难以成立

邬先生在第六编"信息进化论（下）"第四章"信息生产和信息生产力"里，从劳动者、劳动工具、劳动对象三个方面，分别讨论了"信息生产"与"信息生产力"问题，同时还提供了三张简单明了的示意图。[1]330-333 有鉴于此，下面就存在的问题进行分析。

1. 关于劳动者与"信息生产和信息生产力"问题

由"作为生产力要素的劳动者的内在结构模式图"可以看出，将劳动者分为硬件（物质）和软件（信息）两大部分（图5-1）：

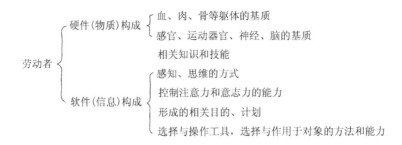

图 5-1　作为生产力要素的劳动者的内在结构模式
(《信息哲学》第 330 页)

（1）"硬件（物质）构成"指出：人的"血、肉、骨等躯体的基质"、"感官、运动器官、神经、脑的基质"等身体器官，是不赋存任何信息的，这在劳动工具、劳动对象"内在结构模式图"里也是如此。（图5-2、图5-3）但是，需要注意的是，在"信息进化论"中，人体（本体）是有信息的，譬如，邬先生说："从演化历史关系全息的角度来看，个人的全息元的意义就在于个人只是从动物起源和进化直到人类起源和进化的全部自然历史关系和社会历史关系的凝结物。"[1]269 "从信息论的角度来看，生物作为一个自然存在物，是一个特殊的信息体。"[1]233 "从猿到人的脑的重建关键是要提高脑的综合处理和创造信息的能力，这是与意识能力的产生、提高和发展相一致的。"[1]283这充分说明，邬先生一方面想夸大"信息认识论"（中介粒子场、第三者）的作用，赋予"不实在、间接存在"的信息等同于物质的地位；一方面又难以摆脱物质客观第一性的制约，所以首鼠两端，貌似讲"不实在、间接存在"的信息，实在讲物质；貌似讲中介粒子场（第三者），实在讲事物的本体，并且使信息有了质和量，旨在用"不实在、间接存在"的信息替代物质。

（2）"软件（信息）构成"表明，由于它不能寓于人的本体，于是只好找"第三者"。但这又与邬先生的有关主张不符，即："信息场是信息空间传输的基本形式。本来，信息和物质是同在的，信息的存在形式也是多种多样的，要找一个信息的开端正如要找一个物质的开端一样是毫无意义的事情。"[1]49——问题有二：其一，"相关知识和技能"、"感知、思维的方式"、"选择与操作工具、选择与作用于对象的方法和能力"等"软件（信息）"，不是信息场（中介粒子场）的机能，而是人脑的机能，出现了悖论。其二，"相关知识和技能"、"感知、思维的方式"、"选择与操作工具、选择与作用于对象的方法和能力"等"软件（信息）"，不是"信息和物质同在"！信息是第二性的（"人脑的机能"产物），必须先有个体（人体），然后通过"后天"的学习与实践，这些能力才逐渐发展起来。人不学习就不会有这些能力，而且由于每个人"后天的学习与实践"存在差异，他们的这些能力也是存在很大差异的。

（3）邬先生说："人的意识在本质上是对信息的能力的把握和改造，以及在此基础上的信息的主体创造"，"思维的本质是创造主观信息"，[1]315-316这些说法值得商榷。人的意识是人脑的物质机能，是复杂的生理、物理、化学过程。人脑是思维的器官却不是意识的源泉，人类只有在社会实践中同客观世界发生联系，"把握和改造"客观世界，才会产生意识。追求主观与客观的统一，是人类认知活动的主要目的，人只能尽力地、实事求是地去揭示客体的属性和规律，而不是"创造"客体的属性和规律。人"形成的相关目的、计划"，必须接受实践的检验，"创造主观信息"不能违背客观规律。

（4）"软件（信息）构成"所列举的"相关知识和技能"等五项内容，都与中介粒子场（第三者）没有必然的联系。譬如：人类已经获得的"知识和技能"、"感知、思维的方式"，可以通过学校教育和传帮带来培训劳动者。

2. 关于劳动工具与"信息生产和信息生产力"问题

由"作为生产力要素的劳动工具的内在结构模式图"可以看出，将劳动工具分为主观工具和和客观工具两大部分，这两种工具中又可分为硬件（物质）和软件（信息）（图5-2）：

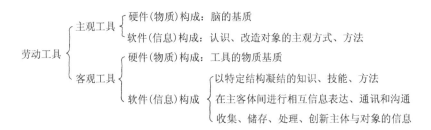

劳动工具 {
  主观工具 {
    硬件（物质）构成：脑的基质
    软件（信息）构成：认识、改造对象的主观方式、方法
  }
  客观工具 {
    硬件（物质）构成：工具的物质基质
    软件（信息）构成 {
      以特定结构凝结的知识、技能、方法
      在主客体间进行相互信息表达、通讯和沟通
      收集、储存、处理、创新主体与对象的信息
    }
  }
}

图 5 - 2　作为生产力要素的劳动工具的内在结构模式
（《信息哲学》第 331 页）

（1）关于"主观工具"。邬先生说："主观工具即认识、改造对象的主观方式和方法。这类工具是潜存于劳动者主体之内的，作为劳动者的软件（信息）构成而被具体规定的。"[1]330——为了便于看清楚"主观工具"范畴出现的逻辑矛盾，将其扼要归纳为表 5 - 3。令人不解的是，模糊"软件（信息）""潜存于劳动者主体之内"与"潜存于"大脑（"脑的基质"）两者的区别，难道是无意的吗？明显是躲躲闪闪。应该始终如一地说："主观工具"的"软件（信息）构成"即"认识、改造对象的主观方式和方法"是"潜存于""间接存在"的中介粒子场里，不是"潜存于劳动者主体之内"。

表 5 - 3　关于图 5 - 2 里的"主观工具"范畴出现的逻辑矛盾问题

主观工具的构成	与信息的关系	出现的逻辑矛盾
硬件（物质）构成：脑的基质	"实在、直接存在"的"硬件"无信息（参见图 5 - 2）	大脑是思维的器官，把"认识、改造对象的主观方式和方法"从大脑中剥离出来，含糊地说成是"潜存于劳动者主体之内"而与大脑无关，岂不荒唐？（因为，视觉负责识别光线和色彩，听觉识别声音，味觉识别滋味，肤觉识别冷暖疼痛）
软件（信息）构成：认识、改造对象的主观方式和方法	"不实在、间接存在"的"软件"有信息（参见图 5 - 2）	"信息认识论"认为：信息是在"间接存在"的中介粒子场（第三者）里，此处又说"潜存于劳动者主体之内"，出现悖论。

　　需要指出的是，这种分类在探讨"信息生产和信息生产力"时，只看到了脑力劳动，忘了人还要体力劳动。人的劳动除大脑的脑力劳动外，还需要其他器官参与。将人的手、脚、眼、口、鼻、耳等器官排除于"劳动工具"之外，是非常不妥的。譬如：手和脚是人体最有特色的器官，手用来抓和握住东西，操作生产工具离不开手。手的活动又离不开脚的配合，人与动物的区别之一，就是实现了手与脚的分工。科学家认为，在人类400万年的进化史中，手和脚逐渐演变成了大自然所能创造出的最完美的工具。人丧失了手和脚，将丧失生活的基本自理能力和基本的体力劳动能力。口是人进食和发音（说话）的重要器官，进食是为了维持生命，说话是为了沟通思想。鼻子负责呼吸和嗅觉，停止呼吸将停止生命。眼睛是可感知光线的重要器官，大脑中大约有80%的知识和记忆都是通过眼睛获取的。读书认字、看图赏画、看人物、赏美景等都要用到眼睛。眼睛能辨别不同的颜色、不同的光线，再将这些视觉、形象转变成神经信号，传送给大脑。"硬件（物质）构成：脑的基质"离开了人体其他器官的配合，是无法成为真正意义的思维工具的。另外，手、脚、眼、口、鼻、耳（甚至五脏六腑）都是"实在、直接存在"的"硬件"而不是"不实在、间接存在"的"软件"，如果要有所谓的软件，也不在中介粒子场里。

　　（2）关于"客观工具"。邬先生说："客观工具即是通常理解意义上的物质实体工具。""客观工具已经成了劳动者的相关知识、技能、方法的物化信息凝结体。"[1]330——为了便于看清楚"客观工具"范畴出现的逻辑矛盾，将其扼要归纳为表5-4。这充分说明，邬先生自己也感觉到，把"不实在"的"信息"从"直接存在"的事物本体（物质）中拿出来，放在"不实在、间接存在"的中介粒子场（第三者）里甚是好笑，但究竟把"信息"放在什么地方更合适？确实不好拿捏，于是随机处置。

表5-4 关于图5-2里的"客观工具"范畴出现的逻辑矛盾问题

客观工具的构成	与信息的关系	出现的逻辑矛盾
硬件（物质）构成：工具的物质基质	"直接存在"无信息（参见图5-2）	先是说在"客观工具"本体里"无信息"，后又说"有信息"（"客观工具已经成了……物化信息凝结体"），出现了逻辑矛盾。
软件（信息）构成	"间接存在"有信息（参见图5-2）	"信息本体论"规定："信息"应该在"间接存在"的中介粒子场里，事物本体（物质）无信息，也不可能有"物化信息凝结体"。

　　邬先生说："客观工具的本质……只能由其所凝结的主观信息的因素方面来规定。"[1]330 "信息生产——人类生产活动的实质。"[1]326——需要指出的是：人类利用"生产工具"进行生产，是广义的工具与广义的生产，不是用狭义的工具来生产"信息（意识精神）"。使用"客观工具"不仅仅是为了"搜集、存储、处理主体与对象的信息"或"表达、通讯和沟通"。譬如：粉碎机、搅拌机、挖掘机、推土机等就不是用来"搜集、存储、处理主体与对象的信息"的，也不是用来"表达、通讯和沟通"的，当然也不是在中介粒子场里完成的。

　　生产工具里凝结着知识（如知识产权）、技术（如技术专利）等精神成果，这是一般人都明白的道理。邬先生如此费心地定义生产工具，其实就是想论证"信息生产和信息生产力"。邬先生说："劳动是一个主体目的性信息通过主体计划性信息的实施在客体中达到实现的过程。这里创造的不是物质，而是信息。"[1]315 "劳动的物化工具乃是劳动者获取劳动对象的信息的中介桥梁；就作为人的大脑的延伸而言，劳动的物化工具乃是劳动者储存、分析、加工改造劳动对象的信息，以及创造新的知识性信息的体外机器。"[1]330-331——但是，人类社会发展的事实是，人类制造生产工具虽然"凝结"了一定的"知识、技能、方法"，然而使用生产工具，绝不仅仅是为了"创造信息"、"生产信息"。譬如：人类制造了诸如汽车、火车、轮船、飞机等运输工具，主要功能是运输物资或人类，提供交通方便；制造了诸如播种机、收割机、插秧机、脱粒机等农业生产工具，主要功能是生产人类生活必需品；制造了诸如洗衣机、吸尘器、洗碗机、豆浆机等生活工具，主要功能是减轻人的体力劳动；制造了诸如搅拌机、挖掘机、卷扬机、电锯、电刨、电焊机等建筑工具，主要功能是为人类建筑房屋与基础设施……它们的功能都不是"创造信息"、"生产信息"所能替代的。

3. 关于劳动对象与"信息生产和信息生产力"问题

由"作为生产力要素的劳动对象的内在结构模式图"可以看出，将劳动对象分为"被加工的实体物"、"被加工的观念、知识"、"被养育、教化的人"三大部分，其中每种又可分为硬件（物质）和软件（信息）（图 5 - 3）：

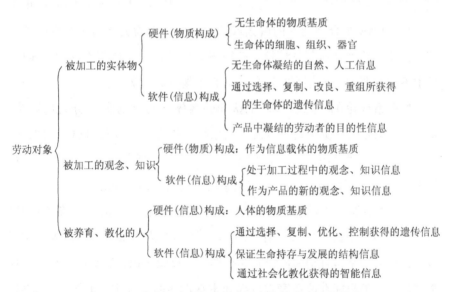

图 5 - 3　作为生产力要素的劳动对象的内在结构模式
（《信息哲学》第 333 页）

（1）关于"被加工的实体物"。与"信息本体论"一致，这里的劳动对象的"硬件（物质）构成"是不赋存任何信息的，只有在劳动对象的"软件（信息）构成"里，才有信息。譬如："无生命体的物质基质"、"生命体的细胞、组织、器官"自身是没有可被认知的信息的，关于它们的信息，赋存于软件（信息）中。但是，问题在于：诸如"生命体的遗传信息"、"无生命体凝结的自然信息"等，明明说的都是它们的本体，而不是所谓的"间接存在"的中介粒子场（第三者）。试问这里的"生命体的遗传信息"、"无生命体凝结的自然信息"等事物本体假如赋存了先于人的意识而独立存在的信息，那么它们的（物质）本体到底是什么呢？需要指出的是，所谓"生命体的遗传信息"实为遗传基因，指的是 DNA 或 RNA 组合序列。其中 DNA 又称脱氧核糖核，是一种长链聚合物，组成单位称为脱氧核苷酸；RNA 又称核糖核酸，主要是由四种核糖核苷酸按一定的顺序连接而成的一类核酸。生命遗传的本质，是遗传了"实在"的物质属性。"皮之不存，毛之焉附？"人们对这种遗传现象（DNA 或 RNA 组合序列）的解读或认知，可以视为关于遗传基因的遗传信息，遗传基因（脱氧核糖核、核糖核酸）是物质，存在于生命本体里，根本不在所谓的"间接存在"的中介粒子场（第三者）里。

按照系统论的方法，可以把认知的客体（劳动对象）分为白系统、灰系统、黑系统。如果说白系统、灰系统"被加工"还能勉强成立的话，那么黑系统显然是还没有"被加工"的。试问，黑系统里怎么会有"被加工"的"人工信息"呢？难道黑系统不是人类的劳动对象吗？

（2）"被加工的观念、知识"的提法值得商榷。"观念"与"知识"不是人类的"劳动对象"。知识（包括观念）是人类认知客观世界和主观世界的成果，来自社会实践，其初级形态是经验知识，高级形态是系统科学理论。人类只能在改造客观世界和主观世界的过程中、通过实践获得、丰富、完善"观念"与"知识"，不能通过"加工""观念"与"知识"，获得、丰富、完善"观念"与"知识"。人类认知的对象首先是客观第一性的物质世界，而不是相反。

（3）关于"人"作为人类的"劳动对象"问题。在"生产力要素"

（主客关系）中，"人"是"劳动者"、是主体，人具有主观能动性。这里同时把"人"又作为人类的劳动对象，似乎也能讲得通，如：老师以学生（"被养育、教化的人"）为劳动对象、管理者以被管理者为劳动对象、医生以病人为劳动对象、司法人员以犯人为劳动对象……但根据"主客体相互作用的崭新模式：客体←→信息←→主体"，也有讲不通的地方。因为，邬先生认为："主客体之间没有直接的接触，而那些直接接触的刺激物却并不能成为这一过程中的客体，它只能扮演向主体传递另一物的信息的载体角色。换句话说，我们永远只能借助于第三者来把握我们的对象。"[1]157试问如果医生给病人动手术（如心脏搭桥、肾移植、肝移植），是直接接触呢，还是在中介粒子场（第三者）里进行间接接触？

（4）过分夸张"信息生产和信息生产力"的作用似有不妥。邬先生说"农业生产作为人类第一个完全意义的生产形式，它的本质是信息生产。"[1]341——如果是理论与实践相结合的"信息生产"，虽然可以使人的认识不断地深化或进化，但不能解决生存问题，人类不能天天靠吃"不实在"的"精神大餐（信息）"来维持生命。"农业生产作为人类第一个完全意义的生产形式，它的本质"应该首先是告别了原始的采集、渔猎生产方式，通过人工驯化（体力劳动与脑力劳动相结合），大力发展种植和养殖业，即"实在、直接存在"的物质资料的生产，从而解决了人类可以更大规模地繁衍生存问题。"仓廪实而知礼节，衣食足而知荣辱"，人类从事精神（思想）生产必须有物质基础。譬如：当今中国物价稍有上涨，老百姓就会有意见，就会不高兴，至于"信息哲学"发展或创新到什么程度，99.9%以上人都不会去关心。

邬先生说："世界上的物质（质量和能量）是守恒的，人类生产不可能创造物质，只可能改变物质存在的形式，但是，信息却不具有守恒性，人类在生产中创造的只能是信息，并且，物质存在的形式的改变又只能通过相应的结构信息的改变来实现。在严格的意义上，人类的生产不可能是物质生产，而只能是信息生产。"[1]328——毛泽东曾探讨过"人的正确思想是从哪里来的?"实际上也是谈"信息生产"问题。毛泽东认为"人的正确思想,只能从社会实践中来,只能从社会的生产斗争、阶级斗争和科学实验这三项实践中来。""三项实践"是精神(信息、思想)生产之"源",精神(信息、思想)生产是"三项实践"之"流"。显然,毛泽东的观点,比邬先生的观点("只能是信息生产")要考虑周到得多。

邬先生说:"世界上的物质(质量和能量)是守恒的,人类生产不可能创造物质"、"人类在生产中创造的只能是信息"——必须指出的,这种说法与"信息本体论"是自相矛盾的!"信息本体论"说:"信息场是信息空间传输的基本形式。本来,信息和物质是同在的,信息的存在形式也是多种多样的,要找一个信息的开端正如要找一个物质的开端一样是毫无意义的事情。"[1]49 按照"信息本体论"的主张:"实在、直接存在"的"月亮"的物质生产可以创造"不实在、间接存在"的"水中的月亮(客观信息)","树木"的物质生产可以创造"水中的树木的年轮(客观信息)"、"生物"的物质生产可以创造"水中的 DNA 的空间排列结构(客观信息)"、"地层"的物质生产可以创造"水中的地层结构(客观信息)"……[1]37,203 邬先生为什么又突然来一个 180 度的大转弯,自己否定自己呢?原因至少有二:①难以否认"实在、直接存在"的物质第一性的地位,所谓"信息生产",只能是第二性的,即"不实在、间接存在"的信息(意识精神)是人类认知客观世界和主观世界的产物,根本不是什么"信息和物质是同在的"!②为了夸大"信息生产"的作用,试图用信息替代物质,以"信息生产"代替"物质生产"。但是,"人类生产(物质资料的生产)"可以创造"实在、直接存在"的粮食、果蔬、肉蛋、楼堂、馆所、机床、设备、仪器、汽车、拖拉机、火车、飞机、工厂、医院、公园、学校、城市、乡镇……所有这些,靠生产"间接存在"的"信息"都无法获得。尤其是,如果人类没有这些"直接存在"的物质资料生产的成果,仅靠"信息生产",那么人类和当今的动物能有多大的差别呢?人类社会之所以不断进步,重要标志是建立高度的物质文明与精神文明（注：当代又新增了政治文明、生态文明）。物质文明是人类改造自然的物质成果。表现为人们物质生产的进步和物质生活的改善，是精神文明的物质基础，对精神文明特别是文化建设起决定性作用。精神文明是人类在改造客观世界和主观世界的过程中所取得的精神成果的总和，是人类智慧、道德的进步状态。精神文明建设对物质文明建设，可以起到积极的反作用。过分夸张"信息生产和信息生产力"，鼓吹"唯信息生产力论"，是不符合人类社会发展和进步的实际的。

"物质存在的形式的改变又只能通过相应的结构信息的改变来实现"——千万不要忘了，"信息本体论"和"信息认识论"里"直接存在"的物质（"物质存在的形式"），是没有"相应的结构信息"的，所谓信息只存在于"客观不实在"、"客观间接存在"即中介粒子场（第三者）里。或许"信息不具有守恒性"，但是假如人类脱离认知"实在"的客体，即理论与实践相脱离、主观与客观相脱离，在"不实在"的中介粒子场（第三者，如水中月）里"创造"或"生产"一些无用信息、垃圾信息，那么对人类又有什么用处呢？

总之，邬先生的"信息进化论"与"信息本体论"、"信息认识论"一样，是一个缺少严谨逻辑推理的杂乱体系，为了解读不同场合的主客关系问题，不断变换不同的概念而彼此呈现逻辑矛盾。邬先生说："严格地来讲，一切关于演化的理论，一切种类的进化学说，都是关于时空转换的内在统一性的演化信息学说。"[1]201 目的是使"不实在、间接存在"的"客观信息（自在信息、第三者）"获得质和量或"变相物质"的地位。但是，它毕竟为中国的信息哲学提供了一个参照系，人们从中可以获得激发与思辨，好的理论一定可以在学术争鸣中大步前进，这对中国 21 世纪建立经得起逻辑与实践检验的信息哲学，必将起到积极的推动作用。

参考文献

[1] 邬焜. 信息哲学——理论、体系、方法 [M]. 北京：商务印书馆，2005.

[2] 霍有光. 邬焜"信息本体论"再质疑 [J]. 哲学分析，2011 (6).

[3] 霍有光. 邬焜先生"信息认识论"质疑 [J]. 重庆邮电大学学报（社科版），2012 (6).

[4] 霍有光. 邬焜先生"信息价值论"质疑 [J]. 重庆邮电大学学报（社科版），2012 (4).

[5] 邬焜先生"信息的度量（质和量）论"质疑.

http://blog. gmw. cn/blog－5777－363892. html.

http://blog. sciencenet. cn/home. php？mod＝space&uid＝533560&do＝blog&id＝473120.

（原载《东南大学学报》2012 年第 5 期）

关于邬焜先生"信息生产和信息生产力" 观点的再质疑

【摘　要】根据"信息本体论"关于"物质"无"信息","不实在、间接存在"的"客观信息"是物质本体在中介物里的影像或痕迹等范畴的规定,翔实分析了人类不能生产所谓"客观信息",不能通过认知"客观信息"来"生产""主观信息",所谓"信息生产"实质是一直在玩弄偷换概念的游戏。人类生产的本质不是"不实在、间接存在"的"信息生产",不是"抽象物质"的生产,而是关于"实在、直接存在"的生活资料和人口的再生产或可持续生产;"具体物质"的生产决定信息生产,信息生产为"具体物质"的生产服务。同时,深入探讨了物质守恒、信息不守恒与人类生产的关系问题。

【关键词】物质;客观信息;物质生产;信息生产;物质守恒;信息不守恒

邬焜先生在《学术界》2011 年第 11 期发表《关于信息生产和信息生产力问题的讨论——对霍有光先生质疑的反批评》(简称《反批评》)一文,[1]再次使用惯用的手法,即回避自己在"信息本体论"中对"信息本体"的规定,对"信息生产"、"信息生产力"做了不伦不类的解释,显然只有给予更加透辟的哲学分析,才能有助于认识"人类生产的本质"

究竟是什么。

一、从"信息本体论"看"信息生产"究竟能够"生产"什么

《反批评》中说:"我们这里所讲的'信息生产'是针对'物质生产'而言的。从科学和哲学的一般规定出发,在生产活动中人们不可能创造物质,只能创造信息,所以,人类生产的本质应该由'信息生产'来规定,而不应当由'物质生产'来规定。在这里,'信息生产'并不仅仅指精神信息的生产,而且还指客观信息、人本身的信息,以及社会文化和制度信息的生产。"[1]97——要对这段关于五种"信息生产"的高论做出以理服人的分析,显然必须从邬先生的"信息本体论"入手,由表及里,由浅入深,才能看出他的"信息生产"究竟能够"生产"什么?

1. 厘定"物质"无"信息","客观信息"是物质在中介物里的影像或痕迹

邬先生在"信息本体论"中,以"不实在、间接存在"的"水中月、镜中花"为典型案例,目的是相对传统哲学"物质—意识(精神)"这对范畴而言,旨在建立一门"新的元哲学"。他说:"我们决不可以说水中的月亮和天上的月亮是同一回事。天上的月亮是客观的、实在的月亮,它是一个直接以物质体的方式而存在着的月亮;水中的月亮也是客观的,它在人的意识之外,不以人的意志为转移,但是水中的月亮却并不具有实在的特性,它只是实在月亮的一个影子,而映现或载负这个月影的水却又不是实在的月亮本身,虽然,水本身是实在的水,但水中却没有实在的月。'水中捞月'之所以荒唐,就在于把水中的月亮也看成实在的月亮了。'水中月、镜中花'一类现象中的'月'或'花',既是客观的又是不实

在的。……这样我们找到了一个'客观不实在'的存在领域。'客观不实在'正是对客观事物间的反映内容的指谓。在客观世界中普遍映射、建构着的种种自然关系的'痕迹'正是储存物物间的种种反应内容的特定编码结构。正是在这一特定的意义上，我们说'客观不实在'与标志物质世界的'客观实在'的存在方式具有本质的区别。"[2]36-37 "我们说，天上有一个月亮，水中有一个月亮。天上的月亮是实在的，水中的月亮是不实在的。水中的月亮的存在是因为天上的月亮的存在，前者是后者的'影子'。这样，我们便在实在的月亮和不实在的月亮之间建立起了一种对应相关的关系。我们完全可以从这种相关对应的关系出发，把实在的月亮叫做直接存在的月亮，而把不实在的月亮叫做间接存在的月亮。这样，我们便把实在和直接存在看成是同等程度的概念，把不实在和间接存在看成是同等程度的概念。从间接存在的角度来看，间接存在是直接存在的反应（广义的），从直接存在的角度来看，间接存在是直接存在的显示。"[2]36-38——由于邬先生找到了"实在、直接存在（月亮、花朵）"与"不实在、间接存在（水中月、镜中花）"的立论证据，于是从主客关系的角度，对传统哲学的"存在领域"进行了重新划分，并对相关概念做出界定（图6-1、表6-1）：

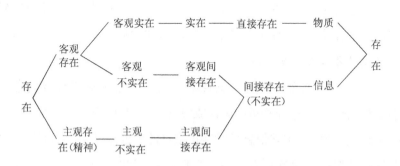

图6-1　邬焜先生的"存在领域分割图"
（参见西安交大《自然辩证法新教程》第29页）

表6-1　邬先生"信息本体论"中"存在领域分割图"中
有关范畴与信息的关系问题

主客关系		案例	存在方式		有关范畴与信息的关系
客体		天上的月亮	直接存在	客观实在	客观实在 = 物质 = （没有客观信息？）
中介物	第三者	水有月影	间接存在	客观不实在	客观不实在（水中影像）= 客观信息
		水无月影			客观不实在（水中无影像）=？（难道没有信息？如阴天不出月亮）
主体		对月亮的认识		主观不实在	主观不实在 = 主观信息（精神）

注：参见邬焜《信息哲学——理论、体系、方法》（商务印书馆，2005）第37-39页。

"物质（本体）"是"直接存在（客观实在）"。作为"直接存在"的"物质（本体）"是没有任何"信息"的。或者说没有可被人类认知的属性或规律。（图6-1、表6-1）"信息（本体）"与"物质（本体）"的"存在方式具有本质的区别"，"信息（本体）"是"间接存在"。"信息"寓于"间接存在（第三者）"之内，与"直接存在"的"物质（本体）"无关。进一步可分为：

（1）"客观信息（客观不实在）"，它是"物质（本体）"在中介物里的影像或痕迹（如水中月、镜中花）。需要指出的逻辑问题是，在"信息哲学"其余各论里，"不实在"的"客观信息（自在信息）"不仅能够演化（同化和异化），而且还有"信息结构"和"质与量"，它究竟是"实在"还是"不实在"呢？

（2）"主观信息（精神，主观不实在）"，它是对"客观信息"即"物质（本体）"在中介物里的影像或痕迹的认知（精神）。（图6-1、表6-1）也就是说，"主观信息是对客观信息的把握或创造的形态"，[2]102即第二性的"精神（主观信息）"以"不实在、间接存在"的"客观信息（自在信息）"为"把握或创造"的对象，排除了对"实在、直接存在"的物质本体的认知，使"客观信息（自在信息）"获得了客观第一性的地位。需要指出的逻辑问题是，按照传统哲学（马哲）的观点，如果"主观信息（精神）"是对自然界万物（规律和属性）的认知，是第二性的产物，那么像诸如《诗经》、《史记》、《全唐诗》、《全宋词》一类精神文明的成果，它们究竟是"实在"还是"不实在"呢？

这样，相对传统哲学"物质—意识（精神）"这对范畴而言，被邬先生视为"新的元哲学"的"信息哲学"，就有了一对"新的范畴"：客观信息（客观不实在）—主观信息（精神，主观不实在）。

2. 人类不能生产"客观信息"

《反批评》说："在这里，'信息生产'并不仅仅指精神信息的生产，而且还指客观信息、人本身的信息，以及社会文化和制度信息的生产。"[1]97"霍先生再一次运用偷换概念的手法，……把'信息生产'偷换或等同于'精神生产'。"[1]98——首先，邬先生并没有说明"信息生产"中"生产"的具体含义是什么，但他有"创造信息"的说法，姑且将"信息生产"理解为"创造信息"和"认知信息"两种类型。若仔细分析这段关于"信息生产"是 5 种"信息生产"的表述，他显然忘了在"信息本体论"中关于"客观信息—主观信息（精神）"这对范畴的阐论，可谓"后语不顾前言"，前是后非，信口开河。

（1）邬先生说"信息生产"包括"客观信息"的生产。"客观信息"在"信息本体论"里又称"自在信息"，其定义是："自在信息是客观间接存在的标志，是信息还未被主体把握和认识的信息的原始形态。在这个阶段里，信息还只是以其纯自然的方式，自身造就自身，自身规定自身，自身演化自身，从而展开其自身纯自然起源、运动、发展的历程。信息场以及信息的同化与异化是自在信息的两种基本形式。"[2]47"间接存在虽然产生于直接存在的相互作用，但是，间接存在一旦产生便以自身独具的特质超越了直接性的本性，并由此展开了自身运动和发展的历程。在此历程中，信息呈现出了自身的不同的形式和形态。"[2]47

在论述"水中月"作为"客观信息"典型案例时说："水中的月亮也

117

是客观的，它在人的意识之外，不以人的意志为转移"。[2]37既然"客观信息"是"还未被主体把握和认识的信息的原始形态"，"也是客观的，它在人的意识之外，不以人的意志为转移"，那么人类怎么能去"生产"或"创造""不以人的意志为转移"的"客观信息"呢？

（2）笔者与邬先生的根本分歧是，笔者赞同传统哲学（马哲）的说法，即：在客观的物质世界里，物质是第一性的，意识（精神或者信息）只能是第二性的，意识（精神或者信息）是对物质（客观世界）属性与规律的认知。与笔者观点不同，邬先生"新的元哲学"认为："我们承认，在我们的认识之外，存在着本源的、自在的，广阔无垠的信息世界。这个信息世界我们把它规定为'信息世界1'。这个'信息世界1'以客观信息体（场也是一种信息体）的形式存在着。"[2]96"客观的信息世界是由客观的物质世界载负的纯粹客观自在的存在……天地无心、天道自然、万物自化、自为始因、自生中介、自身显现、自结关系、自通信息、自成过程。"[3]20声称有一个"本源的、自在的，广阔无垠的""客观的信息世界"，所谓"纯粹客观自在的存在"或"自在信息（客观信息）"，实质是第一性的。（就像"客观的物质世界"里，物质是第一性的一样）必须提醒的是，"在信息本体论"里，所谓"客观信息（间接存在）"是指物质本体在中介物中的影像或痕迹（客观不实在），尽管邬先生在其他表述中，往往偷换概念，将"客观信息（间接存在）"变成了"客观实在（直接存在）"，但是即便是冒名顶替，就算有这种似是而非的东西（取代了物质的地位，物质成为没有认知内容的空壳），其实人类也不能生产。众所周知，人类社会只有100多万年的历史，在人类（意识）出现之前，地球已有45亿~50亿年的历史；而在地球出现之前，宇宙至少也有数百亿年的演化史。邬先生认为，在"客观的信息世界"里，[3]20"信息第一性活动"从"宇宙开端（宇宙时为零）"就开始了（表6-2），[2]222-226这种演化一直到地球出现人类社会后都未停止，"客观信息（自在信息）"始终在"自身造就自身、自身规定自身、自身演化自身，从而展开其自身纯自然起源、运动、发展的历程。信息场以及信息的同化与异化是自在信息的两种基本形式"。[2]47既然"客观信息（自在信息）""不以人的意志为转移"，在"客观的信息世界"里，从"宇宙开端（宇宙时为零）"开始，数百亿年来就一直在自身"生产（造就、规定、演化）"自身，那么人类社会又怎么能够"生产"或"创造"这种所谓的"客观信息"呢？可见，邬先生所谓"坚持物质的第一性、信息的第二性是我所建立的信息哲学的最基本的理论基础"，[4]19只是随便说说而已。在"信息哲学"里，传统哲学的"物质"地位，鹊巢鸠占，有名无实了。[5][6]

表6-2　邬焜关于第一性的"客观信息（自在信息）"
自身"生产"自身的过程

演化阶段	客观信息（自在信息） "自身造就自身、自身规定自身、自身演化自身"
①宇宙开端（宇宙时为零）	"从信息形态的尺度上来看，此时的宇宙可能存在着某种内部差异的信息沟通活动，但是这些活动又都具有随机产生、随机耗散的特征。"
②超大统一力支配的宇宙阶段（宇宙时 0 ~ 10^{-43} 秒）	"此时的内部信息的活动在总体上仍是以某些信息模式的随机产生、随机耗散的方式进行的。"
③混沌场及量子力学真空涨落阶段（宇宙时为 10^{-43} ~ 10^{-35} 秒）	"在这个进一步展开着的过渡相上信息活动的方式和具体的信息样态也已经现实地生成和发展了。……某些产生出来的新的信息不再被随机地耗散掉，而是通过某种'痕迹'稳固化的途径被凝结积累了，正是这种'痕迹'的稳固化、信息的被凝结和积累才呈现出了进化的过程本身，同时也为更进一步的进化奠定了基础。"
④宇宙的暴胀阶段（宇宙时 10^{-35} ~ 10^{-32} 秒）……	"有理由认为，新的信息活动方式，以及新的信息样态的模式是在暴胀结束时一下子突现出来的。当然我们也有理由推测，处于暴涨过程中的宇宙内部结构之间虽然无法进行信息通讯，但是内部结构各点上的新的差异生成的信息模式其实已潜在地建构出来了。"
⑤基本粒子生成阶段（宇宙时第一秒内）	"在这里，不仅是新的物质结构的生成、转化和湮灭，而且同时就是新的信息活动方式和内容的生成、转化和耗散。"

演化阶段	客观信息（自在信息） "自身造就自身、自身规定自身、自身演化自身"
⑥辐射时代前期的核合成阶段（宇宙时1~3分钟）	"这种新的信息模式便会向两个方面发展，一个方面是扩大自己模式的量，以自己为模板，创生出更多的具有同样信息结构的新模式来，另一个方面则是以这个新的信息模式为基础在进一步的信息同化和异化的相互作用中创生出更为复杂的信息模式。"
其他各阶段（略）	"总之，宇宙信息的自在进化构成了宇宙信息进化的坚实的主流，而那些自为信息，再生信息，乃至社会信息的活动则只是附带增生在这一主流之上的一些为时短暂的、范围极小的信息进化现象。而正是这些附带增生的信息进化现象却成了信息活动的高级形态。"

参见：邬焜《信息哲学》（商务印书馆，2005年），第222~226页、第229页。

3. "信息本体论"不包括"人本身的信息，以及社会文化和制度信息的生产"

③从这段表述还可看出，所谓"精神信息的生产"，按照"信息本体论"的规定，应该指的是"主观信息（精神）"的生产。（图6-1、表6-1）而"人本身的信息，以及社会文化和制度信息的生产"，显然有别于（不等同于）"精神信息的生产"和"客观信息"的生产，它们之间是并列关系而不存在包含关系。逻辑体系出现紊乱，所谓"人本身的信息，以及社会文化和制度信息的生产"，在"信息本体论"里居然根本找不到它们的具体位置。既然"人本身的信息，以及社会文化和制度信息的生产"，与"精神信息的生产"和"客观信息"的生产无关，或者说与"信息本体论"意在讨论的范畴无关。由于前者与后者的关系，既没有交叉关系，也没有包含关系，是相互独立的关系，那么依据"信息本体论"的规定，它们怎么能"生产"或"创造"出来的呢？

4. 不能通过认知"客观信息"来"生产""主观信息"

退一步讲，如果将"信息生产"即对"生产"的理解，视为是主体（主观信息）对"客观信息（间接存在）"的认知，那么笔者已多次指出，即便这样的"信息生产"，也不能通过认知物质本体在中介物中的影像或痕迹（间接存在），去替代认知物质本体（直接存在）。

（1）"'水中的月亮'并不存在关于月亮自身的以及'物物间'（如月亮与地球、太阳系、银河系之间）的'特定编码结构'。譬如，化验'水中月'的成分、微生物决不是月亮的成分、微生物，测量'水中月'的温度、密度决不是月亮的温度、密度（相关'物物'的物性是不一样的）。从认识论（认知世界）的角度看，我们决不能把观察的对象——事物的实体偷换成事物的影像，把对大千世界（物质）的认知偷换成对它们影像（客观不实在信息）的认知，甚至把大千世界（物质）变成没有实际认知内容（信息）的空壳。月亮是不以人的意志（或水面、仪器）而存在的，关于月亮的全息，只能通过月亮自身去认识，而不是由'水中月'去认识。"[5]22

（2）就像"水中月"不是月亮本体一样（两者不存在部分与整体的关系，两者异体异物），把观察的"中介物"——水面（镜面）换成"光子场"，化验"光子场"中光子的能量、质量，决不是月亮的能量、质量；测量"光子场"中光子的速度、动量，决不是月亮的速度、动量。反射事物影像的"光子场"中，同样没有关于月亮本体的"物物间的种种反应内容的特定编码结构"或"全息"。[6]46

（3）"水中月"不能"自身造就自身、自身规定自身、自身演化自身，从而展开其自身纯自然起源、运动、发展的历程"。[2]47月亮本体（直接存在）的演化，与"水中月（间接存在）"是否发生变化无关。水中月是月亮"即时"的"外观表象"，"即时"不能代替过程，水中没有"秦时明月汉时关"；"外观表象"不能反映事物的内部，没有关于月壳、月幔、月核以及与视觉无关（如压力、密度、磁场、重力等）的信息。

5. 所谓"信息生产"实质是一直在玩弄偷换概念的游戏

前面已经说明，邬先生厘定"信息"与"物质"概念的根本区别是，

"信息"是"间接存在（不实在）"，而物质是"直接存在（实在）"。但邬先生自始至终的错误是，总是用"直接存在"来冒充"间接存在"。或者说"名为间接存在"，"实为直接存在"。（表6-3）

《反批评》说："而问题的关键是，人的社会实践，人的生产活动（包括所有形式的生产活动）创造的到底是物质还是信息？"[1]97 "信息却不具有守恒性，人类在生产中创造的只能是信息，并且，物质存在形式的改变又只能通过相应的结构信息的改变来实现。在严格的意义上，人类的生产不可能是物质生产，而只能是信息生产。"[2]328 仔细品味这番高论，荒诞不经处是：

（1）按照"信息本体论"的说法，信息（自在信息）从宇宙开端（宇宙时为零）时就开始"自身造就自身，自身规定自身，自身演化自身"了（表6-2），[2]47这与"人类的生产……只能是信息生产"有什么关系呢？

（2）假如说物质有"相应的结构信息"的话，那么它在"信息本体论"里，作为"间接存在（水中月、镜中花）"，不是赋存于"直接存在"的物质本体（月亮、花朵）里，而是赋存于物质本体在中介物的影像或痕迹里。（表6-3、表6-1）由于"它在人的意识之外，不以人的意志为转移（如水中月、镜中花）"，这与"人类的生产……只能是信息生产"又有什么关系呢？

表6-3　邬焜先生"信息生产"与物质本体、客观信息、
主观信息存在方式的关系

本体的存在方式		案例1	案例2	案例3	案例4	案例5
物质本体实在	直接存在	月亮	物质结构	年轮	生物DNA	地层结构
客观信息不实在	间接存在	水中月（月影或痕迹）	物质结构在水中的影像或痕迹	年轮在水中的影像或痕迹	生物DNA在水中的影像或痕迹	地层结构在水中的影像或痕迹
主观信息不实在		主体对某具体物质本体在水中或中介物中影像或痕迹的认知				

（3）如果说人类的"信息生产"是指"创造""主观信息"，那么能否能通过物质本体在中介物的影像或痕迹（客观信息：水中月、镜中花）（表6－3）来"生产"或"创造""相应的结构信息"呢？即便这种"相应的结构信息"能够"生产"或"创造"出来，那么它的载体，到底是物质还是意识（精神）呢？

（4）如果说人类的"信息生产"是指通过"认知"客体获得"主观信息"，那么按"信息本体论"的规定，本应是去老老实实地认知物质（本体）在中介物中的影像或痕迹（间接存在），而这里却指鹿为马、偷换概念，把"物质存在的形式"、物质的"结构"（直接存在）说成是"间接存在"。或者说将"信息本体论"中认知"水中月（间接存在）"，偷换成认知"月亮（直接存在）"。（表6－3）然而遗憾的是，即便是将"间接存在（水中映射的月影结构）"，偷换成"直接存在（月亮的物质结构）"，可是"信息本体论"里明确规定"实在、直接存在"的物质（本体）是没有任何"信息"的，那么如此这般的"信息生产"，到底认知的对象什么呢？（图6－1、表6－1）

二、由于物质守恒，"人类在生产中创造的只能是信息"吗

由上述讨论可知，邬先生建立的"客观信息"范畴，原本就是一个似是而非、根本不能成立的概念。他不直说信息（自在信息）是第一性的，但"客观的信息世界"与"客观的物质世界"并列，无论人类对它是否有认知，"存在着本源的、自在的，广阔无垠的信息世界"，[2]96它独立于人类的认知活动之外，"自身造就自身、自身规定自身、自身演化自身"。[3]20在这样的理论框架下，硬要说"人类生产的本质是信息生产"、"人类生产力的本质是信息生产力"，为了自圆其说，尽管洋洋洒洒，必然是矛盾百出，不堪一击。

1. 是人类在"生产信息"，还是"客观信息"在"生产信息"

邬先生说："在严格的意义上，人类的生产不可能是物质生产，而只能是信息生产。"[2]328 如果按照"信息本体论"的规定，这句话还可以变换为："在严格的意义上，人类的生产不可能是'客观实在（物质）'的生产，而只能是'客观不实在和主观不实在（信息）'生产。"——显然这是十分荒谬的。令人遗憾的是，邬先生还不厌其烦地反复做出大致相同的错误解释。《反批评》说："其实，霍先生所列举的上述的所有类型的人造工具，在其发挥功能作用时，都或者是改变了其所操作的对象的位置状态，或者是，改变了其所操作的对象的结构状态，而这些相应的活动都具有信息活动的意义。首先，改变对象的位置状态，就意味着改变了对象与环境相互作用的方式，在与新的环境相互作用的过程中对象必然会同化或异化新的信息。其次，改变对象的结构状态必然会引起对象旧有结构信息的部分耗散，以及新的信息的产生或凝结，有时还会发生新旧信息的叠加、匹配、重构或重建。这怎么能说，在这些相应的活动中没有发生'创造信息'和'生产信息'呢？"[1]96 邬先生的"这段精妙的说教怎么这么耳熟"？为了简明扼要，对其主要问题梳理如下：

（1）所谓"改变对象的位置状态"、"改变对象的结构状态"、"对象旧有结构"等，再次出现偷换概念的错误。在"信息本体论"里，旨在认知的"客观信息（客观不实在）"是"间接存在（水中月、镜中花）"，它们应该是"操作的对象的位置状态"、"操作的对象的结构状态"、"对象旧有结构"在中介物里的影像或痕迹，而在这里又被悄悄地偷换成事物的本体（客观实在），由"间接存在"摇身一变成了"直接存在"。

（2）所谓"改变对象的位置状态"、"改变对象的结构状态"，明明是"改变"在前。即物质资料的生产活动在前，人类只有生产出具体形态的物质，才有关于该物质（本体）形态的认知（信息），怎么能够说"人类生产的本质是信息生产"呢？铁器时代曾是人类文明和生产所经历的一个标志性的发展时期，兹以炼铁为例，人类首先要将野外铁矿开采出来；然后经过破碎、磨碎、磁选、浮选、重选等选矿程序获得精矿粉。经选矿程序获得的精矿粉，除主要含磁铁矿、赤铁矿或菱铁矿外，还含有硫、磷、砷、钾、钠、氟等无益杂质和锰、镍、铬、钒、钛等有益元素；再将精矿粉装入炼炉（在生产中多次"改变了其所操作的对象的位置状态"），当炼炉达到一定炉温时，精矿粉熔化并发生炉渣与铁水分离（"改变了其所操作的对象的结构状态"），劳动"对象旧有结构"（铁矿石或精矿粉的旧结构）荡然无存。（表6－4）由于每次入炉的精矿粉品位（尤其是无益杂质与有益元素）是不一致的，所以关于新生成的炉渣与铁水的精准"结构状态"究竟如何（如熔融状态、分离状态、凝固结晶状态都不一样）？必须等到炉渣与铁水凝固以后或产品出来以后，通过有关仪器的测试才能知晓（如它们凝固后的成分、比重、硬度、磁性、结构等）。如果炉渣和铁锭还没有生成，这么会有它们的"结构信息（在中介物中的影像或痕迹）"呢？可见，所谓"引起对象旧有结构信息的部分耗散，以及新的信息的产生或凝结，有时还会发生新旧信息的叠加、匹配、重构或重建"——全是虚构或形象思维。人们还没有"生产"和"创造"出炉渣（结构状态）、铁锭（结构状态），还没有来得及对它们（客观实在、直接存在）进行认知，怎么能够离开具体物质（炉渣和铁锭），率先"生产"和"创造"出没有物质载体的、超前凝结在它们体内的"同化或异化新的信息"呢？

表6-4　铁矿物与炼铁后的产品——金属铁（或钢）的结构区别

名称	铁矿物的结构与成分	金属铁（或钢）
磁铁矿	为 Fe_3O_4，属等轴晶系，单晶形呈八面体或菱形十二面体。理论组成 FeO 约 31.03%，Fe_2O_3 约 68.96%。其中 Fe_3 的类质同像代替有 Al_3、Ti_4、Cr_3、V_3 等；替代 Fe_2 的有 Mg_2、Mn_2、Zn_2、Ni_2、Co_2、Cu_2、Ge_2 等。	铁和钢的分子式都是 Fe；含碳在 2.11% 以上的铁叫生铁（或铸铁）。含碳量少于 0.2% 的铁熔合体称为熟铁或锻铁。 钢是对含碳量质量介于 0.02% ~ 2.04% 之间的铁合金的统称。钢的化学成分可以有很大变化，只含碳元素的钢称为碳素钢（碳钢）或普通钢；在实际生产中，钢往往根据用途的不同含有不同的金属元素，比如：锰、镍、钒、铬等。
赤铁矿	为 Fe_2O_3，三方晶系，晶体常呈板状。常含类质同像替代的 Ti、Al、Mn、Fe_2、Ca、Mg 及少量的 Ga、Co。隐晶质致密块体中常有机械混入物 SiO_2、Al_2O_3。	
菱铁矿	为 $FeCO_3$，三方晶系，晶体呈菱面体。经常有锰、镁等替代铁，形成锰菱铁矿、镁菱铁矿等变种。理论组成 $FeCO_3$，FeO 为 62.01%，CO_2 为 37.99%，常含 Mg（镁）和 Mn（锰）。	

（3）邬先生说："改变对象的结构状态必然会引起对象旧有结构信息的部分耗散，以及新的信息的产生或凝结，有时还会发生新旧信息的叠加、匹配、重构或重建。这怎么能说，在这些相应的活动中没有发生'创造信息'和'生产信息'呢？"[1]96——不难看出，铁矿石（精矿粉）通过炼炉变成炉渣和铁锭后，才会形成炉渣结构和铁锭结构。假如说它们"真的"有"对象旧有结构信息"的话，那么所谓"创造信息"和"生产信息"，也是由"旧有结构信息（客观信息）"的"相应的活动"，"自身造就自身，自身规定自身，自身演化自身"来完成的，或者说"信息生产"、"信息生产力"的主体不是人类而是"客观信息（旧有结构信息）"；"客观信息（旧有结构信息）"通过自身演化（"相应的活动"）在"生产信息"、"创造信息"；人类的认知活动根本与"信息生产"、"信息生产力"无关。

其实，人类生产馒头与生产铁锭类似，要经过种植小麦、收割小麦、磨成面粉、蒸成馒头等生产环节。邬先生的高论，还可以变换为："在严格的意义上，人类的生产不可能是馒头（物质）生产，而只能是信息生产。"由此可得出重要推论，人类吃得不可能是馒头（物质），而只能是信息，这种被人类食入体内的信息（从麦苗到食品），是一种"新旧信息的叠加、匹配、重构或重建"的"结构信息"；它们在人体内，与人体的结构信息发生"同化或异化"作用，还会生产和创造出新的信息、新的结构信息；当部分残余作为排泄物（粪便）排出体外后，这种排泄物（粪便）"与新的环境相互作用的过程中对象必然会同化或异化新的信息"，生产或创造出新的"结构信息"……

2. 物质守恒定律与人类生产的本质问题

稍微了解马克思主义原理的人都知道，马克思关于"人类的生产"问题，以唯物史观为视角，从根本解决人与自然、人与社会的矛盾冲突出发，突出人的主体地位，提出了"两种生产"的理论。它由马克思最先提出，最终由恩格斯完善并阐释。恩格斯在《〈家庭、私有制和国家的起源〉第一版序言》中指出："根据唯物主义观点，历史中的决定性因素，归根结底是直接生活的生产和再生产。但是，生产本身又有两种。一方面是生活资料即食物、衣服、住房以及为此所必需的工具的生产；另一方面是人类自身的生产，即种的繁衍。一定历史时代和一定地区内的人们生活于其下的社会制度，受着两种生产的制约：一方面受劳动的发展阶段的制约，另一方面受家庭的发展阶段的制约。劳动愈不发展，劳动产品的数量、从而社会的财富愈受限制，社会制度就愈在较大程度上受血缘关系的支配。"[7]136——在这段著名的论述里，"两种生产"即无论是"生活资料"还是"人类自身"的"生产和再生产"，无论是"劳动产品的数量"还是"社会的财富"，都是关于"客观实在（物质）"的生产，而不是关于"客观不实在和主观不实在（信息）"的生产。

邬先生说："世界上的物质（质量和能量）是守恒的，人类生产不可能创造物质，只可能改变物质存在的形式，但是，信息却不具有守恒性，人类在生产中创造的只能是信息，并且，物质存在形式的改变又只能通过相应的结构信息的改变来实现。在严格的意义上，人类的生产不可能是物

127

质生产，而只能是信息生产。"[2]328——在这段表述里，邬先生对物质守恒定律做了非常片面的理解。所谓物质守恒定律是指：物质不会凭空产生，也不会凭空消失，只会从一种物质形态转化成另一种物质形态。这亦被称为质量守恒定律，即质和量既不会被创造，也不会被消灭，只会从一种物质形态转化成一种物质形态，总量保持不变。应该提醒的是，物质守恒定律至少包含三层意思：

（1）"广义的、泛指（非特指形态）的物质（宇宙，无限的事物）"——简称"抽象物质"，既不能创造也不能消灭，物质总量守恒。

（2）"狭义的、特指（有具体形态）的物质（有限的事物）"——简称"具体物质"，能够从一种物质形态转化成另一种物质形态（物质形态不守恒），既可以创造也可以消灭（质量不守恒）。迄今人类认知的物质形态至少有 13 种，即：固态、液态、气态、等离子态、超固态（超密态）、中子态、黑洞态、玻色—爱因斯坦凝聚态、费米子凝聚态、真空态、场态、反物质态、生命态。这种"具体物质"不守恒规律，不仅适用自然界，而且适用人类社会。如果"具体物质"既不能创造也不能消灭，取之不尽，用之不竭，既形态守恒又质量守恒，那么当今就不会出现所谓珍稀物种濒危，石油、煤炭、天然气即将消耗殆尽等可持续发展问题了，在人类活动的干预影响下，由于使某些"具体物质"形态发生了转化，它们的质和量是不守恒的。作为不可再生的资源，是可以消灭（用之殆尽）的；而作为可再生的资源，是可以被"创造"或扩大再生产的。这对人类认识论的启迪是，如果说精神（信息、意识）来自主观对客观的认知，那么更重要的不是如何认知"抽象物质"，而是认知"具体物质"（属性与规律）以及它们形态转化的原因与规律。这对人类生产的启迪是，对于不可再生的资源，要厉行节约，细水长流，综合利用，合理开源；对于可再生的资源，要尽可能地扩大再生产，合理提高人类的生产力和自然界的生产力。

（3）自然界是"抽象物质"（质量守恒）与"具体物质"（质量不守

恒）的统一，全部有生有灭的"具体物质"的质量之和，等于"抽象物质"的总量，即物质总量守恒。

由此可见，物质守恒定律不仅是强调了"抽象物质"在质量和能量的总量上守恒，而且也强调了"具体物质"可以从一个种形态转化成另一种形态（既可创造又可消灭），由于"具体物质形态转化"具有多样性和不守恒性，这就为人类的认知领域形成了一个无限广阔的空间。譬如，化学关于物质守恒定律的内容是：在化学反应中，参加反应的各物质的质量总和，等于反应后生成的各物质的质量总和。如果说自然界里的"具体物质"，其形态守恒的话，那么在化学反应中，各种反应物就不可能产生形形色色的新的生成物；在自然界里就不可能产生形形色色的新物种，当然也不会产生人类对这些新生成物、新物种的认知（信息），所谓"信息生产"也就成了空中楼阁、欺人之谈。若仍以物种为例，不难从认识论的角度来考察物质与信息（精神）的关系：在地质年代里，奥陶纪较之寒武纪出现了许多新物种，志留纪较之奥陶纪又出现了一批新物种，但是寒武纪、奥陶纪、志留纪距今已相隔5.7亿~4.1亿年，人类社会（及其意识）在那时还远远没有产生。这充分说明：①在自然界漫长的演化过程中，由于"具体物质"（形态与质量），可以从一种形态转化成另一种形态（或多种形态），在这种转化过程中，"具体物质"的质量和能量，既可以积累也可以耗散（质量不守恒），所以通过物竞天择，便产生了形形色色的新生成物、新物种（物质形态不守恒）；②由于任何一种"具体物质"（有生有灭），具有形态不守恒与质量不守恒的双重属性，所以人类对它们的认知也是不守恒，或者说"信息不守恒"。自然界里形形色色的新生成物、新物种生成在前，人类对它们的认知产生在后。因此，关于对"具体物质"本体的认知（获得信息），只能是第二性的。

由此可以进一步得出：①"具体物质"的类的质量和种的质量，都是不守恒的。譬如对某具体动物而言，其群体可以增加、减少或濒危，个体可以增重（增肥）或减重（减肥）。②"具体物质"在转化中，可形成一种或多种新的物质形态，转化具有多样性（随机性与确定性的统一）。不同的"具体物质"可以有不同的形态，相同的"具体物质"也可以有不同的形态。如以水体为例，姑且不考察水分子的内部结构形态，仅从外形看，装在圆的容器里就是圆形，装在方的容器里就是方形，装在不规则的容器里就是不规则形。在理论上不规则容器的数量可以是无限多的，那么水体的形态（体态）也可以是无限多的。

正是因为"具体物质"（有限的质和能，有限的事物有生有灭）是不守恒的，人类才能不断扩大生活资料与人口的再生产。自然界没有天然的彩电、空调、冰箱、洗衣机、计算机、汽车、火车、飞机、轮船、卫星等物质形态，但"劳动产品的数量"（总质量之和）始终都在增长当中，原因是人类能够大批量地、重复地"生产"和"创造"同型号或不同型号的汽车等"劳动产品"，而无需大批量地、重复地"生产"或"认知"同型号或不同型号的关于汽车本体的信息。人类之所以能够生产和制造这些形形色色的"具体物质"（产品），原因是能够为它们源源不断的发明和提供自然界里原本就没有的金属材料、无机非金属材料、有机高分子材料和复合材料，（表6-5）譬如所谓"新材料"中的生物医用材料（用于人工器官、外科修复、理疗康复、诊断、治疗疾患，而对人体组织不会产生不良影响的材料），还专门是为人体的保健或康复服务的。"劳动产品的数量"（总质量之和）也是始终处于增长之中。众所周知，自然环境下的庄稼产量是十分低下的，但是在长期的生产实践中，人类一直都在锲而不舍地追求提高庄稼产量，我国杂交水稻之父袁隆平院士，已经将每亩水稻的产量提高到926.6千克，正在力争近期达到1000千克，庄稼（粮食）的单产（质和量）始终都在不断地增长当中。20世纪50年代，我国一度养活6亿人口都感到艰难，而现在我国却养活了13亿人口，并由温饱迈向小康。为了生存，世间人人都需要人类辛勤生产的粮食，但是不必人人都需要关于粮食本体的信息（如基因图谱）。

表 6-5　人类为制造机器、构件、器件和其他产品而发明创造的新物质材料

分类	种类
按物理化学属性分类	金属材料、无机非金属材料、有机高分子材料、复合材料
按物理性质分类	高强度材料、耐高温材料、超硬材料、导电材料、绝缘材料、磁性材料、透光材料、半导体材料
按状态分类	单晶材料、多晶质材料、非晶态材料、准晶态材料
按物理效应分类	压电材料、热电材料、铁电材料、光电材料、电光材料、声光材料、磁光材料、激光材料
按用途分类	建筑材料、结构材料、研磨材料、耐火材料、耐酸材料、电工材料、电子材料、光学材料、感光材料、包装材料
按组成分类	单组分材料、复合材料

可以理直气壮地说，人类生产不是"抽象物质"的生产，而是"具体物质"的生产。人类生产首先不是"信息生产"，但是可以包括主观认知客观的"信息生产"。人类在生产活动中展开的研发活动（如规划、论证、设计、试验、加工、评估、验收等），从事主观认知客观的"信息生产"，只是为"具体物质"生产服务，或曰是科学技术为"具体物质"生产服务，为国民经济主战场服务。归根结底，人类生产的本质是关于生活资料和人口的再生产或可持续生产。生活资料和人口的再生产，其产品都是"直接存在"而不是"间接存在"，都是"客观实在"而不是"客观不实在"，当然更不是它们在中介物里的影像或痕迹，人类不能画饼充饥、望梅止渴。生活资料和人口的生产与再生产，是人类生产的本质。

（4）需要回应的是，《反批评》说："人类的'物质资料的生产'并不是通过创造物质实现的，而是通过改变物体的结构信息实现的。所以，'物质资料的生产'不是'物质生产'，而是'信息生产'。'物质'概念和'物质资料'的概念并不等价，'物质资料的生产'和'物质生产'这两种说法也并不等价。"[1]97 "与'信息生产'相对的是'物质生产'，

而不是'物质资料的生产'。""在这段文字中，霍先生再一次运用偷换概念的手法，把'物质资料的生产'偷换或等同于'物质生产'……"[1]98可以看出，这番辩解至少提出两个问题：

①"物体的结构信息"所说的那个"物体"，是否与"物质"的概念等价？它"相对的是"什么"信息"（客观信息还是主观信息）？"物体"究竟是指"抽象物质"还是"具体物质"？人类生产的本质到底是生产"抽象物质"还是"具体物质"？如果这个"物体"的质量守恒，那么为什么能够"改变物体的结构信息"？按照"信息本体论"的规定，邬先生说："直接存在就是我们对物质范畴的一个具体规定。""物质＝客观实在＝实在＝直接存在。"[2]38稍有头脑的人都会认可，"物质范畴"既然用"直接存在"来做"具体规定"，那么当然指的是"具体物质"，是"客观实在（直接存在）"而不是"客观不实在（间接存在）"。譬如邬先生爱不释手、赞不绝口的典型案例——"实在、直接存在"的月亮和花朵（即水中月和镜中花案例），它们就是"具体物质"，其中花卉生产目前已成为全球一个重要产业（不是靠生产镜中花形成产业），我国神舟十号飞船也即将登月，开采月球的资源对人类不再是幻想。可见，人类生产的主要产品是"具体物质"，要认知的主要对象（客体）也是"具体物质"。"物质资料"是"具体物质"；"物质资料"的生产是"具体物质"的生产。马恩之所以强调其重要，在于人类离开了物质资料（生活资料）的生产就无法生存，就谈不上搞什么上层建筑。

②邬先生说："具体讲来就是：任何物的结构和状态都映射和规定着关于自身的历史、现状、未来的信息，任何物的直接存在的结构和状态都是由它所凝结的间接存在（信息）所规定的。这就意味着，结构决定性质和功能，信息又决定结构，所以，物所凝结的信息便最终决定着物的性质和功能。"[1]159既然"间接存在（信息）"能够"规定""决定""物的直接存在的结构和状态"，那么请问：如果"不实在"的"物体的结构信息（间接存在）"能够生产"物的直接存在的结构和状态"，那么还要

"人类生产"干什么?"人类生产"到底是生产"实在"的"具体物质"(直接存在)还是生产"不实在"的"物体的结构信息(间接存在)"?到底是"物体的结构信息"能够"生产信息"还是人类能够"生产信息"或认知信息?对于邬先生不伦不类的"信息生产",笔者前文已做过分析,不赘述。

(5)我们至少可以得出两点重要的认识:①人类"具体物质"的生产,决定"信息生产",主观认知客观的"信息生产",只是为"具体物质"生产服务——而不是相反。②人类的生产,如果离开了"具体物质"的生产,离开了满足人类生存最基本物质需求(吃穿住行)的生产,离开了对客观物质世界的认知(主观脱离客观),鼓吹搞什么"信息生产",搞什么"创造信息(客观信息和主观信息)",那么只能是盲目的"信息生产"、垃圾的"信息生产"。

三、"信息不守恒"与人类生产的本质问题

"信息不守恒"问题,是当前比较前卫的研究领域。英国科学家斯蒂芬·霍金在2004年7月举行的"第17届国际广义相对论和万有引力大会"上,改变了他过去"信息不守恒"说法,认为"信息应该守恒"。《反批评》说:"我只是说,与其他生产活动形式一样,在物质资料的生产活动中人类创造的并不是物质,而是信息。在一般理论科学和哲学关于物质守恒、不能创造也不能消灭,信息不守恒、可以创生和耗散的相关理论的基础上,提出人类生产和生产力的本质是'信息生产和信息生产力'的学说是合理的。"[1]99其实邬先生在他的《信息哲学》一书第九编中,专门用三章的篇幅来说明"信息守恒"问题。[2]470-524尽管不同的场所说法相悖,但是信息守恒或是不守恒?的确是值得探索的领域。可是,当邬先生将这一探索,与"人类生产和生产力的本质是信息生产和信息生产力"

联系起来时，那么就值得质疑了。

如前所说，虽然"抽象物质"是守恒的，但是"实在、直接存在"的"具体物质"（有限质和量，有限事物有生有灭）的转化，却是不守恒的。如果说信息不守恒，是人类对无限多样的、不守恒的"具体物质"形态的认知（获得信息），那么恰恰说明人类的认知活动（信息不守恒），受制于"具体物质"的不守恒，所谓"不实在"的信息只能是第二性的。譬如，笔者已多次指出："人类作为漫漫宇宙长河中有限的生命（意识的局限性与'思维着的物质'的阶段性），是无法认识宇宙中全部的（或所有的）有限事物的演化史的，这是因为：对于弥散宇宙间的各种物质形态而言，已经历了不计其数的有生有灭、有灭有生的演化过程，无机物转化为无机物，无机物转化为有机物，有机物转化为无机物，低序转化为高序，高序转化为低序，无序转化为有序，有序转化为无序，此类运动形态转化为彼类运动形态，新的物种产生旧的物种灭亡，等等。譬如从考古发现的楼兰女尸身上，是无法获得古楼兰国（民族）'过去—现在—将来'或'演化历史关系全息和演化未来关系全息'之完整的认知的。又如，《史记》曾记载汉代西域有楼兰、龟兹等三十六国，然而世道沧桑，如今仅凭史籍中片断的记载以及零星的考古发现，历史学家根本无法了解当年西域三十六国一度辉煌的'由来、迁徙、演化、消亡'以及相互交往的'全部自然历史关系和社会历史关系'了。这些充分说明，信息是主体（人）认知客体后的产物，是第二性的，它有赖于'我们的感觉所复写、摄影、反映'而存在。文字是记载信息的最重要的手段（其次有绘画、器物、摄影、录音、录像等），凡是没有文字的民族，仅凭语言很难保留自己悠久的历史。当客体（一个民族）存在时，如果人类不能及时全面地认知客体（种与群），并将这些信息全面地、永久性地记载、存储下来，那么当客体消亡以后，人类就很难获得所谓的全息了。"[5]26

显而易见，受宇宙空间的无限性与"具体物质"形态演化的多样性、不守恒性以及人类实践（认知）空间与能力的局限性、生命短暂性（阶段性）等矛盾制约，对人类（有限的生命）而言，不可能"生产"和"创造"出有关地球万物和无限宇宙的"全息"（理论和实践都无法证明）；从"求真"角度看，人类不可能"生产"和"创造"出比"具体物质"形态转化过程中更多的、非杜撰的信息，只能是力争获得尽可能多的符合客观实际的信息；从"求假"角度看，人类可以"创造"出诸如鬼神文化一类杜撰的信息（其实也难以摆脱客观世界对它的影响）或虚假的信息，也许这些都能用来说明"信息不守恒"之现象吧。

一般地说，我们可以把认知的"具体物质"或事物看作是一个系统。当代系统科学理论就能够支持形态多样性的"具体物质"（有限事物、有限质和量）是不守恒的观点。开放的系统与外界有物质、能量的交换（封闭的系统与外界有能量的交换），受系统自身要素、结构与环境变化的制约，它们与外界交换的数量（质量、能量的积累或耗散）不是恒定的，是千变万化的（既难定格于瞬间，更难精确到过程），物质形态在系统演化或涨落过程中是可以发生转化的。正是因为"具体物质"的形态及质量变化是不守恒的，因此人类对它们的认知也是不守恒的（信息不守恒）。譬如，同时种下一批相同的树种（种子），它们在成长、发育、演化过程中，受环境和树木内在因素的制约，在不同的"即时"和"过程"中，每一株树木的具体形态、大小、高低、重量、强弱都是不同的，人类可以通过认知部分树木去认知群体，但是不可能（也无需）去认知该群体的每一株树木（对大田里的庄稼而言，也是如此），或曰"信息不守恒"。人类不能离开事物的本体，去"生产"和"创造"还没有生长出来的关于树木本体（乃至每一株树木）的内在信息（属性与规律），只能是当这批树木成长起来以后，设法获得关于它们本体的具有代表性的内在信息（属性与规律）。

需要回应的是，《反批评》说："毛泽东谈的根本不是'信息生产'，他只是讲人的正确思想只能从社会实践中产生。而问题的关键是，人的社会实践，人的生产活动（包括所有形式的生产活动）创造的到底是物质还是信息？在毛泽东那个时代，信息的观念还没有进入一般人的视野。霍先生在这里的解读实在是强加于毛泽东了。另外，从霍先生的用语中可以看出，他仍然把信息仅仅看作是精神现象，这就未免太狭隘了。"[1]97对这番辩解至少可以提出两个问题：①邬先生有一本专著叫《古代哲学中的信息、系统、复杂性思想：希腊·中国·印度》（商务印书馆2010），其中专门介绍了"中国古代哲学中的信息、系统、复杂性思想"，为什么说"在毛泽东那个时代，信息的观念还没有进入一般人的视野"？"人的正确思想只能从社会实践中产生"为什么不属于"信息生产"？②邬先生"信息本体论"明确指出："就精神系统而言，无论是人的意识的内部操作，还是人与人之间的思想、情感的交流，都是一种信息活动，且又都必须通过相应的信息联系过程来实现。"[2]68显然，邬先生不惜食言，毫无顾忌地表现出健忘与失忆。

必须再次指出的是，邬先生一方面声称坚持马哲，一方面始终回避应答他建立的"信息哲学"，所谓"客观信息"究竟是第一性的，还是第二性的原则性问题！如果认为它是第二性的，那么这种"不实在、间接存在"的"信息"不可能从"宇宙开端（宇宙时为零）"开始，便"自身造就自身，自身规定自身，自身演化自身，从而展开其自身纯自然起源、运动、发展的历程"，[2]47这样的"信息生产"也不是人类对它进行生产；如果认为它是第一性的，既然它（间接存在）是物质本体在中介物里的影像或痕迹，为什么总是用中介物（中介信息场）来替代物质本体（直接存在）？或者用"直接存在"冒名顶替"间接存在"？既然明确规定"物质本体（直接存在）"没有"信息"，使传统哲学里的"物质"处于退休下岗的地位，那么这样的"信息哲学"与马哲又有什么关系呢？

邬焜先生以不能成立的基本范畴出发，为所谓"人类生产的本质是信息生产"、"人类生产力的本质是信息生产力"的观点，反复地做出大致相同的错误解释。但他试图用"物质守恒，信息不守恒"来捍卫其理论时，的确是为信息哲学研究提出了值得思考的问题。如果哲学界能够对这一问题展开深入的讨论与争鸣，显然有利于澄清是非，深化理论，推动信息哲学的发展。

参考文献

[1] 邬焜. 关于信息生产和信息生产力问题的讨论———对霍有光先生质疑的反批评 [J] 学术界. 2011 (11)：93 – 100.

[2] 邬焜. 信息哲学——理论、体系、方法 [M]. 北京：商务印书馆，2005.

[3] 邬焜. 信息哲学中的几个问题的再讨论——与霍有光先生再商榷 [J]. 江南大学学报（人文社会科学版），2011 (2). p20

[4] 邬焜，与信息哲学相关的几个问题的讨论——对霍有光先生质疑的再质疑 [J]. 江南大学学报（人文社会科学版），2010 (1).

[5] 霍有光. 对邬焜先生"信息哲学"的再批评 [J]. 江南大学学报（人文社会科学版），2010 (5).

[6] 霍有光. 邬焜"信息本体论"再质疑 [J]. 哲学分析，2011 (6)：p42 – 52.

[7] 恩格斯.《家庭、私有制和国家的起源》第一版序言，马列主义经典著作选编（党员干部读本）[M]. 北京：党建读物出版社，2011 (136).

（原载《天水师范学院学报》2012 年第 4 期）

关于邬焜先生"相互作用与物质和信息的双重演化"观点的再质疑

【摘　要】邬焜先生"信息本体论"的目的是划分"全新的存在领域",即物质(如月亮)是"直接存在","客观信息"(如水中月)是"间接存在",两者没有整体与部分的关系(两者异体异物),直接存在≠间接存在,强调这是与传统哲学根本不同的"元哲学"。但是,邬先生"信息进化论"居然违背"信息本体论"的规定,声称"物质和信息的双重演化"体现了"亦此亦彼的思想",即物质与"客观信息"两者的演化,"亦此亦彼",间接存在(如水中的月亮)=直接存在(如天上的月亮)。由于传统哲学里的物质没有可被认知的任何信息(规律和属性),"客观信息"就成了"变相的物质","物质演化"则名存实亡,成为没有任何实际意义的摆设。所谓"物质和信息的双重演化",只是"客观信息"(如水中的月亮)在演化。然而,"客观信息"(如水中的月亮)既不能进化或退化,也不能同化或异化。

【关键词】物质;信息;双重演化;进化退化;同化异化;邬焜

邬焜先生在《辽东学院学报》(社科版) 2011 年第 6 期发表《相互作用与物质和信息的双重演化——对霍有光先生质疑的反批评》(简称

《双重演化》）一文，[1]再次使用惯用的手法，即回避自己在"信息本体论"中对"客观信息（间接存在，如水中的月亮）"本体、"物质（直接存在，如天上的月亮）"本体的规定，继续重复地做出似是而非、混淆视听的解释。问题的要害是所谓"双重演化"实为"单一演化"。"物质演化"只是徒有其名，而"信息演化"则与人的认知活动无关，这种"自在信息（客观信息）"的客观第一性的活动"在人的意识之外，不以人的意志为转移"，"客观信息（自在信息）"自身可以"纯自然"地"起源、运动、发展"。显然，只有给予更加透辟的哲学分析，才能使读者看清该理论的荒谬。

一、是"物质和信息的双重演化"还是"中介物（客观信息）"在演化

邬焜在《中国信息哲学核心理论的五种范式》一文中声称："2005年，我在《信息哲学——理论、体系、方法》一书中，更是强调了信息本体论的建构在信息哲学中的核心地位，我写道：信息在存在认识论意义上所具有的普遍而独特的品格，恰恰是信息哲学可以成为'元哲学'、'最高哲学'、'第一哲学'的依据。"[2]52 "我对信息本质的界定是从物质世界自身显示自身的层面上，以及信息与物质在存在方式上的根本区别的尺度上着眼的"。[2]52 "由于自身显示的间接存在说在哲学本体论层面提出了一个全新的存在领域，从而确立了信息哲学的'第一哲学'的地位。"[2]48不难看出，邬先生的"信息哲学"有别于传统哲学的主要特征是：因为"信息与物质在存在方式上的根本区别"，所以"提出了一个全新的存在领域"、"自身显示的间接存在说"，从而"强调了信息本体论的建构在信息哲学中的核心地位"。那什么是"自身显示的间接存在说"呢？显然这是了解"信息哲学"的钥匙，邬先生以"水中月（间接存

在)"为案例,对相关概念做了厘定:

(1)直接存在＝物质＝客观实在＝没有任何信息。(图7－1)

(2)间接存在＝信息＝客观不实在(客观信息)＋主观不实在(主观信息,即精神)。(图7－1)

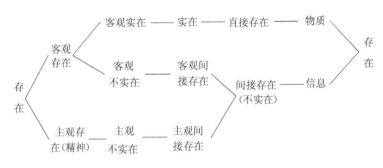

图7－1　存在领域分割图(参见邬焜《信息哲学》
商务印书馆,2005年,第39页)

邬先生将"间接存在"的信息分为两种:①"主观信息(精神)"。它作为"间接存在",人们尚不难理解,因为它是第二性的。②关键是要深刻领悟"客观信息"的含义。邬先生用"水中月"为案例,找到了这种"间接存在"的证据。邬先生说:"水中的月亮也是客观的,它在人的意识之外,不以人的意志为转移,但是水中的月亮却并不具有实在的特性,它只是实在月亮的一个影子,而映现或载负这个月影的水却又不是实在的月亮本身,虽然,水本身是实在的水,但水中却没有实在的月。……这样我们找到了一个'客观不实在'的存在领域。'客观不实在'正是对客观事物间的反映内容的指谓。在客观世界中普遍映射、建构着的种种自然关系的'痕迹'正是储存物物间的种种反应内容的特定编码结构。正是在这一特定的意义上,我们说'客观不实在'与标志物质世界的'客观实在'的存在方式具有本质的区别。"[3]36－37 "我们说,天上有一个月亮,水中有一个月亮。天上的月亮是实在的,水中的月亮是不实在的。水中的月亮的存在是因为天上的月亮的存在,前者是后者的'影子'。这样，我们便在实在的月亮和不实在的月亮之间建立起了一种对应相关的关系。我们完全可以从这种相关对应的关系出发，把实在的月亮叫做直接存在的月亮，而把不实在的月亮叫做间接存在的月亮。"[3]36-38

不难看出，邬先生之所以发明"客观信息"是"间接存在"，依据是"天上有一个月亮，水中有一个月亮"，"前者（水中月）是后者（月亮）的'影子'"。"我们完全可以从这种相关对应的关系出发，把实在的月亮叫做直接存在的月亮，而把不实在的月亮叫做间接存在的月亮。"尽管人们能够举头看见"直接存在"的"天上的月亮"，但它自身没有任何信息，"客观信息"在"间接存在"的"水中的月亮"里。这就是"信息与物质在存在方式上的根本区别"！概言之："客观信息"是事物本体在水中（或中介物中）的影像，它作为"间接存在（中介物）"，与"直接存在"的事物本体（物质）是性质根本不同的事物，两者没有整体与部分的关系（两者异体异物）！只有"客观信息（间接存在）"才"储存物物间的种种反应内容的特定编码结构"。直接存在（如月亮）≠间接存在（如水中月）。这种"存在领域分割"与有关范畴的关系，以及存在的逻辑问题可参见表7-1。

表7-1 邬先生"信息本体论"中"存在领域分割图"中
有关范畴与信息的关系问题

主客关系		案例	存在方式		有关范畴与信息的关系
客体		天上的月亮	直接存在	客观实在	客观实在＝物质＝（没有客观信息？）
中介物	第三者	水有月影	间接存在	客观不实在	客观不实在（水中影像）＝客观信息
		水无月影			客观不实在（水中无影像）＝？（难道没有信息？如阴天不出月亮）
主体		对月亮的认识	主观不实在		主观不实在＝主观信息（精神）

注：参见邬焜《信息哲学——理论、体系、方法》（商务印书馆，2005）第37~39页。

邬先生进一步说："水中的月亮以天上的月亮为根据，人脑中的认识以认识的对象为根据。"[3]41——那么"人脑""认识的对象"是什么呢？

①由于"天上的月亮"即月亮本体（事物本体）是没有任何信息的，所以"人脑""认识的对象"不是"客观实在（事物本体 = 直接存在）"！（图7-1）②由于"水中的月亮以天上的月亮为根据"，只有"间接存在（如水中的月亮）"才"储存物物间的种种反应内容的特定编码结构"，所以"人脑""认识的对象"是"客观信息"（事物本体在中介物里的影像）。（图7-1、表7-1）

由此可见，邬先生通过划分这种"全新的存在领域"而建立的"元哲学、最高哲学、第一哲学"，与传统哲学的区别是："信息哲学"中"人脑""认识的对象"是"客观信息（间接存在，中介物）"，或称为"认识发生的信息中介说"；传统哲学中"人脑""认识的对象"是物质（直接存在）。建立"信息哲学"目的就是要取代传统哲学。

邬先生在《双重演化》一文辩解说："我在阐释我提出的'相互作用与双重演化'的理论时，谈到了两个观点：一是'相互作用构成了事物运动、变化、发展的根本原因'；二是'相互作用需要有中介'。"[1]12"从我的相关论述中真的可以推出这样一些结论吗？现在让我们首先转引一下我的一些相关论述：'事物是在多重因素（质量流、能量流、时空流、信息流等等）的协变中演化的。这种多重因素的协变的演化，依赖于物质世界本身固有的一种存在方式，这就是事物内部和事物之间普遍存在着的相互作用。正是相互作用构成了事物运动、变化、发展的根本原因。'"[1]12

其实上述辩解，只要根据邬先生"全新的存在领域划分图"即"信息本体论"的规定，或者说用"水中月"案例来解读，就不难清楚地看出所犯的逻辑错误。

（1）所谓"相互作用构成了事物运动、变化、发展的根本原因"——依据"自身显示的间接存在说"，关键是要抓住这句话所说的那个"事物"，究竟是"直接存在"还是"间接存在"？究竟是"月亮"还是"水中月"？究竟是"事物本体"还是"事物本体在中介物里的影像"？可用"水中月"案例转化为："相互作用构成了'水中月'运动、变化、发展的根本原因"。请问，邬先生明明说："水中的月亮的存在是因为天上的月亮的存在，前者是后者的'影子'。这样，我们便在实在的月亮和不实在的月亮之间建立起了一种对应相关的关系。我们完全可以从这种相关对应的关系出发，把实在的月亮叫做直接存在的月亮，而把不实在的月亮叫做间接存在的月亮。"[3]36-38 "信息本体论"规定"实在的月亮"（事物本体）是没有任何信息的，信息在"间接存在"的那个"不实在的月亮"即"客观信息"或"中介物（水中月）"里！可见，由于月亮自身（事物本体）没有可被认知的属性与规律，所谓"物质和信息的双重演"，实质是作为"间接存在"的那个"不实在"的"客观信息"在单一地演化（"运动、变化、发展"）。

（2）所谓"相互作用需要有中介"——可以用"水中月"案例转化为："相互作用需要有中介（如水中月）"。人类对月亮本体的认知（主观信息＝精神），只能从作为"间接存在"的"客观信息（如水中月）"中获得（因为事物本体无信息）。

正如邬天启等（2010）在《信息哲学在中国的兴起》一文中指出："物质和信息双重存在的理论，必然导致物质和信息双重演化的理论。"[4]30 "邬焜先生在20世纪80年代初期就提出了'哲学认识论的信息中介论'。这一理论可以包括两方面的内容：其一是认识发生的信息中介说，其二是认识过程的信息建构或虚拟说。"[4]31对此，邬先生在《信息哲学》中自称："我所提出的'认识发生的信息中介说'，以及'哲学认识论的信息中介论'就是按照辩证哲学的过程论的理论来恰当地建构哲学认识论体系的一种尝试。"[3]167 "在感知过程中，直接刺激我们感官的并不是客体本身，而是客体反射或辐射出来的信息场，这就是说，主客体的相互作用首先被各种不同的信息场所中介；主客体之间没有直接的接触……换句话说，我们永远只能借助于第三者来把握我们的对象；在主客体相互作用的中介面（场）上，同时存在着互逆的两种信息流的运动：

一种是主体信息向客体方向的运动，一种是客体信息向主体方向的运动。"[3]171

事实胜于雄辩，邬先生的"哲学认识论的信息中介论"、"认识发生的信息中介说"所关心的"存在"不是"直接存在（物质本体）"而是作为"中介"的那个"间接存在（客观信息）"！所关心的"演化"实质是"信息的演化"而不是"物质的演化"，因为"永远只能借助于第三者来把握我们的对象"！所谓"认识发生的信息中介说"（或"自身显示的间接存在说"）就是指人类认知的对象（"第三者"）是"中介面（场）"，它们是被中介着的"各种不同的信息场所"！即人类不能从"直接存在"的事物本体（如月亮）中获得信息，只能从事物本体在中介物里的影像（如水中月）或中介粒子场里获得"客观信息"！传统哲学里的物质由于没有可被认知的规律和属性（主观信息＝精神），物质范畴在"信息哲学"里已经成为一种没有实际意义的摆设。客观信息则成了"变相的物质"。

笔者在先前的质疑中，曾指出上述第三段话即"同时存在着互逆的两种信息流的运动：一种是主体信息向客体方向的运动，一种是客体信息向主体方向的运动"存在的哲学问题：①要提防"客体信息"设下的陷阱，因为它与"客观信息"是两个不同的概念。如果说"客体信息"中的"客体"指的是"实在、直接存在"的月亮，那么月亮本体是没有信息的，根本不存在什么"客体信息（月亮的信息）向主体方向的运动"问题。②如果说"客体信息"中的"客体"指的是"不实在、间接存在"的"水中月"，那么就是说"客体信息＝客观信息（间接存在）"。因此务必注意，"信息哲学"所说的那个"客体"是指"中介物（不包括一切事物本体）"！而传统哲学的所认知的"客体"是指一切事物（包括中介物）。③"主体信息向客体方向的运动"，实质是说主体信息向中介物或中介粒子场运动，即"我们永远只能借助于第三者来把握我们的对象"。"认识发生的信息中介说"使传统哲学的"物质认识论"从此寿终正寝。

（3）邬先生上述的后一段话可以用"水中月"案例转化为："从我的相关论述中真的可以推出这样一些结论吗？现在让我们首先转引一下我的一些相关论述：'月亮是在多重因素（质量流、能量流、时空流、信息流等等）的协变中演化的。这种多重因素的协变的演化，依赖于月亮本身固有的一种存在方式，这就是事物内部和事物之间普遍存在着的相互作用。正是相互作用构成了月亮运动、变化、发展的根本原因。'"——既然月亮本体有"质量流、能量流、时空流"，月亮的"事物内部和事物之间普遍存在着的相互作用""构成了月亮运动、变化、发展的根本原因"，那么请问：人类为什么不能从"直接存在"的月亮本体中获得认知或信息（精神），反而要从所谓"间接存在"的"水中月（中介物）"里获得信息（客观信息）呢？"月亮运动、变化、发展的根本原因"究竟是在"直接存在"月亮内部还是在"间接存在""水中月（信息场）"里呢？既然物质本体没有可被认知的信息，那么传统哲学还要这个范畴有什么意义呢？

俗话说："用子之矛，攻子之盾。"其实用邬先生"信息本体论"现成的典型案例——"水中月"，就不难回答所谓"物质和信息的双重演化"存在的问题：

①请问：作为"直接存在"的"月亮（物质本体）"是怎样演化的？人们对"天上月亮"演化内容（如属性与规律）的认知，应该称为什么？究竟属于"客观信息"还是"主观信息（精神）"？"信息本体论"不是规定关于"月亮（物质本体）"的信息寓于"水中月（间接存在）"里吗？（图7-1）不是因此而诞生了"认识发生的信息中介说"（或"自身显示的间接存在说"）吗？

②请问：作为"间接存在"的"水中月（影像）"是怎样演化的？人们对"水中月亮"的认知究竟属于"客观信息"还是"主观信息（精神）"？或者说"水中月亮"是如何"自身造就自身、自身规定自身、自

身演化自身，从而展开其自身纯自然起源、运动、发展的历程。信息场以及信息的同化与异化是自在信息的两种基本形式"？[3]47

必须指出的是，笔者曾多次提醒，人的观察可分为直接观察和间接观察。①平静的水面可以作为一种观察的仪器（利用镜像原理），它可以照影天地万物。人们观察"水中月"属间接观察，举头望明月属直接观察。其实"水无月"也有关于月亮的信息，譬如：天阴不出月亮；水面波涛汹涌无法形成镜像原理而无月影；水面被高大的物体遮挡而无月影等等。（表7－1）②仪器的精度制约间接观察的质量。由于水面（或哈哈镜）的精度不高，人类才发明了镜子（铜镜、高平玻璃镜）；由于镜子的精度不高，人类才发明了望远镜、显微镜等。况且人类的间接观察，除了使用光学仪器外，还发明了诸如测量化学成分、压力、重力、引力、温度、比重、粒度、密度、磁性、酸碱度、甜度、放射性、电压、电阻、电容等多种多样的仪器（它们利用的不是镜像原理）。③所谓"在感知过程中，直接刺激我们感官的并不是客体本身（如月亮），而是客体反射或辐射出来的信息场（如水中月）"是以偏概全的错误说法！人的"感知过程"除视觉外，还包括肤觉、触觉、嗅觉、听觉、味觉、痛觉等，譬如用手心触摸额头，常用来直接感知人体是否发烧；人类在生产活动中，手常用来操作各种各样的生产工具，这是一种直接接触（或"直接刺激"），并非通过"客体反射或辐射出来的信息场"；盲人坐在镜前，虽然无法感知额前的白发（几根白发、花白或全白）或头发的颜色，但是用手触摸自己的头发，却能感知头发的疏密、长短、软硬等。可见，人类感知世界，绝不仅靠单一的视觉功能，绝不应该把人类的认知活动简单化、庸俗化。

邬先生提出所谓"客观信息（间接存在，如水中月）"、"自身显示的间接存在说"，至少带来五大认识论问题：①用间接观察全盘否定了直接观察。②用间接观察的一类仪器（光学仪器），否定了用其他各种各样的仪器进行间接观察。③"水中月（中介物或中介粒子场）"与月亮本体

（事物本体），两者没有整体与部分的关系，中介物或中介粒子场不能替代事物本体；事物的外观不能代替事物的整体，人类可以看到月亮或水中月的外观图像，但人类无法通过"水中月（外观）"看到月幔和月核（物体的内部）；即时的图像不能代替过程。④由于"实在、直接存在"的事物（物质）本体自身没有信息，物质范畴在认识论里失去应该存在的价值。⑤至于人类离开事物的本体（直接存在）去认知所谓的"客观信息（间接存在）"究竟能够得到什么信息？多少信息？笔者在《邬焜先生"信息认识论"质疑》一文中已有充分的论述，这里不赘述。

归根结底，传统哲学里的"物质"范畴在"信息哲学"里已经名存实亡了，其地位被"不实在、间接存在"的"客观信息"或"自身显示的间接存在说"所替代，或曰鹊巢鸠占了。

二、"中介粒子场"、"认识发生的信息中介说"与"双重演化"无关

邬先生在《双重演化》一文中，通过"相互作用引起的事物的变化并不仅仅在外部"、"事物的结构和事物的相互作用都具有层次性"两个问题对笔者的质疑进行了反批评，但是始终没有直接面对他的"信息哲学"理论体系出现的逻辑混乱问题，试图采用重复一千遍似乎就变成真理的手法。对此，最好的办法就是逐条地给予揭露。

1. 关于"认识发生的信息中介说"

笔者曾明确指出，尽管邬先生大谈自组织理论，但与"信息哲学"的理论是背道而驰的。因为，自组织理论关心的是认知对象（如月亮）的内部矛盾运动，而"信息哲学"关心的是认知对象（如月亮）的外部即中介物（如水中月）。或者说，自组织理论的研究对象是"直接存在（事物本体）"，譬如研究系统，就是要研究"实在"的系统、要素、结构

及其部分功能，如人的胃脏有消化功能，它就在人体的内部；研究系统的环境也是"实在"的环境。而"信息哲学"研究的对象是"不实在""间接存在"的"客观信息（自在信息）"或"第三者（中介粒子场）"。（图 7 - 1）因为，"信息思维则是关于不实在的思维、关于间接存在的思维。"[3]424 邬先生针对笔者的批评辩解说："我在介绍自组织理论时说：哈肯强调了自组织行为的两个基本点：一个是系统必须是开放的，系统必须与环境保持相应的相互作用；二是系统内部产生的模式不是由外部直接给予的，而是由内部的相互作用自发（自生）建构出来的。"[1]248 邬先生在此处做了"事物的变化并不仅仅在外部"的所谓辩护，笔者认为这是徒劳的，并且是弄巧成拙的！在他的"信息认识论"里，关于人的认知活动与"直接存在"的事物之内部演化作用（自组织）无关，与中介物（客观信息）相关的说法比比皆是，正是因为如此，才自称为"认识发生的信息中介说"：

"我们在考察信息产生的动力时就已经指出：物体的相互作用是通过物体自身辐射或反射的中介粒子场来完成的。正是这个中介粒子场，载负着反映物体自身存在的方式和状态的信息。"[3]48——邬先生明明是说经过"考察信息产生的动力"，"物体的相互作用是通过物体自身辐射或反射的中介粒子场来完成的"，即强调所谓"相互作用"发生的地点在"中介粒子场"，哪里能看出与物体的内部有关系呢？若以"中介粒子场（水中月）"为例，其荒谬之处是，人举头望明月，无法从"直接存在"的月亮中得到信息，要将自身"辐射或反射"到"中介粒子场（水面）"；"天上的月亮"自身没有信息，也要将自身"辐射或反射"到"中介粒子场"（水面），人只能"通过物体自身辐射或反射的中介粒子场（水面）"来获得"载负着反映物体自身存在的方式和状态的信息"（根本不是事物本体或内部），如此高论，可谓是一场颠覆传统认识论的大革命。

"主客体的相互作用是被多级中介着的，而客体对象本身则无论如何也不可能进入对之进行认识的主体,那能够进入主体意识的仅仅是已在诸多中介中几经变换、选择、建构过了的关于客体对象的信息,而对象的信息又只能是通过某种差异关系的对应呈现出来的。"[3]154——邬先生宣称:"客体对象本身则无论如何也不可能进入对之进行认识的主体"即人举头望明月无法从"直接存在"的月亮中获得信息,这种说法与"信息本体论"的说法是一致的!需要提醒的是,笔者已多次指出邬先生所犯的错误,他试图用对事物影像的观察来替代全部认识论,如果说"月亮的影像"可以经过"诸多中介""进入主体意识"话,那么人类获得关于月亮本体化学成分、比重、压力、温度、密度、粒度、矿物、岩石、磁场、放射性、重力、引力等信息,不是"通过物体自身辐射或反射的中介粒子场(如水中月)来完成的",或者说它们不是第一性的,即"对象的信息"不能"通过某种差异关系的对应呈现出来",而是人类要通过对"直接存在"的观察对象(不是"间接存在"的中介物,如水中月)进行实际测量来获得,它们无论如何也不可能通过诸如"月亮影像"等"诸多中介"自动"进入主体意识"。

"信息场是主客体联系的中介环节","现代物理学揭示:物体('粒子')之间广泛存在着各种形式的场的普遍联系,这个场的联系是通过中介物质(粒子)的传递来实现的。这就告诉我们,在感知时,主客体虽然没有直接接触,但必然存在着中介粒子传递的间接联系。其实,在感知过程中,直接刺激我们感官的并不是客体本身,而是客体反射或辐射出来的粒子场。由于不同质的物体(粒子)辐射或反射的粒子场不同,所以,任何物体辐射或反射的粒子场都是特异化了的,亦即都是与其他物体辐射或反射的粒子场区别着的。正是由于这种场的普遍差异性,才使任一物体产生出来的粒子场能够将该物的特质显示出来,这样,这个场便成了产生它的那个物的信息的载体。就是在这一特定的意义上,我们把这个场叫做'信息场'。"[3]157——①对人类而言,不存在邬先生所谓的具有"客观第一性"性质的"信息场",信息(如月亮本体化学成分、比重、压力、温度、密度、粒度、矿物、岩石、磁场、放射性、重力、引力等信息）只能是通过人类观测"直接存在"的对象以后来获得，传统哲学称之为意识或精神，信息只能是第二性的东西！②邬先生宣称的"信息场"即"这个场的联系是通过中介物质（粒子）的传递来实现的"，所谓"异化"只发生在"信息场"里而非"事物的内部"，"这个场便成了产生它的那个物的信息的载体"。也就是说，作为"间接存在"的"信息场"是第一性的；作为"直接存在"的"那个物（物质本体）"则是没有信息的，人类认知的对象是"间接存在"的"信息场"而不是事物本体！③需要指出的是，为什么在伸手不见五指的黑夜，四周的物体都是漆黑的？这是因为地球上绝大多数物体不发光，人们看到的光来自太阳或借助产生光的设备（如白炽灯泡、荧光灯管、激光器、萤火虫等）。光是一种电磁波，分为可见光和不可见光，一般人的眼睛所能接受的光的波长在380～760nm之间。自然界中的太阳光、白炽电灯和日光灯发出的光都是复色光，当光照到物体上时，一部分光被物体反射，一部分光被物体吸收。透过的光决定透明物体的颜色，反射的光决定不透明物体的颜色。不同物体，对不同颜色光的反射、吸收和透过的情况不同，因此呈现不同的色彩。色彩则是光的各种现象（例如红色、棕色、桃红色、灰色、绿色、蓝色、紫色、白色等），使人们通过视觉或知觉得以从大小、形状、颜色或结构等方面（从外观表象上）区分各种物体。兹以一个农家小院为例，院内有几棵大树、几丛花，有牛、羊、猪、狗、鸡各一只，有假山一座，在漆黑的夜晚这些物体都不存在"客体反射或辐射出来的粒子场"或太阳光，尽管人（或盲人）凭感觉无法识别它们，但它们的属性或"该物的特质"都是原本就存在的！与是否"反射或辐射出来的粒子场"无关，而与自身的属性与规律（如无机的物质、有机的物质、生命的物质等）相关。就是说"树、花、牛、羊、猪、狗、鸡、假山"的"普遍差异性"，缘自事物的内部，根本不是来自什么外部的所谓"客体反射或辐射出来的粒子场（信息场）"。

"我们可以结论：在认识过程中，主客体之间没有直接的接触，而信息场构成了主客体联系的中介环节。"[3]158 "信息场是信息空间传输的基本形式。本来，信息和物质是同在的，信息的存在形式也是多种多样的，要找一个信息的开端正如要找一个物质的开端一样是毫无意义的事情。"[3]49 "主客体之间没有直接的接触，而那些直接接触的刺激物却并不能成为这一过程中的客体，它只能扮演向主体传递另一物的信息的载体角色。换句话说，我们永远只能借助于第三者来把握我们的对象。"[3]157——邬先生使"自在信息（客观信息）"或"信息场"获得了物质第一性的地位，因为"信息和物质是同在的"，所以它从"宇宙时为零"起便开始演化！宣称传统哲学里的物质没有任何可被认知的内容，"我们永远只能借助于第三者来把握我们的对象"，而这种"自在信息（中介物）"，可以"自身造就自身，自身规定自身，自身演化自身，从而展开其自身纯自然起源、运动、发展的历程。信息场以及信息的同化与异化是自在信息的两种基本形式"。[3]47显然，旨在用"间接存在"的中介物（中介粒子场）或"第三者"来取代"实在、直接存在"的事物本体，认定关于事物本体及其演化的认知内容，"永远只能"赋存在中介物（信息场）里。这样，传统哲学关于"物质"及其"物质演化"的认知理论，有名无实了。再次表明所谓"物质和信息的双重演化"，只不过是地地道道的欺人之谈。

邬先生说："事物是在多重因素（质量流、能量流、时空流、信息流等等）的协变中演化的。这种多重因素的协变的演化，依赖于物质世界本身固有的一种存在方式，这就是事物内部和事物之间普遍存在着的相互作用。正是相互作用构成了事物运动、变化、发展的根本原因。"[3]200——请读者注意：这里所说的"事物"是"直接存在"，根据邬先生"信息本体论"、"信息认识论"规定，人类认知客观世界，与物质本体无关，（图7-1）只能从所谓的"客观信息（间接存在）"或"信息场"中获得。譬如说，尽管月亮存在"质量流、能量流、时空流"，但它的"事物内部和事物之间普遍存在着的相互作用"已无关紧要，关于月亮本体的信息，只能从它的外部（"间接存在"）即"水中月（中介粒子场）"里寻找。

邬先生说："A. 物自身的一种直接存在的样态向另一种直接存在的样态的转化。……C. 物物间的联系、过渡和转化。……D. 物自身的直接存在向间接存在的过渡。……E. 相互作用物的间接存在的相互凝结……""事物的结构是分层的，在事物的不同层次上都存在着复杂的差异性关系，而只要有差异性关系就会发生相互作用，这样，事物的相互作用也是分层的。……"[1]13——请读者注意：这里所说的"事物（物自身）"都是"直接存在"，根据邬先生"信息本体论"、"信息认识论"规定，人类认知客观世界，与物质本体（物自身）无关，（图1）只能从所谓的外部即"客观信息（间接存在）"或"信息场"中获得。

邬先生说：读了这样一些文字，我们还能像霍先生那样歪曲加杜撰地说什么，按照我的观点，可以推论出"凡是事物的演化，是在事物的外部而不在内部"；"所以，'信息'只能在中介粒子场里通过'传递、交换'才能产生，事物的本体（客观实在）无'信息'"吗?![1]14——读者只要细心品味邬先生的这段表白并与上面有关"认识发生的信息中介说"、"自身显示的间接存在说"、"我们永远只能借助于第三者来把握我们的对象"等种种说法相对照，就会发现其恰恰暴露了"信息哲学"所呈现的漏洞百出、欲盖弥彰的矛盾：依据"全新的存在领域"划分法，使传统哲学的物质范畴有名无实，既然物质（直接存在）没有可被人类认知的属性与规律，那么这种被空洞化的物质演化，又与人类的认识活动有什么关系呢？反之，如果说物质（直接存在）演化有可被人类认知的属性与规律，即有可被人类认知的信息，那么所谓"客观信息（间接存在）"范畴就不能成立，或者说"信息哲学"根本不能成立。

2. 关于中介物（"信息自在运动"）与事物本体的认识论问题

邬先生说："信息不仅在'中介物'中，而且还在所有的事物本体之中，因为，所有的物体都已在普遍相互作用的过程中，通过信息同化和异化的演化过程将自身变成了映射着它物，反映着自身多重关系的信息体，所有物体的现存结构都是载负信息的物形编码形式，所有的事物都既是物质体，又是信息体。信息场——信息的同化和异化——信息体，这就是信息自在运动的逻辑。"[1]15

（1）这段高论若套用"信息本体论"中月亮（直接存在）和水中月（间接存在）之经典案例来一个等量代换，那么就愈加彰显其语惊四座："信息不仅在'中介物（水中月）'中，而且还在月亮的本体之中，因为，月亮已在普遍相互作用的过程中，通过信息同化和异化的演化过程将自身变成了映射着它物，反映着自身多重关系的信息体，月亮的现存结构都是载负信息的物形编码形式，月亮既是物质体，又是信息体。"细心的读者不妨仔细品味图7-1，任何人都不难理解"月亮（直接存在）既是物质体，又是信息体"与"水中月（间接存在）既是物质体，又是信息体"是性质完全不同的概念，企图玩弄概念、偷梁换柱将"直接存在（天上的月亮）"与"间接存在（水中的月亮）"说成是同一物体只能是徒劳的！邬先生反复强调他最大贡献就是划分了"全新的存在领域"并提出了"自身显示的间接存在说"！在"信息本体论"里，作为"直接存在"的月亮是没有"自身显示"或没有信息的，在这里居然有信息了。试问：如果把"间接存在"的"水中的月亮"称为"客观信息"，那么是不是也可以把"直接存在"于月亮本体之中的"信息"称作"客观信息"？如此岂不是变成了月亮（物质本体）＝水中月（中介物）？直接存在＝间接存在＝客观信息？难道划分"全新的存在领域"不过是开了一个哲学大玩笑？

（2）"信息场——信息的同化和异化——信息体，这就是信息自在运动的逻辑。"[1]15——邬先生旗帜鲜明地提出了"信息自在运动的逻辑"！正如他在"信息本体论"中说："水中的月亮也是客观的，它在人的意识之外，不以人的意志为转移，但是水中的月亮却并不具有实在的特性，它只是实在月亮的一个影子，而映现或载负这个月影的水却又不是实在的月亮本身，虽然，水本身是实在的水，但水中却没有实在的月。……这样我们找到了一个'客观不实在'的存在领域。"[3]36-37由于"信息场（中介粒子场）"诸如水中月"是客观的，它在人的意识之外，不以人的意志为转移"，所以能够发生"信息自在运动"！它（如水中的月亮）可以脱离事物的本体（如天上的月亮）"自身造就自身，自身规定自身，自身演化自身，从而展开其自身纯自然起源、运动、发展的历程。信息场以及信息的同化与异化是自在信息的两种基本形式"[3]47作为"直接存在"的物质本体，由于没有可被认知的实际内容或信息，因此在"信息哲学"里形同虚设、名存实亡了。

3. 所谓"双重存在"究竟是"直接存在≠间接存在"还是"直接存在=间接存在"

邬先生说："双重存在的理论强调的是任何物体本身的内在结构都编码着相应的信息内容。中介粒子、波场本身也是一个物体，它也是双重存在的，它有它自己的物质构成，也有其载负的信息。我们找不到没有物质载体的信息，也找不到不载负信息的物体，这就是'所有的物体，既可以从其质量、能量结构的角度把它看做是物质体，也可以从其凝结着种种复杂关系的角度把它看成是信息体。'"[1]15——请读者务必注意，所谓"双重存在的理论"与"信息本体论"是彼此矛盾的，邬先生的这段陈述本意绝不是为作为"直接存在"的"事物（物质）"辩护，而是仍然在为作为"间接存在"的"客观信息"辩护，试析之：

（1）"双重存在的理论强调的是任何物体本身的内在结构都编码着相应的信息内容"[1]15——细心的读者务必留意，"天上的月亮"与"水中的月亮"这两种"存在"是不同体的"存在"，"事物本体"与"中介粒子场"这两种"存在"也是不同体的"存在"，所以"信息本体论"称前者是"直接存在"后者是"间接存在"。可以用"水中月"案例等量代换为："双重存在的理论强调的是月亮本身的内在结构都编码着相应的信息内容",如果邬先生认为此说是正确的话,那么应该有勇气宣布所谓"全新的存在领域图"(参见图 7 - 1)或"信息本体论"是错误的、荒谬的!因为,在"信息本体论"里,所谓"内在结构都编码着相应的信息内容"与"直接存在"的"天上的月亮"无关,而是赋存于"间接存在"的"水中的月亮"里,或曰"自身显示的间接存在说",即直接存在≠间接存在。

(2)"中介粒子、波场本身也是一个物体,它也是双重存在的,它有它自己的物质构成,也有其载负的信息。"[1]15——其一,读者务必提防文字游戏设下的陷阱,仍以"水中月"为例:(表 7 - 1)"水体"作为中介物,的确"本身也是一个物体",如果说"它有它自己的物质构成,也有其载负的信息",那么所"载负的信息",首先应该是关于"水体""自己的物质构成"的信息;而水中月影(图像)与"水体"不存在整体与部分的关系,"水体"和"水中月"的物质结构,与"月亮本体"的物质结构都是风马牛不相及的东西,"水体"或月影中没有关于月亮"自己的物质构成"的信息或"物物间的种种反应内容的特定编码结构"!其二,这是承认"中介粒子、波场"(即中介物或中介粒子场)也是物质体。其实笔者早在先前的质疑文章中就指出:"单独把'客观信息(水中月=客观的、不实在的=事物影像)'从'物质'范畴中拿出来进行研究,究竟有多大的意义?况且,传统哲学的'物质'范畴,原本包括中介物,中介物也是主体认知的对象(客体),人们可以认知水面、镜面反射事物影像的原理及其相关信息,反射的影像也是由光子构成的(载体和影像都是物质的)。"[5]46其三,明眼人应该能看出邬先生本意,尽管中介物"本身也是一个物体"(如水体),但是在"信息本体论"看来,它所"载负的信息"只是其他物体的影像信息(如水中月),这种影像不存在关于载体自身(如水体)属性与规律的信息。实质是在重申"客观信息"这个范畴是正确的!

（3）"我们找不到没有物质载体的信息，也找不到不载负信息的物体"[1]15——又在混淆视听，明眼人都能看出邬先生的本意，这里所说的"物质载体"与"信息"的关系问题，其实就是人类究竟是认知"直接存在（事物本体）"还是"间接存在（信息场）"的原则性问题。务必注意"物质载体的信息"所说的那个"物质"的含义，即"月亮载体的信息"与"水中月载体的信息"两者是有本质区别的！邬先生是依据"自身显示的间接存在说"，再一次强调和重申关于月亮本体的"信息"，赋存于"中介粒子、波场"（即中介物或中介粒子场）里！作为"间接存在"的"中介粒子、波场"（即中介物或中介粒子场），"载负"着作为"直接存在"的物质本体的信息。说白了，邬先生自始至终都在捍卫"认识发生的信息中介说"、"哲学认识论的信息中介论"，就是试图用"客观信息（间接存在、信息场）"取代"物质（直接存在）"的地位，就是试图用所谓"信息哲学"这种新的"元哲学、最高哲学、第一哲学"取代传统哲学（马哲）。

（4）"这就是'所有的物体，既可以从其质量、能量结构的角度把它看做是物质体，也可以从其凝结着种种复杂关系的角度把它看成是信息体。'"[1]15——邬先生再一次表现为惊人地健忘，这句高论可以用"水中月"案例等量代换为："月亮，既可以从其质量、能量结构的角度把它看作是物质体，也可以从其凝结着种种复杂关系的角度把它看成是信息体。"明明作为"间接存在"的"水中月（中介物或中介粒子场）"，与作为"直接存在"的月亮本体（事物本体）是两种属性不同的事物，"直接存在≠间接存在"，两者不存在整体与部分的关系，怎么逢场作戏，月亮突然变成既可"看做是物质体"，也可"看成是信息体"了？即"直接存在＝间接存在"呢？难道真的是"天上的月亮"可以看成是"水中的月亮"，"水中的月亮"可以看成是"天上的月亮"吗？

4. 所谓"亦此亦彼的思想"就是用"信息演化"替代"物质演化"

邬先生说："霍先生根本未能理解我所提出的物质和信息的双重存在

156

和双重演化的理论，这就导致他不能把二重存在和演化方式统一起来加以考虑。在他的头脑中，物质和信息始终是割裂的，对于同一事物、同一过程，他始终坚持着非此即彼的认识逻辑，而无法理解亦此亦彼的思想。……所有事物的存在方式都普遍被二重化了，由此便导致了宇宙，以及宇宙中的一切事物都具有了物质和信息双重存在和双重演化的性质。"[1]14-15

看来可以正本清源了，邬先生所谓"全新的存在领域"对"存在"的划分，来自一种"亦此亦彼的思想"，"天上的月亮"亦"水中的月亮"，"水中的月亮"亦"天上的月亮"；物质本体亦中介物（中介粒子场），中介物（中介粒子场）亦物质本体；客观信息亦物质本体、中介物，物质本体、中介物亦客观信息。或者说："直接存在"亦"间接存在"，"间接存在"亦"直接存在"，尤为关键的是：间接存在＝直接存在！物质与客观信息都是第一性的，所以"宇宙中的一切事物""从宇宙时为零"开始，"物质与客观信息"就同步"双重演化"了。这种"亦此亦彼的思想"是对"信息哲学"作为"元哲学、最高哲学、第一哲学"的最好诠释，即所谓"物质和信息的双重演化"，实质是"信息演化"亦"物质演化"，信息演化＝物质演化，间接存在（中介物）之演化＝直接存在（物质本体）之演化。由于"物质演化"的内容被"信息演化（中介信息场）"所剥夺，传统哲学物质范畴的地位被鹊巢鸠占，尽管"信息哲学"各论（本体论、认识论、进化论、价值论、思维论、质量论）都难以自圆其说，其实万变不离其宗，所讨论的"信息演化"，只不过是"变相的物质在演化"；人的认知所要通过的那个"中介粒子场（信息场）"或"认识发生的信息中介说"，其实从中根本得不到多少有价值的信息（精神）。

参考文献

[1] 邬焜. 相互作用与物质和信息的双重演化——对霍有光先生质疑的反批评 [J]. 辽东学院学报 (社科版), 2011 (6): 12 – 18.

[2] 邬焜. 中国信息哲学核心理论的五种范式 [J]. 自然辩证法研究, 2011 (4): 48 – 53.

[3] 邬焜. 信息哲学——理论、体系、方法 [M]. 北京: 商务印书馆, 2005.

[4] 邬天启, 靳辉. 信息哲学在中国的兴起 [J]. 江南大学学报 (人文社会科学版), 2010 (5): 27 – 32.

[5] 霍有光. 邬焜"信息本体论"质疑 [J]. 哲学分析, 2011 (6): 42 – 52.

(原载《辽东学院学报》(社科版) 2012 年第 5 期)

邬焜先生"信息价值论"质疑

【摘　要】邬焜先生在"信息本体论"、"信息认识论"、"信息进化论"的基础上,推导出"信息价值论"。行文的基本特点是:一是重复了以往的逻辑错误,使"实在、直接存在"的物质(物质结构)成为没有实际认知内容的空壳。既想把"不实在、间接存在"的信息(信息结构)从事物本体中剥离出来,但又难以剥离。时而说客体(物质)的本体无信息,信息在中介粒子场(信息场)里;时而说"所有的物体"的"物质体"与"信息体"两者同体;可谓先是后非。二是在解读信息价值时,貌似谈"不实在、间接存在"的信息(信息结构),实则在谈"实在、直接存在"的物质(物质结构),将事物的相互作用归结为中介粒子场(信息场),使信息成为"变相的物质",传统哲学(马哲)的"物质价值论"变成了"信息价值论"。

【关键词】信息哲学;信息价值论;中介粒子场;物质结构;信息结构;邬焜

邬焜先生在《信息哲学》中,在第七编用了五章的篇幅讨论了"信息价值论"问题。众所周知,即便在当代中国还不能说人人都具有哲学素养的情形下话,假如将信息视为精神意识一类,是第二性的产物,不会有人说《诗经》、《史记》、《全唐诗》、《全宋词》等人类精神文明的成果没有价值；对稍有哲学素养的人来说，也不会说《希特勒讲演录》、《拉登讲演录》没有存在的价值（至少有作为对立面而存在的价值）。那么邬先生到底想说明什么问题呢？其实就是想说明有一个与物质同在的、具有第一性地位的信息（自在信息）——既有客观存在与演化的价值，也有被主观认知的价值。

一、关于"价值与信息"存在的问题

邬先生在第七编第一章中讨论了"价值与信息"问题，涉及"信息哲学"中诸如直接存在、间接存在、中介粒子场、物质场、信息场等概念问题，实质是想与"物质"相对应，赋予"信息"独特的存在价值与作用，但是始终难以自圆其说。

1. "信息价值论"有关直接存在、间接存在、中介粒子场、物质场、信息场的含义

邬先生说："物体的相互作用是通过物体自身辐射或反射的中介粒子场来完成的。正是这个中介粒子场，载负着反映物体自身存在的方式和状态的信息。……这种由中介粒子构成的物质场是怎样携带着信息呢？……正是由于物质本身的这种普遍差异性，造成了它们辐射或反射粒子的种类和形式的无限多样和无限差异性。……正是这种场的无限差异的特性使物体本身的存在方式和状态显示了出来，外化了出来，从而，赋予了物质场携带产生这个场的物体的信息的能力。……光子是以它的光量子特性为其直接存在的，但是，光子的波长、频率及其场的分布方式却对应着反射这个光子场的物体本身内部以及与其他物体的差异的特质。正因为如此，不同物体反射的不同光子场作用于我们的视网膜，才使我们观察到了不同的

形状、颜色、运动状况等等。可见,在场的直接存在的形式中,以其相对差异的结构编码形式间接携带着产生这个场的物体本身的信息。正是在这个间接存在的,确定的信息意义上,我们把这个物质场从信息论的角度规定为信息场。"[1]48-49

概括以上论述,所谓"直接存在(物质)"是指客体。所谓"间接存在(信息)"是客体(物质)与客体(物质)发生相互作用,要有一个中介物——中介粒子场,这个中介粒子场中发生相互作用的产物叫做"间接存在(信息)"。由于客体(物质)"辐射或反射粒子的种类和形式的无限多样和无限差异性",所以中介粒子场上的相互作用的产物(信息)具有"相对差异的结构编码形式",它"携带着产生这个场的物体本身的信息",或者说中介粒子场(物质场)中相互作用的产物——信息(信息场)——就是"间接存在"。

2. "直接存在(物质)"与"间接存在(信息)"无法发生相互作用

邬先生说:"从哲学层次来看,价值乃是事物(物质、信息,包括信息的主观形态——精神)通过内部或外部相互作用所实现的效应。然而,相互作用所实现的效应是多重的。在本书'第十六章'中我们曾揭示了相互作用所实现的多重效应的六个方面。"这六个方面可概括为表8-1,其中前三项,属于直接存在变化的效应——物质性效应,后三项属于间接存在变化的效应——信息性效应。邬先生认为:"由于物皆处于普遍的相互作用中,所以,任何物都必然同时就发生着四种过程:派生中介物、改变自身的物质性结构(质—能分布方式)、异化自身信息、同化它物信息。正是这四种过程造成了上述的六重效应。其实,在一个具体的物物相互作用中,上述的四个过程乃是同一个过程,上述的六重效应也是在同一个相互作用过程中具体呈现出来的。"[1]355-356(表1)

邬先生说:"客观上,无论在无机界,还是在有机界,或是在二者之间,都普遍存在着物物之间的相互信息传递和接收。信息的同化和异化就是这种相互传递和接收所引起的结果。某物体(信源)扩散的信息为另一物体（信宿）所接收，对于某物体来说就是信息的异化过程，而对于另一物体来说则是信息的同化过程。"[1]50 "信息场本身不仅是信息异化的产物，而且也是信息同化的产物。信息场的载体，作为信源辐射或反射出来的它物，首先就具有了和信源相互作用的性质，正是在这种相互作用的过程中，信源给信息场的载体留下了某种特定的'痕迹'，以此映现出信源本身的某些特征。正因为信息场作为信源信息的同化物，它才能在与信宿发生作用时，将这一同化了的信息再异化给信宿，以完成信宿同化信源信息的过程。"[1]50

分析以上表述，"物质性效应"的本体是物质，"信息性效应"的本体是什么？光子是光线中携带能量、传递电磁相互作用的媒介粒子。光子有速度、能量、动量、质量。光子可以变成其他物质（如一对正负电子），但能量守恒，动量守恒。如果"信息性效应"的本体是光子，那么为什么要把光子称为"信息"呢？为什么不把"原子"、"分子""无机物"、"有机物"也称为"信息"呢？究竟"信息（光子）"与"物质"的区别是什么呢？被反射的光子转化为一对正负电子以后，怎么会有反射物的信息结构呢？总之，为了简明扼要起见，笔者对"信息性效应"的质疑参见表 8 - 1。另外，需要质疑的是：

（1）某物体（信源）与另一物体（信宿）之间，不能相互传递和接收信息。邬先生说："客观上，无论在无机界，还是在有机界，或是在二者之间，都普遍存在着物物之间的相互信息传递和接收。"但是，"信息本体论"从"本体"上，论证了"信息"有别于"物质"，"信息"的本体是"客观不实在（客观信息）"，即等于中介物（事物影像）；"实在、直接存在"的"物质"（客观实在，即客体）是不蕴含任何信息的！这里又声称"普遍存在着物物之间的相互信息传递和接收"、"某物体（信源）扩散的信息为另一物体（信宿）所接收"，难道不是自相矛盾吗？（表 8 - 1）

（2）信源（某物体）在所谓中介粒子场留下的"痕迹"，只是某物体的外观外貌，由于它们没有整体与部分的关系，所以用中介粒子场的

"痕迹"来替代认知事物本体，具有很大的局限性的。必须指出的是，地球与地球上的万物，绝大多数是不发光的（放射性物质、人造发光体除外）。"辐射"是指热、光、声、电磁波等物质向四周传播的一种状态。"反射"是指波在传播过程中从一种媒质射向另一种媒质时，在两种媒质的界面上有部分波返回原媒质的现象。对"可见光"而言，单个光子携带的能量约为 4×10^{-19} 焦耳，这样大小的能量足以激发起眼睛上感光细胞的一个分子，从而引起视觉。我们之所以能够感知地球与地球上的万物图像，因为它们"辐射或反射"了太阳光。但是，仅凭"辐射或反射"的太阳光粒子，是根本无法认知地球与地球上的万物——千差万别的属性与规律的，因为太阳光并非产自反射物本体。此外，从物质"粒子—原子核—原子—分子—无机物—有机物"的层次结构来看，即便认知了事物本体的低层次的物质运动，不等于可了解高层次的物质运动。譬如，认知了人体某部位的原子或分子运动，不等于可认知人的思维活动规律、心脏运动规律等属性。而光子（粒子）运动，只不过是物质最低层次的运动罢了。（表 8-1）

（3）中介粒子场留下的"痕迹"不能异化信宿（另一物体）。原因如（2），不赘述。（表 8-1）

表 8-1　关于"信息性效应"的本体问题及质疑

事物相互作用	双重性质的效应	必然同时发生四种过程	质疑："信息性效应"的本体是什么
A. 物自身的一种直接存在的样态向另一种直接存在的样态的转化； B. 中介物的产生和运动； C. 物物间的联系、过渡和转化；	直接存在变化的效应——物质性效应	①派生中介物；②改变自身的物质性结构（质—能分布方式）；③异化自身信息；④同化它物信息	客观实在＝物质＝（？没有可以认知的内容或信息） 某物体（信源）与另一物体（信宿）之间，不能相互传递和接收信息！（在"信息本体论"中，客体无信息，信息在中介粒子里。假如要传递和接收信息，也只能发生在中介粒子场，而不能在物物之间。）

事物相互作用	双重性质的效应	必然同时发生四种过程	质疑："信息性效应"的本体是什么
D. 物自身的直接存在向间接存在的过渡；			"向间接存在的过渡"——请问："直接存在（客体）"除"辐射或反射"太阳光之外，为何要将自身的物质组成（如有机物）过渡为光粒子？
E. 相互作用物的间接存在的相互凝结；	间接存在变化的效应——信息性效应		"间接存在的相互凝结"——请问："凝结"的载体是物质还是信息？如果是"信息""凝结"，它是什么？如果是光子"凝结"，它是什么？
F. 新的间接存在样态的建构。			"新的间接存在样态"——请问：中介粒子场里光粒子的"新样态"是什么？是新的影像吗？

3. 人类"通讯"技术与"中介粒子场"风马牛不相及

邬先生说："任何处于相互作用中之物必然同时兼具三重角色（用通讯信息论的语言来表达）：信源——异化信息、信宿——同化信息、载体——以自身变化的'痕迹'载负信息。这就意味着，相互作用所实现的物质效应和信息效应、物质价值和信息价值不仅具有同时性，而且具有必然性和普遍性。"[1]356同样的表述还鉴于"信息进化论"："由于物皆处于普遍的相互作用之中，所以，任何物都必然同时就发生着三种过程：派生中介物、异化自身信息、同化它物信息。在相互作用中，这三个过程是同一个过程。因为中介物恰恰是在物之内、外的相互作用（内部质－能扰动的相互作用，与外物之碰撞）过程中产生出来的，这就使处于相互作用中之物必然同时兼具了三重角色（用通讯信息论的语言来表述）：信源——异化信息、信宿——同化信息、载体——以自身变化的'痕迹'载负信息。"[1]206——分析这些表述，存在的问题是：

（1）人类"通讯"技术发射的电磁波，不是中介粒子场上的反射或辐射的电磁波。邬先生借用通讯技术"信源—载体—信宿"的传播方式，来说明中介粒子场上反射或辐射的电磁波——即"处于相互作用中之物必然同时兼具了三重角色"是根本不能成立的。"通讯"传播方式的两端一般都是人（至少信源是人）。信源（人）按照人预先编制的明码或密码，将要表达的思想或意识，按明码或密码进行编码，然后通过有关工具转化为电磁波进行发射（并通过中继站加强讯号），信宿（人）接收后，通过解码由此获得对方传达的思想或意识。例如，电话、电报、收音机、电视、信息高速公路都是用的这样的原理。若进一步以手机为例，人们可以看到手机是因为手机"辐射或反射"了太阳光，人们利用手机进行通话（甚至视频、收发短信）是因为手机能够发射和接受人工编码的数字化电子讯号，但是无论是检验手机"辐射或反射"的太阳光还是人工编码的数字化电子讯号，都无法得到关于手机荧光屏、芯片（集合了多种电子元器件）、摄像头、扬声器、蓄电池、软件等结构、成分、材料、大小、重量、款式、型号等方面的信息。

必须指出的是：太阳（信源）发射的电磁波，来自太阳本体，或许有关于太阳本体"核燃烧"的信息；人类（信源）利用"通讯"技术发射的电磁波，不是自己本体发出的电磁波，因此没有关于发讯人本体的信息，譬如成分、体温、体重、身高、性别、年龄、籍贯、民族、健康状况、教育程度、婚姻状况等信息，仅是利用电磁波传递了语音、图像、文字等信息。

（2）相互作用的"三重角色"无法解释"信息本体论"的典型案例。"信息本体论"在界定信息的本体时，给出了一个典型的案例——"水中月"。[1]36-38笔者也以此为案例，看看"天上实体月亮（信源）—中介粒子场（中介物、事物影像）—水面（信宿）"三者之间能不能发生所谓的三重作用（表8-2）：

表8-2 以"信息本体论"的"水中月"案例，试析所谓"三重作用"

通讯信息论	案例及存在方式	信息价值	点评（存在的问题）
信源	天上的月亮 实在、直接存在	派生中介物、异化自身信息、同化它物信息	①"信息本体论"中，物质（客体）无信息，为何出现了异化、同化的"信息"？ ②本体的演化与中介物无关。如水中月（影像）无论怎样千变万化，都不会造成月亮本体的"异化"。
载体 中介物 中介粒子场 第三者	水中月（影像）（辐射或反射的光子）不实在、间接存在	以自身变化的"痕迹"载负信息	中介物不能替代本体。中介物的"痕迹"不等于事物本体的"痕迹"。譬如：化验水中月，无法得到关于月亮本体的成分、密度、温度、压力等认识（信息）；从水中月影像或外观外貌上，也无法获得关于水体自身演化的信息。
信宿	水面 实在、直接存在	派生中介物、异化自身信息、同化它物信息	①"信息本体论"中，物质（客体）无信息，为何出现了异化、同化的"信息"？ ②试问：水面是如何"异化自身"、"同化它物（月亮）"的？

其一，月亮（信源）：月亮不发光，仅反射来自太阳的光。天上月亮不会因为水中有自己的影像，被地面水体（中介物）照影而发生所谓异化作用。月亮不会因为水中月影的变化，改变自己的成分、温度、压力、密度、体积、磁场、运行轨道……

其二，水面影像（中介粒子场、中介物）：在一定的条件下，水面不仅可以产生月亮的影像，也可以产生形形色色的万物的影像，其实原理只有一个，即：镜像原理。把月亮的影像视为"痕迹"仅是即时的外观"痕迹"，即时不能代表过程。时过境迁，反映即时影像的中介粒子场中的粒子，早已灰飞烟灭，水中不可能保存"秦时明月汉时关"之历史信息，不可能保存汉武帝时昭君照影的"痕迹"。"半亩方塘一鉴开，天光云影共徘徊。""半亩方塘"可以照映日月星辰、世间万物，如果认知宇宙万物，试图用所谓中介粒子场"痕迹"载负的信息，替代它们的本体，岂不荒唐？

其三，水面（信宿）：水面在一定的情况下可以成像（镜像原理）。无论是月亮还是形形色色的万物与水面发生镜像作用，都不会使水体（水面）发生同化或异化作用。

二、关于"信息结构"与"中介粒子场"存在的逻辑矛盾

邬先生在第七编第四章"价值哲学的范畴体系及价值形态的发展"里，在"价值形态的发展"一节中，又一次重犯了逻辑性错误。作为具有物质第一性地位的客观信息（自在信息），在"信息本体论"、"信息认识论"中，它的本体在中介粒子场里；可是，在"信息价值论"中，它的本体居然又回归到物质的本体内。（表8-3）

1. "信息本体论"、"信息认识论"中，客观信息（自在信息）的本体是中介粒子场

邬先生说："信息场是主客体联系的中介环节。"[1]156 "现代物理学揭示：物体（'粒子'）之间广泛存在着各种形式的场的普遍联系，这个场的联系是通过中介物质（粒子）的传递来实现的。这就告诉我们，在感知时，主客体虽然没有直接接触，但必然存在着中介粒子传递的间接联系。其实，在感知过程中，直接刺激我们感官的并不是客体本身，而是客体反射或辐射出来的粒子场。由于不同质的物体（粒子）辐射或反射的粒子场不同，所以，任何物体辐射或反射的粒子场都是特异化了的，亦即都是与其他物体辐射或反射的粒子场区别着的。正是由于这种场的普遍差异性，才使任一物体产生出来的粒子场能够将该物的特质显示出来，这样，这个场便成了产生它的那个物的信息的载体。就是在这一特定的意义

167

上，我们把这个场叫做'信息场'。"[1]157 凡是事物的演化，都是在事物的外部而不在内部。由于事物的相互作用"都是通过在作用中派生出的中介粒子场的传递和交换来实现的"，"这个中介物的物本身的特有存在方式和状态……构成了派生这个中介物的物的信息"。[1]204-205

由上述表述可以看出，在主客体之间，人是通过中介粒子场与客体发生联系的，"实在、直接存在"的客体（物质）本体没有信息。所谓"不实在、间接存在"的客观信息（自在信息）赋存在"中介物的物"中，信息的本体是"中介物的物（粒子）"，这个"中介物的物"，不是客体本体的那个"物"！"由于不同质的物体（粒子）辐射或反射的粒子场不同"，存在"普遍差异性"，所以"任一物体产生出来的粒子场能够将该物的特质显示出来，这样，这个场便成了产生它的那个物的信息的载体"。即"那个物的信息的载体"是中介粒子场！

2. "信息价值论"中，客观信息（自在信息）本体是事物本体（物质）

在"信息价值论"中，邬先生说："变化、运动、演化或时间的效应又都只能通过相应的物质结构（质—能分布）的改变和信息结构（凝结特定信息内容的特定编码方式）的建构来具体实现或具体呈现。"[1]356——邬先生又提出两个概念：①物质结构（质—能分布）；②信息结构（凝结特定信息内容的特定编码方式）。那么这个"信息结构（凝结特定信息内容的特定编码方式）"是不是中介粒子场呢？或者说是不是那个"中介物的物"呢？

邬先生说："任何物的结构和状态都映射和规定着关于自身的历史、现状、未来的信息，任何物的直接存在的结构和状态都是由它所凝结的间接存在（信息）所规定的。"[1]159

邬先生说："在事物的物质性相互作用中所实现的效应并不仅仅是物质性的，而且还是信息性的。因为，在一般物的结构中都凝聚着关于自身历史、自身特性、自身未来发展趋势，以及与它物之关系的多重信息，亦即是，所有的物体，既可以从其质量、能量结构的角度把它看作是物质体,也可以从其凝结着种种复杂关系的角度把它看成是信息体。如此,在同一个相互作用中所实现的效应便不仅仅是物体物质性结构的改变,而且同时就是物体的信息结构的改变,因为现实的相互作用过程不仅能使参与作用的诸方凝结新的信息,而且还有可能改变参与作用的诸方先已凝结着的旧有信息(或使之耗散、模糊,或使之强化、扭曲)。从相互作用中所呈现出的信息性活动的角度上,我们有理由确定价值的另一种形态:信息价值的形态。"[1]378——分析这些表述,可以看出(表8-3):

表8-3 "信息结构"与"中介粒子场"存在的逻辑矛盾

主客关系	本体(存在方式)	结构形态	质疑
客体	物质(直接存在)(实在)	物质结构(质—能分布)	①在"信息本体论"中,客体(物质)无信息,信息在中介粒子里。但是奇怪的是,在"信息价值论"中,中介粒子里无信息,信息(信息结构)回归到客体(物质)本体内。②"物质结构(质—能分布)"还有没有可被认知的内容(信息)?如果有,它与"信息结构"的区别是什么?它又该如何命名?③如果认知"信息结构"可以替代对"物质结构"的认知,那么要"物质结构"这个空壳干什么?
中介物 第三者	自在信息(间接存在)(不实在)	信息结构(凝结特定信息内容的特定编码方式)(凝结着种种复杂关系)	

(1)"所有的物体,既可以从其质量、能量结构的角度把它看作是物质体,也可以从其凝结着种种复杂关系的角度把它看成是信息体。"——这里"所有的物体",既是"物质体"又是"信息体",两者同体。可以看出,所言"信息体"根本不是"不实在、间接存在"的中介粒子场里的粒子或"中介物的物"。或者说,可以把"物质结构""从其凝结着种种复杂关系的角度把它看成是""信息结构"。所谓"凝结着种种复杂关系"就是指"信息结构(凝结特定信息内容的特定编码方式)",中介粒子场里的光子结构(中介物、第三者),与事物本体("所有的物体")

"凝结特定信息内容的特定编码方式"无关。——由此可见,"信息哲学"总是在不断地出现逻辑错误,始终难以掩饰无法自圆其说的学术困境。

既然"所有的物体"的"物质体"与"信息体"两者同体,如果说"物质结构"的载体是物质,那么"信息结构"的载体是什么呢?必须指出,"结构"是人们用来表达世界存在状态和运动状态的专业术语。"结"是结合之意义,"构"是构造之义。"结构"首先是一种"物质形态"(物质存在状态和运动状态),"结构"的"观念形态"来自人对"物质形态"(物质存在状态和运动状态)的认知,相当于"信息本体论"中的"主观信息(精神)"。在人们未对客体(物质)有所认知之前,那里有什么作为"观念形态"的"信息结构(凝结特定信息内容的特定编码方式)"?如果说"信息结构"是"复杂关系",那么"复杂关系"也是主体对客体存在的认知,也是"观念形态",是第二性的。譬如:太阳与地球有"复杂关系",究竟有哪些"复杂关系"需要人去认知?即便是进入当代高科技时代,人类对太阳与地球的"复杂关系"未必都搞清楚了。所以结构的"凝结"物是"物质"而不是"关系"。由此可见,"信息认识论"的本质是主张认知所谓独立于人的意识而存在的自在信息或信息结构,传统哲学里的物质或物质结构被前者冒名顶替了,使之变成了名存实亡的空壳。物质或物质结构已没有可被认知的内容(诸如属性规律等信息),所有的可被认知的信息或信息结构都在中介粒子场里。更可笑的是,如果没有中介粒子场里的相互作用(或"三重作用"),事物(客体)本体将无从演化,譬如天上的月亮必须以水中月的演化为转移。

(2)"中介物的物(第三者)"不是事物本体。譬如:"信息哲学"中经常举的案例,地球地质的层叠结构、物体内在结构、空中飘落的每一片雪花的结构、生物遗传基因 DNA 的空间排列结构等,都不是由中介粒子场里"辐射或反射"的粒子构成的,它们的影像也没有关于它们本体结构的全息。

三、关于"三类最为基本的价值形态"的价值问题

邬先生说:"如果我们采取三分法的原则,那么,我们便可以说,物质价值、自在信息价值和精神价值乃是三类最为基本的价值形态。"[1]379 表 8－4 以"水中月"为案例,列出了"信息本体论"对物质价值、自在信息价值、精神价值"存在方式"的规定,并做了扼要的点评,下面逐一对这三种价值形态进行分析。

表 8－4 物质价值、自在信息价值、精神价值三种价值形态、"存在方式"与扼要点评

价值三分法	案例	存在方式及其与信息的关系	点评
物质价值	天上的月亮(客体)	客观实在＝物质	"信息本体论"中,物质(客体)无信息,变成了没有属性、规律(信息)可被认知的尤物,那么它还有存在的价值吗?
自在信息价值	水中月(影像)(中介物)(第三者)	客观不实在＝客观信息＝自在信息	中介物不能替代本体。譬如:化验水中月,无法得到关于月亮本体的成分、密度、温度、压力等认识(信息)。
精神价值	对月亮的认识(主体)	主观不实在＝主观信息(精神)＝自为信息＋再生信息	人类未认知的信息(意识精神),不能"自为"地进化;已被认知的信息(如《诗经》、《史记》等),只要精心保存,不会"自为"地退化。

1. 关于"物质价值"问题

"信息价值论"在探讨信息价值时,提到了某些"物质价值"问题,兹将有关要点摘出,以便逐一对这些涉及"物质价值"的问题进行分析,看看"物质"到底有什么"价值"。(表 8－5)

表8-5 "信息价值论"里列举的有关涉及"物质价值"的问题

"信息价值论"中 关于"物质价值"的表述	"物质价值"问题	"信息哲学"关于价值 评价的理论依据
"根据事物存在的方式和关系,我们可以区分出两类不同的事实:一类是事物自身存在的事实,亦即在舍弃了某事物内部或与它事物相互作用关系的前提下被考察的事物存在的事实;……"[1]358	"考察的事物存在的事实"——"舍弃了某事物内部或与它事物相互作用关系"	①客体(物质)自身没有信息,信息在中介粒子场里。 ②"物体的相互作用是通过物体自身辐射或反射的中介粒子场来完成的。正是这个中介粒子场,载负着反映物体自身存在的方式和状态的信息。……正是由于物质本身的这种普遍差异性,造成了它们辐射或反射粒子的种类和形式的无限多样和无限差异性。……正因为如此,不同物体反射的不同光子场作用于我们的视网膜,才使我们观察到了不同的形状、颜色、运动状况等等。可见,在场的直接存在的形式中,以其相对差异的结构编码形式间接携带着产生这个场的物体本身的信息。正是在这个间接存在的,确定的信息意义上,我们把这个物质场从信息论的角度规定为信息场。"[1]48-49
"这里的事物指的是广义的存在,它是宇宙间一切现象的指谓,包括所有的物质现象、信息现象,以及作为信息活动高级形态的精神现象。这样,无论是在物质体系、信息体系、精神体系内部的相互作用中所实现的效应,或是在物质和物质、信息和信息、精神和精神之间的相互作用中所实现的效应,还是在物质和信息、物质和精神、信息和精神的相互作用中所实现的效应都全然是价值。"[1]355	物质体系内部的相互作用 物质和物质相互作用 物质和信息相互作用 物质和精神相互作用	
"现代科学揭示,事物的相互作用是通过物质流(包括质量流、能量流)或信息流的交换来实现的。"[1]374	物质流(包括质量流、能量流)	

注:"[1]258"等引文是邬焜《信息哲学》(商务印书馆2005)里的出处(页码)。

(1)关于"事物存在的事实"的价值问题。根据"信息本体论"的规定,"实在、直接存在"的客体(物质)自身没有信息,信息在中介粒子场里。这里说"舍弃了某事物内部或与它事物相互作用关系",就是说:在"舍弃"中介粒子场中认知"信息(凝结着种种复杂关系)"的前提下,"事物存在(客体)"还有可"被考察的事物存在的事实",即关于"事物存在的事实"信息(意识精神)可"被考察"。其实,邬先生也承认："我们对'自存事实'——'有一块巨石存在'——的反映，就其直接性的内容而言，除了获得巨石自身存在的信息之外，我们不可能得到其他方面的信息……"，[1]360 即承认从"巨石（客体）"存在中，可获得"巨石自身存在的信息"！这显然与客体（物质）自身没有信息、"我们永远只能借助于第三者来把握我们的对象"或"借助于"中介粒子场"来把握我们的对象"不符。[1]157 为了避免健忘，不得不提醒的是，假如这"一块巨石"是月亮上的石头，它可获得"巨石自身存在的信息"，然而遗憾的是在"信息本体论"里，作为"直接存在""实在"的"天上的月亮"是没有信息的，所谓"客观信息（自在信息）"仅赋存于"间接存在""不实在"的"水中的月亮"里，或者说"巨石自身存在的信息"只能是赋存于"巨石"自身在水中的影像（中介粒子场）里。这也再次证明，邬先生试图用自在信息（客观信息）来替代事物本体（客体）是多么困难！邬先生用这种不屑的语气强调"除了获得巨石自身存在的信息之外，我们不可能得到其他方面的信息……"，无非是想说认知事物必须依靠"信息思维"，依靠"第三者"，然而关于"一块巨石"的重量、比重、密度、成分、硬度、矿物、粒径、磁性、岩性等相关属性与规律，人们只能从"一块巨石"的本体中获得，而不能从所谓的中介粒子场（第三者）中获得。

（2）关于"物质现象"的价值问题。"现象"是指事物可观察的事实或事件；或者指事物在发展、变化中所表现的外部形式。"物质"的"现象"是需要通过"观察"去认知的，也就是说"物质现象"是有信息（意识精神）可被认知的，但是根据"信息本体论"的规定，"实在、直接存在"的客体（物质）自身没有信息，信息是"不实在、间接存在"，寓于中介粒子场里，或者在"信息现象"里。

（3）关于"物质体系内部的相互作用、物质和物质相互作用"的价值问题。根据"信息本体论"的规定，"实在、直接存在"的客体（物质）自身没有信息，信息是"不实在、间接存在"，寓于中介粒子场里中介粒子场里。"信息哲学"认为"物体的相互作用是通过物体自身辐射或反射的中介粒子场来完成的,"可是,地球或地球上的万物,绝大多数是不发光的,它们只反射太阳光,就反射的太阳光的物质形态与性质而言,它们不存在"辐射或反射粒子的种类和形式的无限多样和无限差异性",只是反射数量多寡上存在差别。其一,通过反射的太阳光的数量,无法认知地球或地球上万物的"无限多样和无限差异性"。其二,仅凭两个不发光的物体(譬如张三与李四),互相通过反射太阳光发生作用,对它们自身的影响微乎其微,它们的演化要靠内部的自组织。

(4)关于"物质和信息相互作用"的价值问题。这里所说的"信息",应该指自在信息(客观信息)。如上面分析所指出,"信息哲学"里的"自在信息"是指事物发生作用的一种中介物中的"复杂关系",它属有待被人认知的"观念形态"的意识或精神。试问当"物质和信息相互作用"时,作为一种体现"复杂关系"的信息,是怎样通过"自身辐射或反射"转化为中介粒子场里的粒子的?地球上万物反射的都是太阳光,太阳光是怎样与信息(复杂关系)发生作用的?

(5)关于"物质和精神相互作用"的价值问题。这里所说的"精神",应该指主观信息(主观不实在)。试问:其一,主观信息(主观不实在)是怎样转化为中介粒子场里的粒子的?其二,不发光物体反射的太阳光,如何与主观信息(客观不实在)转化而来的粒子发生作用?

(6)关于"物质流(包括质量流、能量流)"价值问题。根据"信息本体论"的规定,"实在、直接存在"的物质(物质结构)的相关"信息",全部在"间接存在"的自在信息(信息结构)里,唯有认知"信息流"才能获得信息(意识精神)。试问,既然认为"物质流"包括"质量流、能量流",难道它们没有可被认知的信息吗?至少还应该有关于"自身存在的信息(事物存在的事实)"嘛!

2. 关于"自在信息价值"问题

(1)"自存事实、效应事实"不能"直接生发出自在信息"

174

邬先生说:"如果说,在客观世界中所存在和演化着的自存事实、效应(价值)事实、各类事实直接生发出来的自在信息还都属于客观世界领域的物质或信息活动现象的话,那么,价值反映和非价值反映、认知性发现和评价性发现则都不再属于客观活动的过程,而隶属于人的主观信息活动的领域了。"[1]361 "我们对'自存事实'——'有一块巨石存在'——的反映,就其直接性的内容而言,除了获得巨石自身存在的信息之外,我们不可能得到其他方面的信息,这一反映就不是价值反映;而我们对'效应事实'——'有一块巨石把地面砸了一个大坑'——的反映,则可能获得巨石对地面作用的价值——'把地面砸了一个大坑',这一反映就是价值反映。"[1]360 在以上表述中,涉及"信息哲学"的3个概念,在"存在方式"上,它们是有区别的,兹归纳为表8-6。

表8-6 "自存事实"、"自在信息"、"自在信息"三个范畴的区别

范畴名称	案例	三者的区别(存在方式)
自存事实	如"一块巨石"	客观事物本体=客观实在=物质=(巨石)
效应事实	如"巨石砸出坑"	客观事物本体=客观实在=物质=(巨石+坑)
自在信息	如"水中月"	中介物=客观不实在=客观信息=事物影像=(水中月亮影像)

由表8-6可以看出,自存事实(如"一块巨石")、效应事实(如"巨石砸出坑"),它们都属于"客观实在(物质)",不是"客观不实在(自在信息)"。"自存事实、效应事实"不能"直接生发出自在信息",它们与中介粒子场里的粒子影像(水中月)是两码事,它们不是"一块巨石"、"巨石砸出坑"在中介物中的影像或粒子。因此,不能把"自存事实、效应事实"的价值混同于"自在信息"的价值。

(2)物与自在信息、自在信息与自在信息、自在信息与精神相互作用的价值问题

邬先生说:"在人道价值中不仅仅是物与物、物与自在信息、自在信

息与自在信息的相互作用之效应，而且还增加了物与精神、自在信息与精神、精神与精神的相互作用之效应。"[1]371 在这段表述里，从自在信息的角度，涉及物与自在信息、自在信息与自在信息、自在信息与精神相互作用的价值问题。

"物与自在信息"涉及事物本体与中介物的关系问题，它们两者之间不存在整体与部分的关系问题，由于前面已讨论过，不赘述。

"自在信息与自在信息相互作用"涉及两个或更多的中介粒子场发生相互作用问题，譬如"水中月"粒子场与"水中花"粒子场发生作用。当然，利用水面的镜像原理还可以增添新的影像，如"花"旁边还可以有人，人旁边还可以有房屋，即出现水中人影、房影等。水中月影、花影、人影、房影（粒子场）发生相互作用，对月亮、花朵、房屋（的演化）不会产生影响；对人而言，则可以感知水中的月影、花影、人影、房影，但对人体自身的物质成分、性别、体重、身高、年龄、籍贯、民族、健康状况等均无影响。

"自在信息与精神相互作用"或称"自在信息向自为信息转化"涉及两种信息，即自在信息与主观信息（精神）的相互作用问题。这两种信息都要转化为中介粒子场里的粒子后才能发生作用，颇为荒诞。此外，还存在用中介物替代事物本体、用外观外貌替代事物整体、用即时替代过程等以偏概全问题，由于前面已有讨论，不赘述。

（3）"自在信息"的演化与事物的本体无关

邬先生说："自在信息的活动构成了人的信息活动最基本的基础性层次。在这个层次上，自在信息的两种基本活动形式（信息场、信息的同化和异化）都普遍存在着。"[1]114 "自在信息是客观间接存在的标志，是信息还未被主体把握和认识的信息的原始形态。在这个阶段里，信息还只是以其纯自然的方式，自身造就自身，自身规定自身，自身演化自身，从而展开其自身纯自然起源、运动、发展的历程。信息场以及信息的同化与异化是自在信息的两种基本形式。"[1]47 "间接存在虽然产生于直接存在的相互作用,但是,间接存在一旦产生便以自身独具的特质超越了直接性的本性,并由此展开了自身运动和发展的历程。在此历程中,信息呈现出了自身的不同的形式和形态。"[1]47

前面已多处讨论"自在信息"不是第一性的,如果要说它具有客观第一性的地位,那么它就是"变相的物质",而传统哲学里的物质就会处于"退休"或被冒名顶替的地位,不赘述。"自在信息"是所谓的中介物(中介粒子场、第三者),中介物只反映事物本体的部分信息,譬如关于事物影像的存在价值。必须指出的是:水中月与天上月亮的演化没有必然的联系。如果认为,水中月("自在信息")"以其纯自然的方式,自身造就自身,自身规定自身,自身演化自身,从而展开其自身纯自然起源、运动、发展的历程",显然是非常荒唐可笑的。

3. 关于"精神价值"问题

邬先生说:"认识主体的产生必须以信息凝结为中介。"[1]158"主体也在不断地向外辐射或反射信息场。在主客体相互作用的中介面(场)上,同时存在着互逆的两种信息流的运动。一种是主体信息向客体方向的运动,一种是客体信息向主体方向的运动。这互逆的两种信息流的运动使客体和主体都会发生某种相应的变化。"[1]158需要质疑的是:

(1)"主体信息向客体方向的运动"——主体信息即主观信息(精神),先要变成粒子流即"主体也在不断地向外辐射或反射信息场",这个粒子流与中介粒子场上客体反射的太阳光发生作用,究竟能够获得多少信息(精神)呢?前面对此已有讨论,不赘述。

(2)"客体信息向主体方向的运动"——根据"信息本体论"的规定,客体(物质)自身没有信息,或者说客体根本没有什么"客体信息",信息在中介粒子场里。只能是中介粒子场上的粒子(中介物的影像),"向主体方向的运动",主体获得仅是关于事物本体微乎其微的信息(关于影像的意识或精神)。

必须指出的是，所谓"主体也在不断地向外辐射或反射信息场"，涉及人类如何接触（含认知）客观世界的重大理论问题。传统哲学认为，人类接触（含认知）客观世界的途径是劳动（实践）。劳动是人维持自我生存和自我发展的唯一手段。劳动促进了手与脚的分工，使人学会了制造和使用工具；劳动促进了语言、文字的产生，加速了经验、知识的生产和传播；劳动促进了大脑和机体的进化，加速了经验、知识的积累与处理。人类使用各种各样生产工具，除了脑力劳动（如运用经验与知识）外，手和脚要"直接作用"生产工具（如开汽车要手握方向盘、脚踩离合器），生产工具则要"直接作用"于劳动对象，这两个"直接作用"不是"人向工具"、"工具向劳动对象""辐射或反射信息场"（"辐射或反射"光粒子），是人的体力劳动，要消耗人的体力。总之，人类为了自我生存和自我发展，唯一手段就是劳动，或者说体力劳动与脑力劳动相结合、理论与实践相结合、主体—劳动工具—劳动对象相结合，是建立物质文明与精神文明唯一途径。

笔者认为，脑力劳动对人类的进化作用是毋庸置疑的，但是仅凭脑力劳动（信息生产）无法实现人的真正意义上的进化。譬如，当代人类养了许多宠物，最多的是狗和猫，宠物狗和宠物猫与主人朝夕相处，可以观察（感知）主人的一切活动，甚至狗的视觉、听觉、嗅觉比人强，它们可以看电视、听音乐、坐汽车、乘飞机、上医院（宠物医院）、进学校（动物培训班）、参加宠物运动会或"选美"比赛，但是它们很难像人类那样实现高层次的进化，原因是宠物狗和宠物猫离不开人类的喂养，它们不能从事维持自我生存和自我发展的真正意义上的劳动，即：体力劳动与脑力劳动相结合、理论与实践相结合、主体—劳动工具—劳动对象相结合。

综上所述，"信息价值论"试图赋予"客观信息"或"自在信息"、"中介粒子场（信息场）"、"间接存在"、"信息结构"等范畴类似物质第一性的地位，或曰"变相物质"的地位，它们能"以其纯自然的方式，自身造就自身，自身规定自身，自身演化自身，从而展开其自身纯自然起源、运动、发展的历程"。但是，在现有理论与实践的检验下，它们只不过是一些充满了逻辑矛盾的主观范畴，尽管高论洋洋洒洒，毕竟仍是鸠占鹊巢、底气不足、先是后非、力不从心。

参考文献

[1] 邬焜. 信息哲学——理论、体系、方法 [M]. 北京：商务印书馆，2005.

[2] 霍有光. 邬焜"信息本体论"再质疑 [J]. 哲学分析，2011（6）.

[3] 霍有光. 邬焜先生"信息认识论"质疑 [J]. 重庆邮电大学学报（社科版），2012（6）.

[4] 霍有光. 邬焜先生"信息进化论"质疑 [J]. 东南大学学报（社科版），2012（6）.

（原载《重庆邮电大学学报》[社科版] 2012 年第 4 期）

邬焜先生"信息思维论"质疑

【摘　要】邬焜先生"信息本体论"规定的"间接存在（信息＝不实在）"，是和"直接存在（物质＝实在）"相对的一个范畴，间接存在（如水中月）≠直接存在（如月亮）；并将信息（间接存在）分为客观信息（事物本体在水中的影像，如水中月）和主观信息（精神）。得出所谓"信息是标志间接存在的哲学范畴"的定义，其推理本身就是违背逻辑常识的。"信息哲学"定义"信息思维"是关于"不实在、间接存在（信息场、中介粒子场）"的"思维"；而"物质思维"仅是一个毫无存在价值的摆设，因为"物质＝客观实在＝实在＝直接存在"，即物质本体是没有可被认知的信息的。然而，邬先生采用的古今中外的范例，都是与"信息思维"的定义背道而驰的，统统都是关于"物质思维"或关于"实在的思维"，而不是关于"不实在的思维"；是关于"直接存在（物质）"的思维，而不是关于"间接存在（中介物）"的思维。传统哲学物质范畴的地位，被所谓"客观信息"冒名顶替了。

【关键词】信息哲学；信息本体论；信息思维论；信息场；中介粒子场；邬焜

邬焜先生在《信息哲学》第八编用了四章的篇幅讨论了"信息思维

论"问题,[1]396-470可以说,所论都与"信息本体论"、"信息思维论"的定义不符,都是指鹿为马,张冠李戴。或者说都与"认识发生的信息中介说"、"自身显示的间接存在说"、"哲学认识论的信息中介论"无关,[1]167即离开了"信息思维"的对象是"客观不实在(中介物)、间接存在(客观信息、不实在)"的开篇规定,谈的都是关于"客观实在(物质)、直接存在(实在)"的思维问题,使传统哲学里物质(实在)范畴的地位,被所谓客观信息(不实在)鹊巢鸠占了。

一、"信息本体论"、"信息思维论"的研究对象与存在的逻辑问题

邬先生的《信息哲学》一共包括六论,其开场的"信息本体论"是"信息哲学"的理论基础,显然如果立论要符合逻辑,那么"信息思维"只能是针对"信息本体"进行思维,否则便是牛头不对马嘴。

邬先生说:"物质和能量都是'实在'、'直接存在',物质思维和能量思维都是关于实在的思维,都是关于直接存在的思维。信息则是'不实在'、'间接存在',信息思维则是关于不实在的思维、关于间接存在的思维。"[1]424"我所提出的'认识发生的信息中介说',以及'哲学认识论的信息中介论'就是按照辩证哲学的过程论的理论来恰当地建构哲学认识论体系的一种尝试。"[1]167"我对信息本质的界定是从物质世界自身显示自身的层面上,以及信息与物质在存在方式上的根本区别的尺度上着眼的"。[2]52——为了弄清邬先生的这些阐述,必须用他"信息本体论"的"存在领域的重新分割"来诠释,参见表9-1:

表 9 - 1　邬焜先生"存在领域的重新分割"理论及其点评

邬焜先生"存在领域的重新分割"理论（见 [1] 38）	点评
我们说，天上有一个月亮，水中有一个月亮。天上的月亮是实在的，水中的月亮是不实在的。水中的月亮的存在是因为天上的月亮的存在，前者是后者的"影子"。这样，我们便在实在的月亮和不实在的月亮之间建立起了一种对应相关的关系。我们完全可以从这种相关对应的关系出发，把实在的月亮叫作直接存在的月亮，而把不实在的月亮叫作间接存在的月亮。这样，我们便把实在和直接存在看成是同等程度的概念，把不实在和间接存在看成是同等程度的概念。从间接存在的角度来看，间接存在是直接存在的反应（广义的），从直接存在的角度来看，间接存在是直接存在的显示。意识是一种反映，在意识之外有一个直接存在的对象，在意识中有一种关于这个对象的模写、知识。因此，主观存在归根到底是反映直接存在的一种间接存在。 　　直接存在就是我们对物质范畴的一个具体规定，而间接存在则可以用现代科学中的"信息"概念来规定（关于这一点下一节将予以详论）。 　　根据上面的论述，我们可以列出如下四个新的表达式： 　　物质 = 客观实在 = 实在 = 直接存在； 　　不实在 = 客观不实在 + 主观不实在（精神）= 间接存在 = 信息； 　　客观不实在 = 客观间接存在 = 客观信息； 　　主观不实在 = 主观间接存在 = 主观信息。	①实在 ≠ 不实在。（因为："天上的月亮是实在的，水中的月亮是不实在的。"这两种"存在"没有整体与部分的关系。两者异体异物。） ②直接存在 ≠ 间接存在。（因为："把实在的月亮叫作直接存在的月亮，而把不实在的月亮叫作间接存在的月亮。"） ③"信息思维"的对象不是物质本体（直接存在）。（因为："物质 = 客观实在 = 实在 = 直接存在"，物质本体是没有任何信息的。） ④"信息思维"的对象是"间接存在"、"不实在"的"客观信息（如水中月）"，它是物质本体（如月亮）在中介物里的影像（如水中月）。"客观信息"是第一性的，"主观信息"是对"客观信息"的认知。 ⑤信息（即客观信息 = 中介物）≠ 物质本体。

　　不难看出，邬先生通过"存在领域的重新分割"厘定出"两种存在"，实际上也确立了"两种本体"：一种"存在"是物质本体，譬如"直接存在""实在"的"天上的月亮"；一种"存在"是"第三者（物质本体在中介物里的'自身显示'或影像）"，譬如"间接存在""不实在"的"水中的月亮"。正如邬先生所云："按照前所述及的传统哲学对存在领域的分割方式，'客观不实在'是不可能存在的……'水中捞月'之所以荒唐，就在于把水中的月亮也看成实在的月亮了。'水中月、镜中花'一类现象中的'月'或'花'，既是客观的又是不实在的。"[1]36 - 37

（1）根据"信息与物质在存在方式上的根本区别"以及表9－1"四个新的表达式（即四个等式）"，不难得出"三个不等式"：实在（如月亮）≠不实在（水中月）；直接存在（物质本体）≠间接存在（中介粒子场、第三者）；信息（客观信息、自在信息）≠物质本体。这"两种存在"、"两种本体"没有整体与部分的关系（两者异体异物）。信息思维的对象不是"实在"、"直接存在"的物质，而是那个"不实在"、"间接存在"的"客观信息（中介物）"。若按照"信息本体论"中"存在领域的重新分割"的这个经典实例，[1]36-38就是说"信息思维"的对象不是"直接存在"的"月亮（事物本体）"，而是那个"间接存在"的"水中月（中介物、第三者）"。（表9－1）邬先生说："我们承认，在我们的认识之外，存在着本源的、自在的，广阔无垠的信息世界。这个信息世界我们把它规定为'信息世界1'。这个'信息世界1'以客观信息体（场也是一种信息体）的形式存在着。"[1]96又郑重指出"主观信息是对客观信息的把握或创造的形态"，[1]102即第二性的"精神（主观信息）"以"本源的、自在的""客观信息（自在信息）"为"把握或创造"的对象，排除了对"客观第一性"的物质本体（实在、直接存在）的认知，使"不实在、间接存在"的"客观信息（自在信息）"获得了"客观第一性"的地位。

（2）需要指出的是，如果按照"信息本体论"来解读，所谓"物质和能量都是'实在'、'直接存在'，物质思维和能量思维都是关于实在的思维，都是关于直接存在的思维"，其实是与"信息本体论"水火不容的！因为，"实在"、"直接存在"的事物本体（如天上的月亮）是没有思维或认知的内容（信息）的，信息寓于"不实在"、"间接存在"的"客观信息（水中月、中介物）"里。（表9－1）否则，如果"天上的月亮"和"水中的月亮"可以获得同样的认识论效果，即"关于实在的思维"＝"关于不实在的思维、关于间接存在的思维"，那么提出"信息本体论"和"信息思维论"又有什么意义和价值呢？岂不是荒谬地变成了"实在＝不实在；直接存在（月亮）＝间接存在（水中月）"了吗？其实邬先生试图确立"信息哲学"所谓"元哲学、最高哲学、第一哲学"的地位，[2]52 提出"认识发生的信息中介说"、"哲学认识论的信息中介论"，就是准备用来替代传统哲学（马哲）的。

那么所谓"信息思维则是关于不实在的思维、关于间接存在的思维"的具体内容是什么呢？邬先生首先将"间接存在"的"信息"，分为两种：

（1）"客观信息"——其依据是"水中的月亮是不实在的"、"完全可以""把不实在的月亮叫做间接存在的月亮"。令人叹为观止的是，虽然人们可以通过直接观察，举头望明月，却得不到任何信息；只能通过间接观察，低头看"水中月"才能获得信息。因为作为"直接存在"的"天上的月亮"自身没有"特定编码结构"，只有"间接存在"的"水中月"才有"特定编码结构"。[1]36-38 也就是说，"客观信息"寓于"间接存在"的"水中的月亮"里。"客观信息"又称"自在信息"，它从"宇宙开端（宇宙时为零）"开始演化，[1]222 所以"客观信息"是变相的"客观第一性"的信息！（图9-1）需要指出的是，马克思主义哲学认为，只有客观第一性的物质发生进化或退化（"同化和异化"），信息（精神）是人类认知物质本体（客观世界）的第二性的产物。因此，无论从逻辑还是从实践角度来考察，"客观信息自身（如水中月、镜中花）"不能发生"同化和异化"；退一万步讲，即便月亮、花朵自身发生"同化和异化"作用，也与"水中月、镜中花"是否发生"同化和异化"作用毫不相干。

（2）"主观信息（精神）"——是主体对"物质本体在中介物里的影像（信息场、信息同化与异化）"的认知。因为与"精神"有关，人们不难理解，它应该是第二性的。

为了更好地说明客观信息和主观信息的关系，邬先生通过图9-1给出了"信息的哲学分类"。[1]60 信息进一步分为：

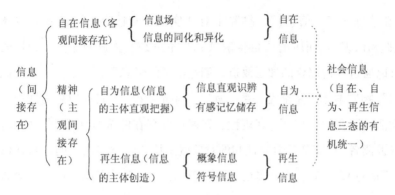

图 9-1　信息的哲学分类表（参见邬焜《信息哲学》第 60 页）

（1）自为信息，即"信息的主体直观把握"。（图 9-1）必须提醒的是，这里所谓"直观把握"的对象是"客观信息（自在信息）"，即主体（人类）认知的对象是"不实在"、"间接存在（物质本体在中介物里的影像）"而不是"直接存在（物质本体）"！

（2）再生信息，即"信息的主体创造"。（图 9-1）需要指出的是，主体（人类）不能创造具有"客观第一性"属性的"客观信息"，因为它先于人的生命与认识活动之前而"自在（宇宙时为零起开始演化）"。只能能动地认知已经"直接存在"的物质本体（包括中介物）的属性与规律（信息），不能违背客观规律随意的"创造"信息。

通过图 9-1"信息的哲学分类表"可以看出，"信息哲学"与认知物质活动（演化）没有关系，宗旨是认知信息活动（演化）。邬先生在解释这幅图时，有两点值得注意：其一，邬先生说："自在信息是客观间接存在的标志，是信息还未被主体把握和认识的信息的原始形态。在这个阶段里，信息还只是以其纯自然的方式，自身造就自身，自身规定自身，自身演化自身，从而展开其自身纯自然起源、运动、发展的历程。信息场以及信息的同化与异化是自在信息的两种基本形式。"[1]47 "自为信息是主观间接存在的初级阶段，是自在信息的主体直观把握的形态。"[1]51 这里"主体把握和认识""主体直观把握"的对象是"不实在、间接存在"的

"自在信息（客观信息）"，排除了对"实在、直接存在"的物质本体的"把握和认识"。而所谓"再生信息"只不过是"人脑对感知、记忆的信息可以通过分析综合的加工改造，创造出新的信息"，[1]55与"主体把握和认识"物质本体更是毫无关系。其二，邬先生说："自在信息的活动是与物质活动同在的，它具有客观性、普遍性和存在的永恒性。"[1]60这就清楚地告诉读者，"信息哲学"认知的对象就是那个"不实在"的"自在信息（客观信息）"，而不是"实在""直接存在"的物质本体，它"与物质活动同在"，"具有客观性、普遍性和存在的永恒性"，从而获得了与物质第一性"并存"的同等地位。若用"水中月"案例分析，就是说主体（人类）无论是否认知"水中月（中介物）"，"水中月"都将"展开其自身纯自然起源、运动、发展的历程"，这种"自在信息（客观信息）"的客观第一性的活动不以主体（人类）的认识活动或意志为转移，"客观信息（自在信息）"自身可以"纯自然"地"起源、运动、发展"。

概言之，"信息思维论"如果要与"信息本体论"在逻辑上保持一致，那么所谓"信息思维"，应该是针对"不实在"、"间接存在"的所谓"客观信息（自在信息）"与"主观信息"进行思维。（表9-1、图9-1）或者说，"信息思维则是关于不实在的思维、关于间接存在的思维。"[1]424然而，事实并非如此，"信息思维论"企图用"客观信息—主观信息（精神）"思维来代替传统哲学（马哲）的思维，不仅矛盾与弊病百出，而且在认识（思维）论上也是根本不能成立的。

邬先生在"信息思维论"中说："在哲学的意义和层次上，信息被定义为'间接存在的标志'，这一'间接存在'不是别的，正是'物质（直接存在）存在方式和状态的自身显示'。……作为高度抽象的哲学范畴，间接存在（信息）是和直接存在（物质）相对的一个范畴，世界上的所有事物和现象都可以归入这两大类存在的范围。"[1]399——那么邬先生是怎样将"信息被定义为'间接存在的标志'"的呢？在"信息本体论"里，所谓"信息是间接存在的标志"是通过偷梁换柱的伎俩得出的！读者不妨看看邬先生的推理步骤，邬先生说"我们起码可以对信息概念划出几个基本层次"，实际是"四个基本层次（参见表9-1）"，[1]45 参见表9-2：

表9-2 邬先生厘定"信息是标志间接存在的哲学
范畴"所采用的"偷换概念法"

邬先生"信息概念的四个基本层次"	信息的存在方式	以"水中月"为案例可转化为
①信息是物质的存在方式，是物质的属性。这是就哲学唯物本体论的总扩的意义上对信息概念的规定。但这还不能揭示信息与其他物质存在方式和物质属性的区别。所以，仅仅停留在这一层面的表述上，还不可能揭示信息所具有的独特的本质。[1]45	"信息"与"直接存在"的"物质"相关	"（月亮）信息是月亮的存在方式，是月亮的属性。"（月亮的）信息赋存于"直接存在"的"月亮"里。
②信息是显示物质的存在方式、状态的物质的属性。这是就信息内容及其存在方式对信息概念的规定。这已经揭示了信息独具的质，但还停留在信息表现的现象描述上。[1]45	"信息"与"直接存在"的"物质"相关	"（月亮的）信息是显示月亮的存在方式、状态的月亮的属性。"（月亮的）信息赋存于"直接存在"的"月亮"里。
③信息是物质自身显示自身的属性。这一规定虽然仍停留在对信息现象的描述上，但它已考虑了信息产生的动力。[1]45	"信息"与"直接存在"的"物质"相关	"（月亮的）信息是月亮自身显示自身的属性。"（月亮的）信息赋存于"直接存在"的"月亮"里。
④信息是间接存在的标志。这一规定已经从对信息的现象描述上升到了对信息的抽象概括。[1]45	"信息"与"间接存在"的"中介物"相关	（月亮的）信息赋存于"间接存在"的"中介物（水中月）"里。

邬先生声称"信息概念的上述四个层次的划分，为我们从哲学的角度，给信息下一个本质性的定义提供了路径"，即："这个定义可以精确地表述为：信息是标志间接存在的哲学范畴，它是物质（直接存在）存在方式和状态的自身显示。"[1]45——前半句话（"信息是标志间接存在的哲学范畴"），莫名其妙地用所谓第四层次（与"间接存在"相关），否

定了第一、第二、第三层次（与"直接存在"相关）；后半句话莫名其妙地省略了中介物（如水中月），应该"精确地表述为"："信息是物质（直接存在，如月亮）存在方式和状态在中介物（间接存在，如水中月）里的自身显示。"（表9-2）用邬先生自己的表述就是："水中的月亮也是客观的，它在人的意识之外，不以人的意志为转移，但是水中的月亮却并不具有实在的特性，它只是实在月亮的一个影子，而映现或载负这个月影的水却又不是实在的月亮本身，虽然，水本身是实在的水，但水中却没有实在的月。……这样我们找到了一个'客观不实在'的存在领域。'客观不实在'正是对客观事物间的反映内容的指谓。在客观世界中普遍映射、建构着的种种自然关系的'痕迹'正是储存物物间的种种反应内容的特定编码结构。正是在这一特定的意义上，我们说'客观不实在'与标志物质世界的'客观实在'的存在方式具有本质的区别。"[1]36-37 需要指出的是，"信息本体论"中的"客观信息"，由于它是"客观的、不以人的意志为转移的"，它从"宇宙开端（宇宙时为零）"开始演化，[1]222 就有了自身"纯自然"的演化史，怎么能说"信息是标志间接存在的哲学范畴"呢？明明它是第一性的，明明它是"直接存在"或"自在"的事物嘛！

请读者务必注意的是，这段定义的高妙之处是让所谓"间接存在（不实在）"，摇身一变成了"直接存在（实在）"即"信息是物质（直接存在）存在方式和状态的自身显示"。如果不健忘的话，邬先生在"信息本体论"中说："我们说，天上有一个月亮，水中有一个月亮。天上的月亮是实在的，水中的月亮是不实在的。水中的月亮的存在是因为天上的月亮的存在，前者是后者的'影子'。这样，我们便在实在的月亮和不实在的月亮之间建立起了一种对应相关的关系。我们完全可以从这种相关对应的关系出发，把实在的月亮叫做直接存在的月亮，而把不实在的月亮叫做间接存在的月亮。"[1]36-38——就是说，"间接存在（客观信息，如水中月）"是事物本体（如月亮）在水中（或中介物中）的影像。稍有哲学头脑的人都能理解"月亮（直接存在）存在方式和状态的自身显示"与"水中月（间接存在）存在方式和状态的自身显示"两者是风马牛不相及的，把"信息是物质（直接存在）存在方式和状态的自身显示"指鹿为马说成是"信息是标志间接存在（事物本体在水中的影像）的哲学范畴"，从而实现了偷梁换柱，偷换概念。

通过上述文字游戏，邬先生对"信息思维"的又一定义是："从现存事物的结构和关系模式、演化程序和过程模式中去把握和描述事物的本质、特点和属性的方式和方法，将现存事物的结构、关系、过程作为信息的载体或符码，并由此破译出其中蕴涵着的关于事物历史状态、现实关系、未来趋向等间接存在的内容的方式和方法，以及将现实对象物或信息再行人为符号化，并赋予其特定的代示关系的方式和方法便构成了信息认识方式和信息思维方式，亦即信息思维。[1]424——从这段"信息思维"的定义不难看出，邬先生偷偷地完成了"信息是不实在、间接存在"向"实在、直接存在"的概念调包！即"信息思维"的对象是："现存事物的结构和关系模式、演化程序和过程模式"、"事物的本质、特点和属性"、"现存事物的结构、关系、过程"。遗憾的是它们（"现存事物"）统统都是"直接存在"而不是"间接存在"；是"实在"而不是"不实在"；是事物本体而不是事物本体在中介物里的影像！邬先生所谓"信息的载体或符码"与事物本体，两者是同体而不是异体异物（如月亮与水中月）。所谓对"现实对象物"的认知，是对事物本体属性与规律的认知，而不是对事物在中介物中影像的认知！显而易见，这里的"信息思维论"否定了"信息本体论"，否定了"信息思维则是关于不实在的思维、关于间接存在的思维"，变成了冒名顶替的"物质思维"，即鱼目混珠、借壳上市，摇身一变成为针对"直接存在"的物质本体的思维。

二、古代"思维"不是关于"客观信息（间接存在、不实在）"的思维

邬先生说："直接给我们以刺激的是特定的光子……主客体之间没有直接的接触，而那些直接接触的刺激物却并不能成为这一过程中的客体，它只能扮演向主体传递另一物的信息的载体角色。换句话说，我们永远只能借助于第三者来把握我们的对象。"[1]157 在"信息哲学"的本体论里，这个"不实在、间接存在"的"第三者（水中月）"，不等于"实在、直接存在"的"主客体"，它与主体（人）、客体（月亮）都没有"整体与部分"的关系。"第三者"是"不实在"、"间接存在"的"客观信息（自在信息）"的载体，又称中介粒子场、光子场（信息场、中介物），它是信息认识论、信息思维论的认知对象。并且，"我们永远只能借助于第三者来把握我们的对象"！

邬先生在"古代哲学中的信息观念和信息思维"一节中，为了说明"在人类最古老的哲学思维中孕育着人类最初的信息观念和信息思维的萌芽"这一现象，列举了大量的例证，但是这些例证统统说明"信息本体论"、"信息思维论"不能成立，所谓"信息思维"实质是"关于物质本体的思维"，是关于"直接存在"、"实在"的思维，根本不是什么关于"间接存在（第三者）"、"不实在"的思维：

邬先生说："中国古代哲学，比较起古希腊哲学来更具有信息思维的特色。强调部分之间、部分与整体之间、整体与环境之间的不可分割的相互联系，强调整体的结构性、关联性、协调性等等，强调不同事物间的相互渗透、映照、蕴涵和统一性等等，一直是中国古代哲学的优秀传统思维方式。……以至西方的某些学者认为，中国古代哲学中所体现的整体观、结构观、全息观、演进观等等都成了现代系统科学、信息科学产生的最古

老的理论来源之一。"[1]425——正如笔者在先前的质疑中所指出:邬先生所强调的"部分之间、部分与整体之间、整体与环境之间"、"整体"、"不同事物间"等等,都是"直接存在、实在"而不是"间接存在、不实在"。譬如:月亮的"部分之间"、月亮的"部分与整体之间"、月亮的"整体与环境之间"、月亮与花朵(不同事物)之间,统统都是"直接存在、实在"而不是"间接存在、不实在"!关于月亮和花朵的属性与规律,只能从它们的本体中探寻。认知它们的影像虽然可以获得些微信息,但是事物在中介物里的影像或中介粒子场(间接存在)不能替代事物本体,外观(表象)不能替代整体,即时(瞬时)不能替代过程(由于先前已有论述,不赘述)。所谓"整体观、结构观、全息观、演进观"即"信息思维"的对象是事物的本体(直接存在)而不是事物在中介物里的影像或中介粒子场(间接存在、第三者)!

邬先生说:"中国古代的八卦理论也许是人类最古老的信息结构理论。它大约产生于殷商之际,在《周易》一书中得到了系统的阐释。……《易传》作者认为八卦主要象征天、地、雷、风、水、火、山、泽8种自然现象,并认为'乾'、'坤'两卦在八卦中占特别重要的地位,是自然界和人类社会一切现象的最初根源。……八卦就其形式而言乃是一种符号组合、重组、匹配的信息编码方式,就其卦辞、爻辞的解释及象征而言,乃是一种人为设定的信息泛化符号代示方式。"[1]425-426——古代传说是伏羲画卦,以"—"表示阳(太阳),以"--"表示阴(月亮)。太阳、月亮、天、地、雷、风、水、火、山、泽等都是"直接存在、实在"。八卦符号则属于"主观信息(精神)",是第二性的产物,不是所谓先天就存在的"在人的意识之外,不以人的意志为转移"的具有物质第一性属性的事物,这种符号显然起源于(受启发于)"直接存在、实在"的事物(是自然界和人类社会一切现象的最初根源),既不是"间接存在、不实在"的"客观信息",也不是来自"第三者"或中介粒子(光子)。

邬先生说："中国古代哲学中有一种'天人合一'、'天人感应'的理论。这一理论强调天与人的关系紧密相联，不可分割，相互感应。'天人合一'、'天人感应'理论的实质是在强调人是一个对外开放的信息系统，人与其所处自然环境之间存在着某种复杂而现实的相互作用、相互规定、相互影响、相互制约和相互转化的全息性信息蕴涵关系。"[1]426——我国古代把自然界称为"天"，所谓"天人合一"、"天人感应"即人类"合一"、"感应"的对象是"直接存在、实在"，不是"间接存在、不实在"。不是"自然界在水中的影像"与"人在水中的影像"发生"合一"或"感应"！所谓"天人"的"开放系统"与"自然环境"，它们"相互作用、相互规定、相互影响、相互制约和相互转化"，统统发生在事物的本体内，而不是发生在事物在中介物（第三者）的影像或中介粒子场里。

邬先生说："从古代发展起来的中医学，除把人体看作是经络网络信息系统之外，还把人体看成是由五脏六腑组成的人体信息系统。五脏指：心、脾、肺、肾、肝；六腑指：胆、胃、大肠、小肠、三焦（包括上三焦、下三焦）。各脏腑在人体中所处位置不同，各自的结构与功能也不同，但是，它们又互相滋养、互相制约，通过经络联结，组成交叉性、相关性的信息—功能网络，保证人体整体的协调。"[1]427——所谓"五脏"、"六腑"统统都是"直接存在、实在"，它们之间"互相滋养、互相制约"，人体会发生机械的、物理的、化学的、生物的复杂运动（属于"直接存在"），对人体的这些运动属性与规律的认知，便是精神（或信息，即第二性的），在人体内根本不可能有"在人的意识之外，不以人的意志为转移"的具有物质第一性属性的"交叉性、相关性的信息—功能网络"。人类认知的对象是"实在、直接存在"的心、脾、肺、肾、肝、胆、胃、大肠、小肠……而不是什么第三者（中介粒子场、光子场、信息场）或根本就"不实在"的"信息—功能网络"。

邬先生说："杨先生还认为，中国古代哲人对有关'形而上'和'形而下'的讨论也渗透着信息思维的特点，他主张应该对建立现代化的

'形上学'予以足够的关注。"[1]428——众所周知,所谓"形"是"直接存在、实在";所谓"形而上"——即精神(信息)来自"形而下"(事物本体),精神(信息)来自对事物本体(直接存在)的认知,不是来自"间接存在、不实在"。

邬先生说:"有关研究已经说明,'汉字具有形、音、义三维信息的特点'……中国汉字的这样一些特征和作用也可以说明,为什么以汉字为编码的中国文化更具有信息思维特色的情况。"[1]428——大家知道,所谓"形"意为"象形"。现代学者认为,中国最初的文字属象形文字,如早期的甲骨文和金文。例如甲骨文的象形字"月"字,像一弯月亮的形状;"龟"(特别是繁体的"龜"字)像一只龟的侧面形状;"马"字就是一匹有马鬃、有四腿的马;"鱼"是一尾有鱼头、鱼身、鱼尾的游鱼;"艹"(草的本字)是两束草;"门"(繁体的"門")像左右两扇门的形状;"日"字就像一个圆形,中间有一点,很像人们在直视太阳时,所看到的形态。可见,汉字起源于"实在、直接存在",意识(信息)只能是第二性的,虽然经过数千年的演变,汉字通过"象形、假借、指事、会意、形声、转注"造字方法,逐渐演变为表意文字,但绝不是起源于关于"客观信息(事物在中介物里的影像或中介粒子场)"或"不实在、间接存在"的思维。

三、现代"思维"也不是关于"客观信息(间接存在、不实在)"的思维

邬先生在"现代信息科学与科学信息思维的崛起"、"贯穿于现代科学技术中的信息观念和信息思维"两节中,列举了大量的例证,但是这些例证统统说明"信息本体论""信息思维论"不能成立,所谓"信息思维"实质是"关于物质本体的思维",是关于"直接存在、实在"的思

维，而不是关于"间接存在、不实在"的思维：

邬先生说："1850年，克劳修斯提出了热力学第二定律，1864年，他又提出了'熵'这一概念，并相应地把热力学第二定律表述为'熵增原理'：'在孤立系统内实际发生的过程，总使整个系统的熵的数值增大'。热力学第二定律是揭示体系能量转化的方向、方式与限度的规律，正是这一规律首次将演化的观念、结构变化的观念引入了物理学领域。"[1]428－429——这里"孤立系统"、"体系能量"、"体系能量转化的方向、方式与限度的规律"等都是"直接存在、实在"，不是"间接存在、不实在"，它们是事物本体，而不是事物在中介物的影像或中介粒子场。因此，它们与"物质思维和能量思维都是关于实在的思维"有关，而与"信息思维则是关于不实在的思维、关于间接存在的思维"无关。

邬先生说："1948年，申农在《贝尔系统技术杂志》上发表的《通信的数学理论》一文是通讯信息论创立的标志。该文专门讨论了信源和信道的特征，给出了信息系统的一般模型，并推导出了通讯过程中信息量的申农公式。"[1]430——这里"信源"、"信道"、"信息系统"等都是"直接存在、实在"，不是"间接存在、不实在"，它们是事物本体，而不是事物在中介物的影像或中介粒子场。因此，它们与"物质思维和能量思维都是关于实在的思维"有关，而与"信息思维则是关于不实在的思维、关于间接存在的思维"无关。

邬先生说："1944年，奥地利著名物理学家、量子力学的奠基人之一薛定锷（Erwin Schrodinger，1887～1961年），在《生命是什么?》一书中提出了'有机体赖负熵为生'的名言。并认为负熵即'取负号的熵，它本身是有序的一个量度'。他写道：'生命有机体是怎样避免衰退的呢?明白的回答是：靠吃、喝、呼吸以及（植物的）同化。专门的术语叫新陈代谢。'""一个有机体使它本身稳定在一个相当高的有序水平上（等于熵的相当低的水平上）的办法，确实是在于从它的环境中不断地吸取秩序。……其实，就高等动物而言，我们是知道这种秩序的，它们是完全以此为生的，就是说，被它们作为食物的、复杂程度不同的有机物中，物质的状态是极有秩序的。动物在利用这些食物之后，排泄出来的是大大降解了的东西。"[1]430-431——这里"有机体"、"负熵（熵函数是能量与温度的比值）"、"吃、喝、呼吸以及（植物的）同化"、"环境"、"高等动物"、"食物"、"排泄物"等，都是"直接存在、实在"，不是"间接存在、不实在"，它们是事物本体，而不是事物在中介物的影像或中介粒子场（第三者）。因此，它们与"物质思维和能量思维都是关于实在的思维"有关，而与"信息思维则是关于不实在的思维、关于间接存在的思维"无关。值得读者注意的是，邬先生居然荒诞地推论说："直言之，'生命赖负熵为食'，就是'生命赖信息为食'"。这显然与薛定锷"生命有机体是怎样避免衰退的呢？明白的回答是：靠吃、喝、呼吸以及（植物的）同化"的本意大相径庭，"生命有机体""吃、喝、呼吸以及（植物的）同化"的东西（如食物、水、空气等）是"直接存在、实在"，根本不是什么"间接存在（客观信息或主观信息）"。物质本体（直接存在）≠客观信息（中介物、中介粒子场）。实在≠不实在。

邬先生说："一般系统论的创始人贝塔朗菲就曾指出过系统思维方式和信息思维方式的一致性。……他认为所谓系统方式的考察就是在考察对象时，'不仅要知道各个部分，还必须知道关系。'而'整体大于部分之和'这个有点神秘的说法的意思简单说就是，构成特征不能由孤立的各部分的特征来说明。因此复合体的特征与元素特征相比是'新的'或'突然发生的'。"[1]436——可以看出，所谓贝塔朗菲的"信息思维方式"，即"思维"的对象："系统（事物）"以及"各个部分"、"整体大于部分之和"，都是"直接存在、实在"，不是"间接存在、不实在"！譬如：实在≠不实在；直接存在（物质本体）≠间接存在（中介粒子场），月亮（直接存在）与水中月（间接存在、客观信息），两者根本不存在"整体与部分"的关系。贝塔朗菲的"信息思维方式"说明"信息本体论"、

"信息思维论"不能成立。

邬先生说："1941年，美国生物学家比德尔（G. Beadle，1903～）同塔特姆（E. L. Tatum，1909～），用实验证明酶的生成是受基因调节控制的，提出了'一个基因一个酶'的学说，指明了蛋白质的生物合成同基因之间的直接关系。1944年，美国细菌学家艾弗里（O. T. Avery，1877～1955）等人证明在肺炎双球菌中把无外膜无传染性菌株转变为有外膜有传染性菌株的转化因子是DNA，第一次用实验证明DNA是遗传信息的载体。同年，薛定锷的《生命是什么?》一书出版，书中试图用量子力学的理论对遗传变异作出某些解释，阐述了活细胞的物理观，给生物学引进了如'遗传密码'等新概念。1953年，美国生物学家沃森（J. Watson，1928～）、英国科学家克里克（F. Crick，1916～）、维尔金斯（M. Wilkins，1916～）和弗兰克林（R. Franklin，1920～1958）发现了DNA的双螺旋结构模式。"[1]436-437——可以看出，这里"一个基因一个酶"、"蛋白质"、"肺炎双球菌"、"菌株"、"DNA"、"活细胞"、"DNA的双螺旋结构"等都是"直接存在、实在"，不是"间接存在、不实在"，它们是事物本体，而不是事物在中介物的影像或中介粒子场（第三者）。因此，它们与"物质思维和能量思维都是关于实在的思维"有关，而与"信息思维则是关于不实在的思维、关于间接存在的思维"无关。

邬先生说："至此人类便在基因（DNA）和蛋白质大分子结构的水平上探明了生命的本质，以DNA结构的信息编码、生物大分子间的信息传递和分子变化的理论阐明了生物的遗传规律，并由此揭示出生物界，从微生物、植物、动物，直到人类，在遗传密码及生命信息传递和表达方式上所呈现出的惊人统一性。"[1]437——可以看出，这里"基因（DNA）"、"蛋白质"、"生物大分子"、"微生物"、"植物"、"动物"、"人类"等都是"直接存在、实在"，不是"间接存在、不实在"。因此，它们与"物质思维和能量思维都是关于实在的思维"有关，而与"信息思维则是关于不实在的思维、关于间接存在的思维"无关。必须指出的是，所谓"生物大分子"、"微生物"、"植物"、"动物"、"人类"等"传递和表达"的尚未揭示的"遗传密码及生命信息",根本不可能寓于本体(自身)之外的中介物的影像或中介粒子场(第三者)里,生命的演化(进化或退化)只能发生在自身的本体之内!在传统哲学(马哲)看来,所谓"遗传密码及生命信息"只能是第二性,是人类认知活动的成果,其真实性、可靠性、科学性会随人类文明的进步而不断追寻与验证。信息不能先于人的认知之前而存在,人类认知的对象是"直接存在、实在"的物质,对物质(属性与规律)进行认知的产物(精神、意识),才能称之为信息!

邬先生说:"人类只能立足于现存的宇宙去推测过去的和未来的宇宙,而作为种种推测的依据又只能是破译种种宇宙信息的密码,这些密码就以特定的时空结构方式储存在现存的宇宙之中。这些密码正是时空转换的内在统一性所造成的宇宙历史信息的'遗迹'。这样,现存的宇宙时空结构变成了储有宇宙历史状态和演化轨迹的信息编码载体。"[1]438——可以看出,①"人类只能立足于现存的宇宙去推测过去的和未来的宇宙",就是说人类的认知对象是"现存的宇宙"即"直接存在、实在",与"物质思维和能量思维都是关于实在的思维"有关,而与"信息思维则是关于不实在的思维、关于间接存在的思维"无关。②所谓"只能是破译种种宇宙信息的密码",实质是人类只能依靠认知活动或"破译种种宇宙事物的属性与规律"来获得,宇宙间不存在具有"客观第一性"属性的信息,而认知或"破译种种宇宙事物的属性与规律"作为人类获得的精神(信息)成果,只能是第二性的。③所谓"特定的时空结构"、"现存的宇宙"、"(时空结构的)遗迹",都是"直接存在、实在"而不是"间接存在、不实在(事物在中介物里的影像或中介粒子场)"。④所谓"现存的宇宙时空结构变成了储有宇宙历史状态和演化轨迹的信息编码载体",发生了偷换概念的错误,"现存的宇宙时空结构"、"宇宙历史状态和演化轨迹"、"信息编码载体"都是"直接存在"而不是"间接存在、不实在"或"第三者"。作为"间接存在(第三者)"的"客观信息(事物在中介物里的影像或中介粒子场)",根本不可能赋存"种种宇宙事物"的信息,或者说两者之间不存在整体与部分的关系。

邬先生说:"20世纪70年代以来所爆发的信息技术革命涉及众多领域,如:微电子技术,主要包括微电子电路技术、微型计算机技术、智能机械装制技术、多媒体技术等;生物工程,主要包括遗传工程(基因识读、重组、克隆)、细胞融合工程、微生物工程、酶工程技术等;空间技术,主要包括空间运输技术、空间控制和制导技术、遥感技术、空间通讯技术等;新能源技术,主要指不污染环境的可再生性能源,如,太阳能、风能、地热能、海洋能、生物能等的利用和开发;新材料技术,主要指以其所具有的电、光、声、磁、热等效应为使用特征的复合性或功能性材料,如,超导材料,超轻、超稳定、高绝热性能的特殊复合材料,超纯、超精、超净的'三超'材料,优质信息传输介质材料(光导纤维等),构建各类人工器官、人工皮肤、人造血液的特殊材料;网络通讯技术,如,与微电子处理器和多媒体技术相结合而发展起来的信息高速公路技术,以及在此基础上开展的远程网络教育和医疗,电子邮件、电子货币和电子商务技术等;海洋工程技术,这是一种利用各种先进的信息科学技术手段,进行海洋调查、监测和海洋开发利用的工程技术;虚拟现实技术,这是利用人工智能所创设的特定情景,创造一个与真实世界相逼近的人造信息环境的技术;纳米技术,这是一种在微观层面上破译一般物的结构信息编码,从而能够在分子,原子水平上自由重组或排布一般物体的结构,并制造出所需的相关材料和微型机器的技术。"[1]439——可以看出,邬先生所谈的"电子电路、微型计算机、智能机械、多媒体、基因、细胞……"等事物,统统都是"直接存在、实在",不是"间接存在、不实在"!它们是事物本体,而不是事物在中介物里的影像或中介粒子场(第三者)。因此,它们与"物质思维和能量思维都是关于实在的思维"有关,而与"信息思维则是关于不实在的思维、关于间接存在的思维"无关。

四、"信息思维论"难以成为当代认识论的"新的科学范式"

邬先生在《作为现代科学认识范式的信息科学和信息思维》一节的开场白中说:"由于信息和信息系统与物质和物质系统相比,具有同样广泛意义和范围的最为一般和普遍性的品格,所以,以信息及其运动规律为主要研究对象的学科将会与以物质及其运动规律为主要研究对象的学科一样多得不可胜数,并且,这些学科之间还会分有层次和门类。另外,以信息及其运动规律为主要研究对象的学科与以物质及其运动规律为主要研究对象的学科又总是相互交缘而不可截然分立的,因为物质体和信息体(直接存在和间接存在、载体物和信息、物的存在方式和物的信息结构)总是内在而具体地统一的。这样,信息科学便不能仅仅被看作是一门学科,并且,仅仅用横断性、交叉性、综合性等一类说法也不能对之进行恰切而全面的阐释。"[1]440——必须指出的是,当代"信息科学"不能用邬先生的"信息思维论"来解读:

(1)所谓"以信息及其运动规律为主要研究对象的学科将会与以物质及其运动规律为主要研究对象的学科一样多得不可胜数"——如前所指出,邬先生的"信息哲学"、"信息思维论"使得"以物质及其运动规律为主要研究对象的学科"变成了没有认知作用的空壳,作为"直接存在、实在"的"物质及其运动规律"是没有信息可被认知的,而作为"间接存在、不实在"的"客观信息(事物在中介物里的影像或中介粒子场)",若按照"信息思维论"来认知,那么人类的认知活动就变成了不伦不类、错误百出的实践活动。

(2)所谓"信息及其运动规律"就是"事物在中介物里的影像或中介粒子场""相互作用与演化"的规律——即便真有这样具有客观第一性属性的"信息及其运动规律",也与事物的本体无关。譬如"水中月"的运动规律，与月亮本体运动的规律无关。此外，在马克思主义哲学看来，信息（客观信息）不可能是第一性的，只能是第二性的，信息不可能从"宇宙开端（宇宙时为零）"开始就"自身演化自身"，不可能有"在人的意识之外，不以人的意志为转移"的客观信息（自在信息）的"运动规律"。

（3）所谓"间接存在（客观信息）"、"物的信息结构"是一个彻头彻尾的伪命题。——"物的结构"是第一性的，在人类没有对它认知之前，怎么会有"物的信息结构"？根本不存在什么具有"客观第一性"属性的"物的信息结构"。譬如："树木年轮结构"是作为物质第一性（直接存在）而存在的，在人类没有认知它之前，人类不会有关于"树木年轮结构"的信息（精神）。此外，依据"树木年轮结构"在水中的影像或中介粒子场（第三者），是不能替代从树木本体即"树木年轮结构"中获得信息（精神）的。如果"信息哲学"把人类的认识论限定为"物的信息结构（信息、间接存在、不实在）"，那么还要"物的结构（物质、直接存在、实在）"干什么？物质范畴只能沦为鹊巢鸠占、退休下岗的地位。

邬先生说："这样，信息科学便不能仅仅被看作是一门学科，并且，仅仅用横断性、交叉性、综合性等一类说法也不能对之进行恰切而全面的阐释。另外，信息科学也不能简单与生命科学、材料科学相并列，这一方面是因为，在现代科学的体系中，在现代科学技术的发展中，信息科学所处的地位和所起的作用都远比生命科学、材料科学要重要和巨大得多；而另一方面则因为，无论是生命科学，还是材料科学，都必须依据信息科学所提供的相关理论和方法来建构自己；还有一个最为本质的第三个方面的原因，这就是，生命科学在实质上研究和处理的是生物遗传信息发生、发展、运动、变化、改变、复制、重组的一般规律和方法，而材料科学在实质上研究和处理的则是一般材料物的信息结构的模式、功能、加工、配制和建构的一般机理和方法。这样，从信息研究和信息处理的特定角度来看，无论是生命科学，还是材料科学都将在极大的程度上被包容于广义化的信息科学之中。"[1]440——这段表述存在的问题是：

（1）如前所述，当代"信息科学"不能用邬先生的"信息本体论"、"信息思维论"来解读。

（2）所谓"生命科学在实质上研究和处理的是生物遗传信息发生、发展、运动、变化、改变、复制、重组的一般规律和方法。"——必须指出的是，生命科学是研究事物本体（直接存在、实在）而不是研究事物本体在中介物（间接存在、不实在）里的影像的科学。生命科学是研究生命现象、生命活动的本质、特征和发生、发展规律，以及各种生物之间和生物与环境之间相互关系的科学。用于有效地控制生命活动，能动地改造生物界，与造福人类生命、人类生存、人民健康、经济建设和社会发展有着密切关系，是当今在全球范围内最受关注的基础自然科学。

（3）所谓"材料科学在实质上研究和处理的则是一般材料物的信息结构的模式、功能、加工、配制和建构的一般机理和方法。"——必须指出的是，材料科学是研究事物本体（直接存在、实在）而不是研究事物本体在中介物（间接存在、不实在）里的影像的科学。材料科学是研究材料的组织结构、性质、生产流程和使用效能，以及它们之间相互关系的科学。材料是人类用来制造机器、构件、器件和其他产品的具体物质，统统都是"直接存在、实在"而不是"间接存在、不实在"。

邬先生宣称"信息思维方式、信息科学的最一般的、最普遍的理论和方法乃是一种新的科学范式，这一新的科学范式具有极强的渗透力、贯穿力和改造力。"[1]442他在《中国信息哲学核心理论的五种范式》（2011）一文里，进一步总结了他建立的"信息哲学"的"科学范式"："自身显示的间接存在说"，即"信息是物质（直接存在）自身显示的间接存在说，是我于20世纪80年代初首创提出的。""信息是标志间接存在的哲学范畴，它是物质（直接存在）存在方式和状态的自身显示。"[2]52"我们永远只能借助于第三者来把握我们的对象。"[1]157——通过上述翔实的分析，不难看出所谓"信息是物质（直接存在、实在）自身显示的间接存在（客观信息、不实在）"、"是一种新的科学范式"，"信息思维则是关于不实在的思维、关于间接存在的思维"，其实自始至终是一个牛头不对马嘴、前后矛盾、鱼目混珠、鹊巢鸠占的拼盘，无法接受逻辑和实践的检验，处处显示了难以自圆其说的理论困境。

参考文献

［1］邬焜. 信息哲学——理论、体系、方法［M］. 北京：商务印书馆，2005.

［2］邬焜. 中国信息哲学核心理论的五种范式［J］. 自然辩证法研究，2011（4）：52.

（原载《天水师范学院学报》（社科版）2013 年第 1 期）

邬焜先生"信息的度量（质和量）论"质疑

【摘　要】邬焜先生在《信息哲学》第九编用了三章的篇幅讨论了具有"客观第一性"属性的"信息的度量（质和量）"问题，可以说无论是度量"绝对信息量"、"相对信息量"，还是度量"必然性和偶然性及其信息量"，都是离开了"信息本体论"、"信息认识论"的规定，即离开了"客观不实在"、"间接存在（自在信息）"、"中介粒子场（信息场）"的范畴，将"实在、直接存在"的事物本体的质和量，说成是"不实在、间接存在"的信息的质和量，与所谓"信息思维是关于不实在、间接存在的思维"，实为南辕北辙、指鹿为马，使传统哲学（马哲）的物质，沦为没有质和量可度量的"离休下岗"地位。

【关键词】信息哲学；信息本体论；自在信息；中介粒子场；信息的质和量；邬焜

邬焜先生在《信息哲学》第九编用了三章的篇幅讨论了具有"客观第一性"属性的"信息的度量（质和量）"问题，可以说无论是度量"绝对信息量"、"相对信息量"，还是度量"必然性和偶然性及其信息量"，都是离开了"信息本体论"、"信息认识论"的规定，即离开了"客观不实在"、"间接存在（自在信息）"、"中介粒子场（信息场）"的范畴，将"实在、直接存在"的事物本体的质和量，说成是"不实在、间接存在"的信息的质和量，与所谓"信息思维是关于不实在、间接存在的思维"，实为南辕北辙、指鹿为马，使传统哲学（马哲）的物质，沦为没有质和量可度量的"离休下岗"地位。

一、关于"信息的度量（质和量）论"的理论依据问题

传统哲学（马哲）认为，所谓度量是指对"实在、直接存在"的物质的质和量进行度量，物质的质和量是第一性的，度量（或测量）的结果（即意识或信息）是第二性的。"信息哲学"提出要对具有"客观第一性"属性的"自在信息（不实在、间接存在）"进行度量，因此，首先必须弄清它的基本范畴的含义或拟对什么样的本体进行度量。

1. 信息哲学与传统哲学（马哲）的区别

邬先生说："物质和能量都是'实在'、'直接存在'，物质思维和能量思维都是关于实在的思维，都是关于直接存在的思维。信息则是'不实在'、'间接存在'，信息思维则是关于不实在的思维、关于间接存在的思维。"[1]424那么"信息思维"的对象——"不实在""间接存在"的含义是什么呢？邬先生明确指出："按照前所述及的传统哲学对存在领域的分割方式，'客观不实在'是不可能存在的……'水中捞月'之所以荒唐，就在于把水中的月亮也看成实在的月亮了。'水中月、镜中花'一类现象中的'月'或'花'，既是客观的又是不实在的。"[1]36-37"我们说，天上有一个月亮，水中有一个月亮。天上的月亮是实在的，水中的月亮是不实在的。……我们完全可以从这种相关对应的关系出发，把实在的月亮叫做直接存在的月亮，而把不实在的月亮叫做间接存在的月亮。"[1]38也就是说，"信息哲学"与"物质思维和能量思维都是关于实在的思维，都是关于直接存在的思维"的根本区别是，要对具有"客观第一性"属性的

"不实在"的、"间接存在"的"自在信息"（即物质本体在中介物里的影像）给予"度量"；作为"实在"、"直接存在"的"物质"（譬如"天上的月亮"）则没有任何可被"度量"的内容（信息）。——据此，"物质思维"与"信息思维"的区别可以概括为表10-1：

表10-1　物质思维（传统哲学）与信息思维（信息哲学）的区别

思维方式		案例		思维特点	与信息的关系
传统哲学马哲	物质思维	月亮本体（客体）		实在＝直接存在＝物质和能量（物质第一性）	有可被认知的规律和属性（信息）
		主体：关于月亮的认知（精神）		关于事物本体的意识（精神）（意识第二性）	精神（信息）
信息哲学	信息思维	月亮本体（客体）	直接存在	实在＝直接存在＝物质和能量（客观第一性）	没有任何可被"度量"的内容（信息）
		水中月影中介物第三者	间接存在	客观不实在＝事物影像（名为"客观第二性"，实为"客观第一性"）	＝客观信息＝自在信息＝中介粒子场（信息场）＝粒子或光子
		主体：对月影的认知（精神）	不实在	主观不实在＝关于事物本体在中介物里影像的意识（精神）	＝主观信息（精神）＝自在信息＋自为信息＋再生信息

根据上述特点，邬先生进一步认为有三个世界："第一层次：'客观实在'或直接存在的物质世界的层次；第二层次：客观不实在或客观间接存在的自在信息世界的层次；第三层次：主观不实在或主观间接存在的精神（自为、再生信息）世界的层次。"[1]101 "标示第一层次世界的哲学范畴是'物质'；标示第二层次世界的哲学范畴是'自在信息'；标示第三层次世界的哲学范畴是'精神'。"[1]102

两种"间接存在"的"信息"的关系是，邬先生说："主观信息是对客观信息的把握或创造的形态"，[1]102 即第二性的"精神（主观信息）"以"客观信息（自在信息）"为"把握或创造"的对象，排除了对"实在、直接存在"的物质本体的认知，使"不实在、间接存在"的"客观信息

（自在信息）"获得了客观第一性的地位。由此看来，"信息哲学"不同于传统哲学（马哲）的特征在于，传统哲学（马哲）的基本范畴是"物质－精神（信息）"，即主体获得的"精神（信息）"是以"物质（事物本体）"为认知对象；而"信息哲学"的基本范畴是"客观信息－主观信息（精神）"，即主体获得的"主观信息（精神）"是以"客观（自在）信息（中介物、事物影像）"为认知对象。

邬先生说："人类感知能力的发展的实质是在感官和对象之间不断地增加一些必需的中介因素，或称环节，使人们的感知领域不断向宏观和微观两极发展，向远程高速感知方向发展，向对信息的定质、定量精细感知方向发展。这些中介环节的加入便不能不使人的感知越来越具有间接性的意义。这些中介环节的作用实际上是对客体信息进行必要的放大、整理、传递、转换、改变和激发。"[1]320——就是说，在主客关系上，信息哲学强调"中介因素""中介环节"，人类对客观世界的认知，必须有一个中介物（譬如"水中月"案例），或曰中介粒子场（信息场、光子场），"客观信息（自在信息）"先于人的认知活动而"客观存在"或"自在"，"信息的定质、定量"只能从中介粒子场（中介环节）里获得。归根结底人类的认知活动，要靠"这些中介环节的作用"，"实际上是对客体信息（注：即客观信息或自在信息）进行必要的放大、整理、传递、转换、改变和激发"，"实在、直接存在"的事物（物质）本体是没有可被认知的信息的。

2. "自在信息（客观信息）"到底是第一性的，还是第二性的？人类是度量物质还是度量"自在信息"？

必须指出的是，邬先生在"信息的质和量"问题上，不是为了说明信息是"第二性的质和量"，而是试图给人以一种明确的答案，通过对所谓"信息的质和量"的度量，目的是使"自在信息（客观信息）"获得物质第一性的地位，并且可"以其纯自然的方式，自身造就自身、自身规定自身、自身演化自身，从而展开其自身纯自然起源、运动、发展的历程"。[1]47或者说，"间接存在"的自在信息（客观信息）的演化，与"直接存在"的事物本体无关，它"自身"有"纯自然起源、运动、发展的历程"。（表10-2）

表10-2　"自在信息"名为第二性的质和量，实则意在
替代物质第一性的质和量

邬先生的有关表述	质疑
邬先生说："信息是物质存在方式和状态的自身显示，所以，信息的质和量便都只能是信息所显示的这个物质的存在方式和状态本身的质和量。在这里，直接存在的质和量是第一性的，而间接存在的质和量是第二性的，这个第二性的质和量，正因为是对第一性的质和量的显示，所以，二者便在内容上获得了相互对应的、相互规定的统一性。"[1]470-471	①"信息的质和量"与"物质的存在方式和状态本身的质和量"，两者的区别是什么？自在信息（客观信息）可以有"纯自然起源、运动、发展的历程"，为什么它不是第一性的？ ②对"直接存在的质和量"的"度量"，与对"间接存在的质和量"的"度量"，两者的区别是什么？它们的度量单位分别是什么？ ③两种"质和量"到底是同时存在，还是试图用信息（质和量）代替物质（质和量），使物质徒有其名，处于"退休下岗"的地位？
邬先生说："我们只能通过对间接存在性的量度，也就是，只能通过对信息的量度，才能达到对物质存在方式和状态本身的量度，亦即才能达到对直接存在的量度。因为我们只能通过间接存在（信息）的中介，才能面对直接存在（对象本身）。"[1]471	①为什么人类不能"面对直接存在（对象本身）"？不能"对物质存在方式和状态本身"进行度量？譬如为什么不能对"天上的月亮"进行度量，而只能对"水中的月亮"进行度量？这样的说法是不是使"实在""直接存在"的物质徒有其名，使物质处于"退休下岗"的地位？ ②对中介粒子场（辐射或反射）的太阳光（粒子）进行度量，譬如对"不实在""间接存在"的水中月影（反射的阳光）进行度量，如何能够得到关于月亮本体的成分、密度、压力、磁场、运行轨迹、矿物组成等方面的信息？

邬先生的有关表述	质疑
邬先生说："所有的物体，既可以从其质量、能量结构的角度把它看作是物质体，也可以从其凝结着种种复杂关系的角度把它看成是信息体。"[1]378	既然"所有的物体"是"物质体"与"信息体"两者同体，为什么"天上的月亮（水中月案例）"与此说相反？为什么要说"自在信息"寓于"不实在""间接存在"的中介粒子场（譬如水中月）里？"因为我们只能通过间接存在（信息）的中介，才能面对直接存在（对象本身）"[1]471——依据是什么？
邬先生说："自在信息是客观间接存在的标志，是信息还未被主体把握和认识的信息的原始形态。在这个阶段里，信息还只是以其纯自然的方式，自身造就自身、自身规定自身、自身演化自身，从而展开其自身纯自然起源、运动、发展的历程。信息场以及信息的同化与异化是自在信息的两种基本形式。"[1]47 "间接存在虽然产生于直接存在的相互作用，但是，间接存在一旦产生便以自身独具的特质超越了直接性的本性，并由此展开了自身运动和发展的历程。在此历程中，信息呈现出了自身的不同的形式和形态。"[1]47	如果说"还未被主体把握和认识的"的、"间接存在"的"自在信息"，能够脱离物质本体而以"其纯自然的方式，自身造就自身、自身规定自身、自身演化自身，从而展开其自身纯自然起源、运动、发展的历程"，那么为什么要混淆视听，说什么"间接存在的质和量是第二性的"？明明是第一性的嘛。 以新疆虎为例，能不能这样说：新疆虎是由自在信息组成的。灭绝的原因是新疆虎的自在信息（中介粒子场）在同化和异化的进程中，"自身造就自身、自身规定自身、自身演化自身"。由于关于新疆虎的自在信息逐渐灭亡了，所以新疆虎灭亡了。

注："［1］47"指邬焜《信息哲学》（商务印书馆 2005）里的相关页码。

（1）所谓"质"，是与"量"相对的概念，指一事物区别于其他事物的内在规定性。质是由事物的内在特殊矛盾决定的。"质"与事物的存在是直接同一的，某物之所以是某物，是由于它具有特殊的质。也就是说，事物的质与事物的本体同一，不在"不实在""间接存在"的中介粒子场（信息场、事物影像）或第三者（中介物）里。

（2）所谓"量"，是与"质"相对的概念，指事物某种物理量的内在规定性，如重量、流量、密度、压力、温度、电阻等。"量"与事物的存在是直接同一的。若测量事物某种物理量，只能针对"实在""直接存在"事物的本体，而不是测量"不实在""间接存在"的中介粒子场

（信息场、事物影像）或第三者（中介物）。

（3）所谓"质量"，本意是指物体中所含物质的量，亦即物体惯性的大小。质量的国际单位是千克（公斤），其它常用单位有吨、克、毫克等。一般用天平来称。同一物体的质量通常是一个常量，不因高度或纬度而改变。但根据爱因斯坦的相对论所阐述，同一物体的质量会随速度的变化而变化。质量与事物的本体同一，不在"不实在""间接存在"的中介粒子场（信息场、事物影像）或第三者（中介物）里。试问：如果企图度量信息的质量，能够用千克（公斤）、吨、克、毫克等单位来计量吗？

需要指出的是，相同重量的物体，物质组成是不一样的。譬如：100公斤苹果、100公斤小麦、100公斤铁矿、100公斤石油、100公斤牛奶、100公斤牛肉、100公斤牛毛、100公斤牛骨……它们的物质成分是不一样的。

（4）所谓"能量"，是物质运动的一种度量。对应于物质的各种运动形式，能量也有各种形式（如机械能、分子内能、电能、化学能、原子能等），彼此可以互相转换，但总量不变。热力学中的能量主要指热能和由热能转换而成的机械能。爱因斯坦认为质量就是能量，能量就是质量，并给出了质量与能量转换的关系式（$E = mc^2$，能量等于质量乘以光速的平方）。能量与事物的存在是直接同一的。譬如：一块煤燃烧后变为灰烬，是煤块本体的能量逐渐耗散了（转化为其他运动形式），而不是什么"不实在""间接存在"的中介粒子场（信息场、事物影像）或第三者（中介物）的能量逐渐耗散了。

需要指出的是，耗散相同数量热量（能量）的物体，物质组成是不一样的。譬如：1000大卡的煤炭、1000大卡的天然气、1000大卡的石油、1000大卡的汽油、1000大卡的粮食……它们的物质成分是不一样的。

3. 所谓间接存在的"自在信息"从定义形成看，就是一个自相矛盾的范畴

必须指出的是，所谓间接存在的"自在信息"从定义形成看，就是

一个自相矛盾的范畴。邬先生在厘定"信息"定义时，总结出"信息概念的四个基本层次"，[1]45-46前三个层次都表明所谓信息是在物质（事物）的本体之中，即物质（事物）的属性与规律（信息）在事物的本体之中；"第四个层次"是谈主体（人）认知客体（物质），可获得关于客体（物质）的主观信息（精神）；到了"定义"，所谓信息已不是主观信息（精神）即对客体（物质）的认知，摇身一变成为"物质（直接存在）存在方式和状态的自身显示"，这样通过概念置换，使"自在信息"既获得了相当主观信息（精神）所谓的"间接存在"的地位，又获得了具有物质属性与规律（信息）的"直接存在"的地位，使物质变成了没有任何认知意义的空壳。或者说，人们认知客观世界，无须去认知物质，只是要认知"不实在、间接存在"的自在信息（中介粒子场、事物影像）。（表10-3）

表3 "自在信息"从定义形成看，就是一个自相矛盾的范畴

邬先生"信息概念的基本层次"以及最终定义	质疑
①信息是物质的存在方式，是物质的属性。[1]45	这里的"信息"与"实在""直接存在"的物质本体相关，与"不实在""间接存在"的中介物无关。有物质本体就有"信息"的"属性"，否则就没有"信息"的"属性"。（注："信息"不是中介粒子场或事物影像。）
②信息是显示物质的存在方式、状态的物质的属性。[1]45	这里的"信息"与"实在""直接存在"的物质本体相关，与"不实在""间接存在"的中介物无关。有物质本体就"显示"信息的"属性（物质的存在方式、状态）"，否则就不"显示"信息的"属性（物质的存在方式、状态）"。（注："信息"不是中介粒子场或事物影像。）
③信息是物质自身显示自身的属性。[1]45	这里的"信息"与"实在""直接存在"的物质本体相关，与"不实在""间接存在"的中介物无关。有物质本体就"显示"信息的"属性"，否则就不"显示"信息的"属性"。（注："信息"不是中介粒子场或事物影像。）

邬先生"信息概念的基本层次"以及最终定义	质疑
④信息是间接存在的标志。这一规定已经从对信息的现象描述上升到了对信息的抽象概括。[1]45	这里的"信息"与"不实在""间接存在"的中介物相关。对此，邬先生曾明确指出："我们说，天上有一个月亮，水中有一个月亮。天上的月亮是实在的，水中的月亮是不实在的。……我们完全可以从这种相关对应的关系出发，把实在的月亮叫做直接存在的月亮，而把不实在的月亮叫做间接存在的月亮。"[1]38 所谓"信息是间接存在的标志"，就是指：信息是事物本体在中介物里的影像或自身显示！
"这个定义可以精确地表述为：信息是标志间接存在的哲学范畴，它是物质（直接存在）存在方式和状态的自身显示。"[1]45-46	通过这一定义，否定了上面的第①-③条；部分继承了上面的第④条。务必注意：所谓"间接存在"的标志是中介粒子场（第三者），不是事物的本体。该定义用嫁接手法，一方面将"信息"与"直接存在"（第①-③条）相关，强行变换为与"间接存在"相关，用中介物（信息场、水中月）替代了事物的本体（如月亮）；一方面又使原本"不实在""间接存在"的"信息"，通过"自身显示"获得了"实在""直接存在"的物质本体的属性。

注："[1]45-46"指邬焜《信息哲学》（商务印书馆2005）里的相关的页码。

二、关于"绝对信息量"存在的问题

邬先生在《第一章 绝对信息量》里，通过推导信息量在第一性级、第二性级与第三性级质的量及其守恒定律的基础上，给出了"信息三质统一的绝对信息量的表达式"与"信息三质统一的绝对信息量的守恒公式"。但是，存在的根本问题是，传统哲学（马哲）依据"物质-精神（信息）"这对范畴，"精神（信息）"对应的是"物质"；"信息哲学"依据"客观信息-主观信息（精神）"这对范畴，"精神（信息）"对应的是"不实在""间接存在"的"中介物（信息场、中介因素）"，而不是具有"客观第一性"属性的"实在、直接存在"的事物的本体，因此，必然以偏概全，导致诸多难以处理的矛盾问题。

1. "信息量"：申农的本体是"实在、直接存在"的物质（系统），"信息哲学"的本体是中介物

邬先生说："自申农以来的实用信息论，大都是从某一具体科学的实用意义上来规定信息量的。这样规定的信息量（我称之为实用相对信息量），虽然在某些具体科学中显示了自身的价值，甚至在哲学的认识论中，也不失其闪烁的光辉。但是，要拿到哲学的本体论中，这个相对信息量便不能令人满意了。"[1]470

可以看出，邬先生将申农的信息论归之为"实用信息论"，其"信息量"是对系统（事物）本体而言的。"信息本体论"不同于"申农实用信息论"，为了克服"申农的信息论""不能令人满意"之处，指出信息量（或信息）与系统的本体无关（即物质本体无信息），而是在"不实在""间接存在"的中介物（中介粒子场、信息场）里，从而可以对"信息"给出"绝对信息量"而不是"相对信息量"。

2. "信息第一性级质的量及其守恒定律"忘了"信息认识论"所做的规定

（1）所谓"信息第一性级质的量"不是中介物的"第一性级质的量"

"信息哲学"自始至终的特点是，名义上谈信息（间接存在）思维，实际上是谈物质（直接存在）思维。在"信息第一性级质的量及其守恒定律"这一节里，依然重复以往的错误，所谓"信息第一性级质的量"，实质根本不是什么"不实在""间接存在"的中介物的"第一性级质的量"，而是"实在""直接存在"的事物本体的质和量，试图鸠占鹊巢。为了简明扼要起见，参见表4：

表 4   名为"信息第一性级质的量"，实为"物质第一性级质的量"

邬先生的有关表述	存在的问题（以水中月为案例）
"信息第一性级的质所显示的内容是直接针对自然物的存在方式和状态的，而自然物的存在方式和状态又是凭借纯自然的（物理的、化学的，以及生命的）规律运行的。……信息第一性级的质应当守恒，这就需要定义一个信息守恒律。信息第一性级的质的量就其实质而言，它应该将物质的元素组成、质量、能量，以及质能的时间延续和空间结构等等因素都作为自己的参数。"[1]475 "本来，任何物体都有它诸多的信息方面，如一块铁块，有它的元素组成、质量、温度、颜色、硬度、体积、形状、运动状态等信息方面，这许多信息方面的综合构成了铁块自身显示的绝对信息量。在上面我们已经做过分析，这个绝对信息量，人们不可能用一个简单的数学形式完全加以规定。但是，人们却完全可以把这个绝对信息量分割成诸多信息方面，将铁块的元素组成、质量、温度、颜色、硬度、体积、形状、运动状态等，一项一项地加以测度。这种分割测度的每一项，虽然各有它的片面性和局限性，但是，当这种分割测度的方面越来越多时，铁块本身所显示的绝对信息量的整体就会越来越清晰地被我们所把握。"[1]488	（a）请注意："信息本体论""直接针对"的不是"自然物的存在方式和状态"，而是中介物或中介粒子场（信息场）。譬如："信息本体论"所举的典型案例——水中月。 （b）"物质的元素组成、质量、能量，以及质能的时间延续和空间结构"都不是中介物（如水中月）的属性，而是事物本体（月亮）的属性。 （c）如果对"不实在"的"自在信息"做"度量"，那么对物质还要不要度量？它们的区别是什么？ （d）所谓"铁块"的"绝对信息量"里，诸如"元素组成、质量、温度、颜色、硬度、体积、形状、运动状态等信息方面"——中介粒子场里是没有关于"铁块"的元素组成、质量、温度、硬度、运动状态等信息的。又如，水中月影也没有关于月亮本体的元素组成、质量、温度、硬度、运动状态（如运行轨迹）等信息。

注："［1］475"指邬焜《信息哲学》（商务印书馆 2005）里的相关的页码。

邬先生上述高论提到了所谓"绝对信息量"，像"质量"前面已说明是物理量，不是信息量，质量与物质本体同一，不在中介粒子场（信息场、事物影像）或第三者（中介物）里。下面，逐一分析他提到的其他几个"绝对信息量"存在的问题。

a. 元素组成：指自然界中一百多种基本的金属和非金属物质，它们只由一种原子组成，其原子中的每一核子具有同样数量的质子，用一般的化学方法不能使之分解，并且能构成一切物质。

一般来说化合物都是由多元素组成的。物体的元素（元素组成）与物体的存在是直接同一的，它们的元素组成不在中介粒子场（信息场、事物影像）或第三者（中介物）里。譬如以"不实在""间接存在"的水中树影为例，树木本体是由有机物组成的，而水中树影（中介粒子场）是由无机物（光子）组成的，两者风马牛不相及。

b. 温度：是表示物体冷热程度的物理量，微观上来讲是物体分子热运动的剧烈程度。温度只能通过物体随温度变化的某些特性来间接测量，而用来度量物体温度数值的标尺叫温标。它规定了温度的读数起点（零点）和测量温度的基本单位。目前国际上用得较多的温标有华氏温标（°F）、摄氏温标（°C）、热力学温标（K）和国际实用温标。从分子运动论观点看，温度是物体分子平均平动动能的标志。温度是大量分子热运动的集体表现，含有统计意义。对于个别分子来说，温度是没有意义的。

物体的温度与物体的存在是直接同一的，物体的温度不在中介粒子场（信息场、事物影像）或第三者（中介物）里。譬如以"不实在""间接存在"的水中月影为例，测量水中月的温度，不是月亮本体的温度。月球表面昼夜的温差很大。白天在阳光垂直照射的地方温度高达 +127℃；夜晚温度可降低到 -183℃。月核的温度约为 1000°C。这些温度值都是地球表面难以达到的温度，也是地球上所有生物都无法生存的温度。此外，月球的这些温度值，也不是地球上接收到的月光（反射的太阳光）的温度。

需要指出的是，在整个宇宙当中，温度无处不存在。无论在地球上还是在月球上，也无论是在炽热的太阳上还是在阴冷的冥王星上，这一切无不由于空间位置的不同而存在着温度的差别。例如，太阳表面温度约为 6000℃，而处于太阳系里、离太阳较远的冥王星的表面温度只有 -240℃。据说，宇宙间最冷为 -273.15℃（绝对零度）、最热为 5.1 亿℃，绝对零度无法测量，是依靠理论计算定义的。地表气温变化范围是 -90℃ 到 61℃。因此，地球表面"辐射或反射"的太阳光的温度（中介粒子场）应该不会超出 "-90℃ 到 61℃" 这一范围，所以仅凭该范围的温度，是无法了解地球火山喷发及地球内部（如地幔）的温度的。

c. 硬度：指固体材料对外界物体压陷、刻划等作用的局部抵抗能力，是衡量材料软硬程度的一个指标。

物体的硬度与物体的存在是直接同一的，它们的硬度不在中介粒子场（信息场、事物影像）或第三者（中介物）里。譬如以"不实在""间接存在"的水中月影为例，水的硬度是极低的，但是月球上的岩石是多类型的（如玄武岩、斜长岩、角砾岩、榴辉岩等），它们的硬度比水的硬度要高得多，且硬度也是不相同的。此外，由于受到风化作用的影响，即便是相同的岩石（矿物含量存在差异），硬度也是不一样的。

需要指出的是，即便在地球上，如果对物体的物理性质不了解，也是无法用肉眼识别物体的硬度的。物体（矿物）的硬度，是人类根据硬度高的矿物可以刻划硬度低的矿物的道理而制定的。德国矿物学家摩斯选择了十种矿物（最软者为滑石，最硬者为金刚石）作为标准，将硬度分为十级，这十种矿物称为"摩氏硬度计"。其硬度的顺是：滑石（1）、石膏（2）、指甲（2.5）、方解石（3）、铜币（3.5~4）、萤石（4）、磷灰石（5）、铁制小刀（5.5）、玻璃（5.5~6）、正长石（6）、钢锉6.5、石英（7）、黄玉（8）、刚玉（9）、钨钢（9.1~9.5）、金刚石（10）。总之，人们要用后者刻画前者的知识与实践，才能估计物体的硬度，而不是用中介粒子场的粒子来估计物体的硬度。

d. 体积：是指物质或物体所占空间的大小，即占据一特定容积的物质的量（表示三维立体图形大小）。形状：指物体或图形的形态、状貌。

物体的体积与形状，与物体的存在是直接同一的，它们的真实体积与形状并不寓于中介粒子场（信息场、事物影像）或第三者（中介物）里。譬如以"不实在""间接存在"的水中月影为例，它只是一个平面图（不是三维图）或月球正面的外观状貌，通常水中月影的直径小于1米。但是，月亮本体的体积相当地球的1/49，直径大约为3476公里，质量约7350亿亿吨，相当于地球质量的1/80左右，显然从直径小于1米的平面状的月影中，是无法度量月亮较为准确的体积、形状以及质量的。

需要指出的是，识别物体的体积或形状主要与人的视觉相关，但相同体积或形状的物体，重量是不一样的。譬如：1 立方厘米的天狼星物质（平均密度）重约 3.8×10^6/克。1 立方米的铁矿、1 立方米的大米、1 立方米的海水，它们的重量也是不一样的。

　　e. 颜色：颜色或色彩是通过眼、脑和我们的生活经验所产生的一种对光的视觉效应。人对颜色的感觉不仅仅由光的物理性质所决定，还包含心理等许多因素，比如人类对颜色的感觉往往受到周围颜色的影响。有时人们也将物质产生不同颜色的物理特性直接称为颜色。电磁波的波长和强度可以有很大的区别，在人可以感受的波长范围内（约 312.30 纳米至 745.40 纳米），它被称为可见光，有时也被简称为光。一个弥散地反射所有波长的光的表面是白色的，而一个吸收所有波长的光的表面是黑色的。一个物体的光谱决定这个物体的光学特性，包括它的颜色。不同的光谱可以被人接收为同一个颜色。虽然我们可以将一个颜色定义为所有这些光谱的总和，但是不同的人所感受到的颜色也是不同的。

　　人类可以根据光的各种现象（例如红色、棕色、桃红色、灰色、绿色、蓝色和白色等），使人们得以区分在大小、形状或结构等方面完全相同的物体的视觉或知觉现象。依据不发光物体"辐射或反射"的太阳光，只能得到不发光物体的部分的外观信息，而无法得到更多的信息。譬如以"不实在""间接存在"的水中月为例，水中月不等于月亮本体。月球本身并不发光，只反射太阳光。月面不是一个良好的反光体，它的平均反照率只有 7%，其余 93% 均被月球吸收。月海的反照率更低，约为 6%。月面高地和环形山的反照率为 17%，月球的亮度是变化的，满月时的亮度比上下弦要大十多倍。由此可知，人们通过月亮反射的太阳光的变化，只能了解月球表面的外貌信息，或者说从中介粒子场（水中月影）中，根本无法得到关于月亮的元素组成、质量、温度、硬度、月幔、月核、运动状态（如运行轨迹）等信息。

　　需要指出的是，识别物体的颜色主要与人的视觉相关，但相似颜色的物体，质是不一样的。如红宝石、红萝卜、西红柿、红油漆、红血球、红灯、红薯、红布、红纸、红花、红木、红米、红枣、红虾、红心、红杏、红砖……它们的质是不一样的。

f. 运动状态：是指物体进行机械运动时，相对某个参考系的运动速度与运动方向的状态。运动状态的内容包括：物体的运动速度（单位时间内物体位矢的变化量 [dr/dt]，即单位时间内物体的位移）与物体的运动方向。运动的三要素是：力的作用点，力的大小，力的方向。运动状态有两种——相对静止、相对运动。

确定运动状态虽然要选择"参考系"，但是这与"不实在"的中介粒子场（信息场、事物影像）无关，譬如：用力推箱子，推力使箱子发生位移，那么推力使箱子的运动状态发生改变。汽车刹车减速，摩擦力使汽车降低运动速度，那么摩擦力改变了汽车的运动状态。它们的运动状态发生改变，与中介粒子场（信息场、粒子、事物影像）无关。尤其是，光子产生的些微力量，是无法改变物体（如箱子、汽车）的运动状态的。又如：地球是太阳系从内到外的第三颗行星，也是直径、质量和密度最大的类地行星，同时也是唯一已知有生命存在的行星。月球围绕着地球以30天的周期旋转，而地球以近24小时的周期自转并且以一年的周期绕太阳公转。至今尚未听说地球的自转与公转、月球的自转（与地球同步自转）与公转，是由中介粒子场（异化与同化）所决定的。

（2）中介粒子场不是度量事物属性的唯一尺度

邬先生说："每一种类的信息本身又有其绝对的量的形式。如光信息的强度就由单位时空内光子的数目及其传播方向等因素来规定；同一种单质或化合物的态信息就由它本身的温度、压力、分子的排列特征所决定。如果仅以物质信息内容本身的内在因素的状态来规定对信息的测度标准，那么，这种测度的结果我们就说它具确有了某种'绝对的意义'。它虽然不是对物体总的绝对信息量的测度，但是，它却是对某一特定信息方面的绝对信息量的一种测度。"[1]489

这一观点也是"信息认识论"中所主张的，即事物的多样性可以由

"辐射或反射"的太阳光（光子）来确定。如笔者以前质疑所指出："同一种单质或化合物"应指事物的本体而不是中介粒子场（第三者），地球以及地球上绝大多数物体（除放射性物质和人造光源外）是不发光的，人们能够看见它们是因为它们反射太阳光，但是这不是事物本体发的光，检测事物反射的太阳光，是无法得到事物"本身的温度、压力、分子的排列特征"的。譬如：人或动物在完全漆黑（隔绝阳光）的环境里，自身仍然有体温、血压；高压锅在不"辐射或反射"太阳光的情况下，锅内可以有温度、压力。需要指出的是，盲人尽管看不见太阳光（或反光），依然可以感知炉子的炙热和冰块的寒冷。人类认知客观事物，除视觉器官外，还有听觉、味觉、嗅觉、肤觉等感觉器官，决不应以偏概全。

物理学所言的"压力"，是指垂直作用于流体或固体界面单位面积上的力。界面可以是指流体内部任意划分的分离面，也可以是流体与固体之间的接触面。受力物是物体的支持面，作用点在接触面上，方向垂直于接触面，在受力物体是水平面的情况下，压力（N）＝物重（G）。一般来说，人类对远处物体的"压力"是看不到、听不到、闻不到、尝不到、摸不到的，比如对月球、太空的压力，像费俊龙等宇航员出舱太空行走，虽然可以看到实况转播，但地球上的人是无法身临其境感知太空压力变化的。所以，人类"测度"某物体压力的"绝对信息量"，与所谓"不实在"的中介粒子场没有必然的联系。

依据现有的科学知识可知，所谓"分子的排列特征"对固、液、气三种状态而言：a. 固态：结合物体的微粒间距离很小，作用力很大。粒子在各自的平衡位置附近作无规律的振动，固体能保持一定的体积和形状，流动性差，一般不存在自由移动离子，它们的导电性通常由自由移动电子引起的。在受到不太大的外力作用时，固体的体积和形状改变很小。b. 液态：物质的液体状态。物质存在的一种形态，可以流动、变形，可微压缩。液态与气态不同，它有一定的体积。液态又与固态不同，它有流动性，因而没有固定的形状。c. 气态：是物质的一个态。气体与液体一样是流体，它可以流动，可变形。与液体不同的是气体可以被压缩。假如没有限制（容器或力场）的话，气体可以扩散，其体积不受限制。气态物质的原子或分子相互之间可以自由运动。气态物质的原子或分子的动能比较高。由此可见，关于固、液、气三种状态的"分子的排列特征"只能在它们的本体当中寻求，而不在所谓的中介粒子场（光子场）里，或者说根本不是"由单位时空内光子的数目及其传播方向等因素来规定"的。

邬先生说："在事实上，无论是语声，还是文字，它首先就具有由相应的声波场和光子场（在人的感知中这些声波场和光子场分别是以响声和形色与之对应的）的特定结构和性质所编码的信息意义，正是通过与相应的声波场和光子场相对应的响声或形色，人们才可能进一步去理解语声或文字中所代示的意义。"[1]474

从这段表述可以看出，其理论是以可感知的"响声或形色"为依据的。正如笔者在先前的质疑中所指出，对声音而言，超声波、次声波人类是听不到"响声"的；对光波而言，不可见光（如红外光、紫外光、x 射线、γ 射线、远红外线等）人类是看不到"形色"的，人类利用科学仪器照样可以感知它们（形成语声、文字、精神、信息）并加以利用，决不能以人类可见光、可听见的声音为依据，以偏概全，来替代人类的认知活动。必须指出的是，人类认知不可见光、超声波、次声波与中介粒子场上的粒子没有必然的联系，它们是事物本体的属性而不是中介物的属性。人类创造语言、文字（符号）也与中介粒子场上的粒子没有必然的联系，譬如：汉字肇始于陶器上的刻画符号，算术肇始于人的十个手指与结绳记事，盲人还创造了盲人文字，聋人也创造了手语等。

3. 关于"信息第二性级质的量及其守恒定律"的质疑

邬先生说："信息第二性级的质是在信息第一性级的质中潜在凝结着的信息内容，这种内容，从理论上看，是直接存在的多级客观显示。正是信息第二性级质的这种多级间接存在的性质，使它具有了极为丰富多样的信息内容，这些内容集中显示着信源物的诸多自然关系方面。具体来讲，这种自然关系的信息应该具有四个不同方面的内容：一是映射着信源物与他物的某种关系的信息；二是凝结着信源物本身何以由来的自身历史关系的信息；三是潜在规定着信源物本身的种种现实属性；四是潜在预示着信源物本身变化、发展的种种趋势。"[1]478 ——所谓信息"多级间接存在"的"四个不同方面"的作用，可以说基本上是难以成立的。参见表10-5：

表10-5 "信息第二性级质的量及其守恒定律"的相关表述与质疑

主客关系	案例	对"多级间接存在"的"四个不同方面"作用的质疑（"信息则是'不实在'、'间接存在'，信息思维则是关于不实在的思维、关于间接存在的思维。"[1]424）
客体（信源）	天上的月亮（实在、直接存在）	（a）根据"信息本体论"的规定，"实在""直接存在"的客体本体（信源）无信息。即："物质 = 客观实在 = 实在 = 直接存在"。[1]38
中介物（信道）	水中月影（不实在、客观间接存在）	（b）"客观不实在 = 客观间接存在 = 客观信息"。[1]38 月亮仅反射太阳光，水中月影可以反映关于月亮外观的部分信息，但是没有关于月亮背面以及内部深处（如月幔）的信息。所谓"与他物的某种关系的信息"，即水面可以产生镜像原理。 （c）反射的光子将瞬间淹没。水中月影是即时的影像，没有月亮"本身何以由来的自身历史关系（譬如40多亿年演化）的信息"，没有关于"秦时明月汉时关"的信息。
主体（信宿）	对月亮的认识（不实在、主观间接存在）	（d）水中月影不能"潜在规定着信源物本身的种种现实属性"。譬如不能规定月亮（信源）的成分、密度、重力、温度、压力、磁场、引力、运行轨迹等。 （e）水中月影不能"潜在预示着信源物本身变化、发展的种种趋势"。水中光子（影像）不可能有关于月亮本体的全息。

4. 关于"信息第三性级质的量及其守恒定律"的质疑

邬先生说："如果我们把客体信息和主体信息分别作为两种信息状态来对待，并把客体和主体分别映射着的它们自身存在着的种种关系看作是已经在其自身的信息结构中完成了的方面（事实也是这样），那么，我们便有理由认为，信息的第三性级的质就是在主、客体这两种信息状态相互作用的过程中所产生出来的，而所谓主客体构成的整体系统，无非是在为这两种信息的相互作用过程提供一个必要的载体条件环境。"[1]483——可以看出，所谓"信息的第三性级的质"，既不等于"实在、直接存在"的主体的质，也不等于"实在、直接存在"的客体的质，它是"第三者"。如果剖析"信息本体论"对"实在、直接存在"的物质与"不实在、间接存在"的"第三者（客观信息）"的定义，所谓"主、客体这两种信息状态相互作用的过程"，可以说是根本上难以成立的。参见表 10 - 6、表 10 - 7：

表 10 - 6　在"主客关系"中"客观信息"与"客体信息"的区别

	客观信息	客体信息（？）
信息本体论案例	水中月	月亮（天上月）
存在方式	水中月 = 间接存在 = 不实在 = 客观信息 因为："天上的月亮是实在的，水中的月亮是不实在的。""把实在的月亮叫做直接存在的月亮，而把不实在的月亮叫做间接存在的月亮。"[1]38	月亮（天上月）= 直接存在 = 实在 = 物质
认知对象	在信息哲学中，"不实在""间接存在"的中介物（水中月）是"信息思维"认知的对象。	在传统哲学（马哲）中，客体（天上月）是主体认知的对象，不可能存在先于人的认知而"客观存在"的"自在信息"。
信息本体论的定义	客观信息 = 自在信息 = 中介粒子场 = 第三者 = 信息场[1]38	物质（客体）= 没有任何信息[1]38 不存在所谓"客体信息"
两者区别	间接存在 ≠ 直接存在，不实在 ≠ 实在，水中月 ≠ 月亮（天上月），"客观信息"的载体（中介物）≠ 客体本体（物质）。[1]38	
结论	"信息"只赋存于"间接存在"的中介物里，"直接存在"的物质本体无信息！因此，"信息则是'不实在'、'间接存在'，信息思维则是关于不实在的思维、关于间接存在的思维。"[1]424	

表 10-7 "信息第三性级质的量及其守恒定律"的相关表述与质疑

主客关系	案例	对"主、客体这两种信息状态相互作用的过程"的质疑
客体 (信源)	天上的月亮 (实在、直接存在)	（a）根据"信息本体论"的规定，客体自身（信源）无信息。信息在中介粒子场（信息场）里，此处出现"客体信息"的概念，显然是前是后非。
中介物 (信道)	水中月影 （不实在、客观间接存在）	（b）根据"信息认识论"的规定，"主、客体"之间不能直接发生作用，必须永远借助第三者——中介粒子场。由于月亮本体无信息，中介粒子场上关于月影的信息只是月亮外观的部分信息（反射的阳光），根本没有关于月亮背面以及内部深处的信息。因此，如果采用这样的认识论、思维论，人类永远只能得到关于事物本体的些微信息；也不符合人类已知的认知规律。
主体 (信宿)	对月亮的认识（不实在、主观间接存在）	（c）主体信息（信宿）即"信息本体论"里的主观信息（精神），不知是如何在中介粒子场转化为粒子的？中介粒子场又是如何将这些粒子作用于客体（信源）的？没有信息的客体（信源）与主观信息（粒子）即两个不同性质的东西，如何发生作用？

任何人由表 6、表 7 不难看出，依据邬先生提出的"主体-中介物（信息场）-客体"三者的关系，这里的主体（人）和客体（如月亮）都是"实在""直接存在"，所谓"不实在""间接存在"或"信息的第三性级的质"是指"中介物（信息场）"，即这个"第三者"可以为主客体"相互作用过程提供一个必要的载体条件环境"（形成事物的影像），这个"必要的载体"（中介物）≠主体≠客体。然而让人疑惑的是，人们为什么不是按照"信息本体论"的要求去认知"客观信息"，而是突然宣称有什么"主体信息"、"客体信息"了？请问"主体信息"、"客体信息"的载体究竟是"直接存在"还是"间接存在"？既然主体有"主体信息"，客体有"客体信息"，为什么人类不去认知主体和客体，非要用那个"不实在""间接存在"的中介物里的影像（自在信息）来代替人类的认识论呢？

5. 关于信息是否守恒的前是后非问题

就像"信息哲学"里诸多议题不断地出现自相矛盾问题一样，在信息是否守恒问题上，邬先生再次出现了逻辑矛盾，为了简明扼要起见，归纳为表 10 - 8：

表 10 - 8　关于信息是否守恒的前是后非问题

前是	后非
邬先生说："世界上的物质（质量和能量）是守恒的，人类生产不可能创造物质，只可能改变物质存在的形式，但是，信息却不具有守恒性，人类在生产中创造的只能是信息，并且，物质存在的形式的改变又只能通过相应的结构信息的改变来实现。在严格的意义上，人类的生产不可能是物质生产，而只能是信息生产。"[1]328	邬先生说："因为，信息是物质自身显示的属性，就是说，物质是通过信息来显现自己的。据此推论，物质本身的守恒与否，只有通过它自身显示的信息的某种守恒与否才能被人们所认识。物质的质量属性、能量属性、运动属性、时空属性无不是通过它的信息属性被人们所揭示。如果信息不守恒，那么，它将无规律可循，或者是往而无来，或者是来而无往，那么物质的质量、能量、物质赖以存在的时空，都将是不守恒的，不可捉摸的，这也就谈不到通过信息对自然规律的探求了。"[1]474 邬先生说："那么，这个三质统一的绝对信息量还是否具有守恒的意义呢？我们的回答仍然是肯定的。既然，特定的信息三质已在主客体所构成的特定系统中达到了统一，那么，这个特定系统本身的物的结构和状态及其相互作用的方式便成了这个特定信息三质的唯一规定的载体形式。这样，这个信息三质的存在和变化就与这个特定系统的物的结构和状态及其相互作用的方式的存在和变化相互对应，相互统一起来了。只要物的结构和状态及其相互作用的方式的各种量在转化中是守恒的，那么，与这一转化过程相对应、相统一的信息三质的转化在量上也就必然是守恒的。下面我们给出信息三质统一的绝对信息量的守恒公式……"[1]485

注："［1］328"指邬焜《信息哲学》（商务印书馆 2005）里的相关的页码。

三、关于"相对信息量"存在的问题

邬先生认为："认识主体的产生必须以信息凝结为中介。""主体也在不断地向外辐射或反射信息场。在主客体相互作用的中介面（场）上，同时存在着互逆的两种信息流的运动。一种是主体信息向客体方向的运动，一种是客体信息向主体方向的运动。这互逆的两种信息流的运动使客体和主体都会发生某种相应的变化。"[1]158他在第九编《第二章 相对信息量》里，通过"一个观察的例子和一个文字的例子"，进一步得出了"信息量度的三条相对性原则",但是,这些原则都与所谓的"不实在""间接存在"的中介粒子场没有必然的联系。[1]491(表10-9)

表10-9 "信息量度的三条相对性原则"与质疑

邬先生的有关表述	质疑
"第一条:人所认识的信息量首先依赖于该信息所处的信息集(消息集、事件集、环境系统)。据此可根据消息集中消息的基元数和每一消息出现的不同概率来定义信息的量。"[1]491 "信源是一个能产生一组具有各自产生概率的随机事件的集合系统。如:英文电报发出端是26个字母的集合,每一字母的出现构成一个事件,并且,每一字母又都具有各自的出现概率。这就是一个包含各自产生概率的,由26个事件组成的事件集。事件集的规定体现了上述的第一条相对性原则:消息的信息量依赖于它所处的消息集。"[1]492	这里的"信息集(消息集、事件集、环境系统)"都不是中介粒子场里的粒子或信息。譬如:"英文电报发出端是26个字母的集合,每一字母的出现构成一个事件",这些组成"事件"的字母(信源),都不是中介粒子场上的粒子或光子。其"概率",也不是中介粒子场里"粒子或光子"表现的"概率"。 根据"信息本体论"的规定,"实在""直接存在"的客体自身(信源)无信息,信息应该在"不实在""间接存在"的中介粒子场里。 "消息的信息量依赖于它所处的消息集"——事物本体的"消息集"不等同于中介粒子场里的"消息集"。
"第二条:人所认识的信息量还依赖于认识主体(信宿)对该信息状态的认识能力(事先了解程度)。据此,要规定信息的量,还必须考察信宿对信源产生的每一事件的状态统计特征的了解程度。"[1]491	这里所谓"考察信宿对信源产生的每一事件的状态统计特征的了解程度",显然不是考察信宿(主体)对中介粒子场"产生的每一事件的状态统计特征的了解程度"。 "信宿(主体)"对中介粒子场里的"信源产生的每一事件的状态"进行"统计",不等同于对事物本体"产生的每一事件的状态"进行"统计"。
"第三条:人所认识的信息量是认识主体(信宿)接收信息(消息)前后两种不定性程度的相对差。这就是申农信息意义上的所谓'消除了的不确定性'。"[1]491	"主体(信宿)接收信息(消息)",若依据上面"第二条相对性原则",来自"信源产生的每一事件的状态统计特征",与中介粒子场无关。所以认知信源(客体)无须借助第三者。但是"信息本体论"规定,信源(客体)无信息,出现悖论。

（继表）

邬先生的有关表述	质疑
邬先生说："信息是物质存在方式和状态的自身显示，无论物质体系混乱也好，有序也好，它都必将将自身混乱或有序的内容显示出来。所以，混乱的体系有显示这个混乱的信息，有序的体系也有显示这个有序的信息，它们在本质上都是自身的显示，否则，我们就无法去认识那些复杂的（混乱）事物。可见，熵是信息，混乱是信息，有序也是信息，在这里，熵和信息，混乱和有序作为系统状态的一种相对测度统统在物质自身显示的意义上获得了统一。"[1]510	（a）"信息是物质存在方式和状态的自身显示"——显然不同于"信息是中介物存在方式和状态的自身显示"。"不实在""间接存在"的中介物（中介粒子场）不能用来替代"实在""直接存在"的事物的本体。 （b）"无论物质体系混乱也好，有序也好，它都必将自身混乱或有序的内容显示出来。"——这些都是谈系统（"物质体系"）内部问题，与中介粒子场是否有序或无序无关。 （c）可见，所谓对"系统状态的一种相对测度"，是对"物质自身"的测度，而不是对中介粒子场（粒子）的"相对测度"。

注："［1］491"指邬焜《信息哲学》（商务印书馆2005）里的相关页码。

四、关于"必然性和偶然性及其信息量判据"问题

在第九编《第三章 必然性和偶然性及其信息量判据》里，讨论了信息在系统里的"必然性和偶然性"。但是，邬先生好像忘了在"信息思维论"里的表述："物质和能量都是'实在'、'直接存在'，物质思维和能量思维都是关于实在的思维，都是关于直接存在的思维。信息则是'不实在'、'间接存在'，信息思维则是关于不实在的思维、关于间接存在的思维。"[1]424需要指出的是，系统是事物普遍联系的一种方式，由此人类可以把认知的客体（物体或事物）视为一个系统。通常系统科学关心的是开放的系统，由要素、结构、功能、环境四要素组成，特点是开放的系统与环境有物质、能量的交换。因此，所谓客体（物体或事物）的系统，即系统论、信息论、控制论所关注的系统，都是指"客观实在""直接存在"的事物而不是事物在"客观不实在"、"间接存在"的中介物里的影像（中介粒子场）。譬如国内热点——航空母舰是由动力系统、导航系

统、侦察预警系统、通信系统、飞机起降系统和舰载武器系统、舰载飞机系统等构成，试问哪一个子系统是"客观不实在"、"间接存在"的？必须指出的是，作为"观念"或"意识"而存在的"精神（信息）系统"，只能来自对"实在""直接存在"的物质系统的认知，"精神（信息）系统"只能的第二性的。在传统哲学（马哲）看来，根本不存在什么具有"客观第一性"属性的"本源的、自在的""客观信息世界"或"自在信息系统"，[1]96更谈不上要对这种"自在信息系统"进行度量的问题。邬先生在本章里，继续犯前是后非的错误，为了简明扼要起见，归纳为表10－10。

表 10－10 "系统内在偶然性和必然性"不是中介粒子场里的
偶然性和必然性

邬先生的有关表述	质疑
"我们完全可以清晰地看到，必然性和偶然性的因素是怎样在同一个系统中'亦此亦彼'地统一着的。在我们所举的例子中，系统以75%的偶然性和25%的必然性对它的内在状态进行选择，以构成自己的状态分布模式。"[1]524 "系统的内在偶然性和必然性却可能会发生变化，因为系统的内在偶然性和必然性的比例并不直接依赖于系统的实际平均信息量，而是依赖于系统的实际信息量与假定的系统处于最大内在偶然性情况下的平均信息量之间的关系。"[1]526	不难看出，第三章所讨论的问题，已不是"信息的度量"问题，所谓"75%的偶然性和25%的必然性"是在系统（客体）内部，而不是在系统（客体）的外部，即不是在"不实在""间接存在"的中介粒子场（信息场）里。譬如每个月里，在一定的水面当中，出现月影的"必然性和偶然性"问题。 南辕北辙，名不副实，根本没有研究中介粒子场（信息场）中"实际信息量"、"平均信息量"等问题。或者说，根本不是什么"信息思维则是关于不实在的思维、关于间接存在的思维"，而是冒名顶替、鹊巢鸠占。

注："［1］524"指邬焜《信息哲学》（商务印书馆2005）里的相关页码。

综上所述，邬焜先生的《信息哲学》按理说应该根据"信息本体论"的规定，围绕自己提出的问题——"客观不实在"、"间接存在（如水中月＝自在信息、客观信息）"、"中介粒子场（信息场、光子场）"等范畴，讨论"信息思维是关于不实在、间接存在的思维"问题。（表10－1）然而，从"信息认识论"、"信息进化论"、"信息价值论"、"信息思维论"，直至"信息的度量论"的推演手法来看，实际情况是一脉相承的，即南辕北辙、鸠占鹊巢，一再试图架空"实在、直接存在"的物质（使物质本体无信息），但又难以架空物质；提出所谓"认识发生的信息中介说"、"哲学认识论的信息中介论"，[6]52貌似离开事物本体（物质）谈"不实在""间接存在"的自在信息（中介粒子场）的演化，实际是把物质的演化说成了自在信息的演化，指鹿为马。《信息哲学》的"理论创新"，实质就是要用"认识发生的信息中介说"、"哲学认识论的信息中介论"替代传统哲学（马哲）的认识论，或者说硬要在主、客体之间，插入一个具有"客观第一性"属性的"自在信息（客观信息）"或"第三者（中介物、光子场）"方能认知世界，建立所谓"新的""元哲学、最高哲学、第一哲学"。[6]52这样一来，"信息哲学"便不得不面临逻辑上处处都难以成立的困境，一方面使物质处于"离休下岗"地位，"信息哲学"中的各论前是后非、自相矛盾的问题迭出；另一方面若按这样的认识论即离开事物本体去认知"不实在、间接存在"的"自在信息（客观信息）"或中介粒子场（事物影像），那么只能把人类认识活动导入歧途，必将大大限制认知客观世界的视野与深度。

参考文献

[1] 邬焜. 信息哲学——理论、体系、方法 [M]. 北京：商务印书馆，2005.

[2] 霍有光. 邬焜"信息本体论"再质疑 [J]. 哲学分析，2011（6）.

[3] 霍有光. 邬焜先生"信息认识论"质疑 [J]. 重庆邮电大学学报（社科版），2013（1）.

[4] 霍有光. 邬焜先生"信息进化论"质疑 [J]. 东南大学学报（社科版），2012（5）.

[5] 霍有光. 邬焜先生"信息价值论"质疑 [J]. 重庆邮电大学学报（社科版），2012（4）.

[6] 邬焜. 中国信息哲学核心理论的五种范式 [J]. 自然辩证法研究，2011（4）：52.

关于邬焜先生"信息的度量（质和量）论"观点的再质疑

【摘　要】邬焜先生在"信息本体论"、"信息进化论"、"信息思维论"的基础上，推导出"信息质量论"。行文的基本特点是：一是宣称"信息思维则是关于不实在的思维、关于间接存在的思维"，认为人类获知信息及其"质和量"，不是来自"实在"的物质本体，而是来自"不实在"的"客观信息（自在信息）"或"中介粒子场（第三者）"，将"不实在"的"客观信息（自在信息）"确立为人类认知的唯一对象。二是违背"信息本体论"关于"间接存在、不实在≠直接存在、实在"是规定，宣称"所有的物体"既是"物质体"又是"信息体"，"间接存在、不实在＝直接存在、实在"，试图混淆两种"存在"、两种本体的区别，张冠李戴，把物质本体的"质和量"，说成是"不实在"的"第三者"或"客观信息（自在信息）"的"质和量"，使"客观信息（自在信息）"成为"变相的物质"，传统哲学（马哲）的物质范畴名存实亡了。

【关键词】信息哲学；信息质量论；中介粒子场；第三者；邬焜

邬焜先生在《江南大学学报》（社科版）2012 年第 2 期发表《对霍有光先生〈邬焜先生"信息的度量（质和量）论"质疑〉一文的反批

评》（简称《反批评》）一文。[1]28-34本文对郐先生的"反批评"，再次列出 7 个问题：（1）"光子场作用视网膜说"彻底否定了"信息思维论"和"信息本体论"；（2）关于"物质"和"信息"的"质和量"问题；（3）"主客体之间没有直接的接触"必须"借助于第三者"吗？（4）"直接存在的物质"不能进行度量吗？（5）"自在信息"是"客观第二性"还是"变相的客观第一性"？（6）"中介工具"不是"中介粒子场"；（7）关于"物质系统"与"精神系统"问题。针对上述问题，笔者再次应答与剖析之。

一、"光子场作用视网膜说"彻底否定了"信息思维论"和"信息本体论"

郐先生说："光子是以它的光量子特性为其直接存在的，但是，光子的波长、频率及其场的分布方式却对应着反射这个光子场的物体本身内部以及与其他物体的差异的特质。正因为如此，不同物体反射的不同光子场作用于我们的视网膜，才使我们观察到了不同的形状、颜色、运动状况等等。可见，在场的直接存在的形式中，以其相对差异的结构编码形式间接携带着产生这个场的物体本身的信息。正是在这个间接存在的，确定的信息意义上，我们把这个物质场从信息论的角度规定为信息场。"[2]49 "太阳辐射的光子打在我们的视网膜上，使我们获得了太阳形色的信息，但是，直接刺激我们视网膜的光子绝对不是太阳本身，而那个作为我们感知对象的太阳离我们的感官却是那样的遥远。虽然，直接给我们以刺激是特定的光子，但是，这些光子却并不是此刻我们要感知的对象，我们要认识这些光子，又必须通过它们所辐射或反射出来的另一层次上的粒子的刺激来实现。在其他类型的感知过程中，情景也是这样。"[2]157——可以说，既然承认"不同物体反射的不同光子场作用于我们的视网膜"，那么实际上就是彻底否定了所谓"信息思维论"和"信息本体论"。

（1）邬先生在"信息思维论"中宣称："信息则是'不实在'、'间接存在'，信息思维则是关于不实在的思维、关于间接存在的思维。"[2]424在"信息本体论"中邬先生通过"存在领域的重新分割"指出："我们说，天上有一个月亮，水中有一个月亮。天上的月亮是实在的，水中的月亮是不实在的。水中的月亮的存在是因为天上的月亮的存在，前者是后者的'影子'。这样，我们便在实在的月亮和不实在的月亮之间建立起了一种对应相关的关系。我们完全可以从这种相关对应的关系出发，把实在的月亮叫做直接存在的月亮，而把不实在的月亮叫做间接存在的月亮。"[2]36-38——可以看出，邬先生定义的"实在""直接存在"是指"天上的月亮"；"不实在""间接存在"是指"水中的月亮"。"信息思维则是关于不实在的思维、关于间接存在的思维"而不是关于"直接存在""实在"的"物质"的思维。可是众所周知，"我们的视网膜"不仅能够看到所谓"不实在""间接存在"的"水中的月亮"，而且能够看到"实在""直接存在"的"天上的月亮"，并且还可以看到天上的飞禽、星星、雷电、雨雪和流动的云彩等。因此，人类自古就把天空作为直接观察的对象，产生了"举头望明月，低头思故乡"、"明月几时有，把酒问青天"的诗句。"天上的月亮"反射的是太阳光，"水中的月亮"不过是再次反射太阳光，它们都可以把反射的"光子打在我们的视网膜上"，都可与"我们的视网膜"发生作用！"天上的月亮"和"水中的月亮"只不过是两种不同的具体物质形态。可见，邬先生把物质"存在""重新分割"为"直接存在、实在（即物质本体）"和"间接存在、不实在"（物质本体在中介物里的影像，第三者），显然是非常荒谬的。就是从逻辑上看，"水中月"也是"实在"的，没有"眼见为实"的"月影"或东西，难道肉眼看到的是子虚乌有吗？

人类之所以能够看到"天上的月亮"和"水中的月亮"，因为它们都是物质的某种形态，都是客观实在、直接存在（注：邬先生在辩论后也承认"中介物"是物质），都是人类认知的对象。如果把反射现象（月影）称为"间接存在"，那么地球上包括人类在内的万物都不发光（放射性物质除外），统统都是反射太阳光，岂不都变成了"间接存在"？可见，"信息思维则是关于不实在的思维、关于间接存在的思维"或者说是关于事物本体在中介物里的影像的思维，把中介物从物质中剥离出来称为"间接存在"，是不是十分荒唐可笑呢？

（2）需要指出的是，邬先生说"光子是以它的光量子特性为其直接存在的"，即承认光子是"直接存在的"。其实一切具体的物质形态都是"直接存在的"。月亮、花朵以及万物作为"直接存在"的具体物质，它们都可以（反射阳光）在水面成像。水体（水面）作为一种"直接存在"的具体物质，在一定的条件下可以产生镜像原理。请注意，是"直接存在"的水体（水面）反射了光子，而不是"间接存在"的"自在信息"（客观信息）反射了光子！难道"实在、直接存在"的"天上的月亮""辐射的光子打在我们的视网膜上"，我们就无法对它进行"思维"吗？难道我们不能对"直接存在"的水体进行认知吗？难道人类无法认知在一定条件下镜像原理是水体的物理属性之一吗？

（3）"在场的直接存在的形式中，以其相对差异的结构编码形式间接携带着产生这个场的物体本身的信息。正是在这个间接存在的，确定的信息意义上，我们把这个物质场从信息论的角度规定为信息场。"——这里所说的"场"，是指"直接存在"的"光子场"；"间接存在"是指"相对差异的结构编码形式（信息场）"。务必注意是：其一，这里的"直接存在"的"光子场"与"间接存在"的"相对差异的结构编码形式（信息场）"同体而合一，这是与"信息本体论"的说法（异体而不同一）不一致的，不赘述。其二，这种"相对差异的结构编码形式（信息场）"，是在人的第二性的"主观信息（精神）"还没有产生之前而"自在（自在信息）"或"客观（客观信息）"存在的。

（4）笔者已多次指出，月球是不发光的（除放射性物质外），只是反射太阳光。月球自转一周是 28 天，等于说一个"月球夜"会持续 14 天。黑暗中的月面，温度骤降到零下 100 多摄氏度。我国的探月工程，为防止车载仪器被冻坏，休眠中的月球车靠的是核电池的能量来保温，并维持与地面的通讯。而一旦一个新的白昼来临，太阳能电池就能重新驱动月球车工作。据了解，在外行星探测中，由于空间探测器远离太阳，难以利用太阳能电池发电，必须采用核动力电源，因此必须开发使用核动力的卫星。核动力电源工作寿命长，性能可靠，能提供较大的功率。它与太阳电池电源相比，适应环境能力强，由于在卫星外部没有伸展开的大面积太阳电池翼，在低轨道飞行时大气阻力较小，也就是说，空间核反应堆可以提供更充足的能源，而且也可以通过减少太阳能板减轻卫星的负荷。这种人工制造的核动力电池或核电源，以及相关的通讯技术、保温技术、探测技术，都与邬先生所谓的反射或辐射的太阳光（中介粒子场）无关。核动力电池驱动的探空仪器和设备，采集并传回地球的各种星际（星体）的信息，也与所谓的第三者（中介粒子场）无关。

（5）笔者已多次指出，地球上的万物都是不发光的（除放射性物质外），只是反射太阳光。譬如马、牛、羊、鸡、犬、豕都反射太阳光，只是处于不同的天气季节和环境（如室内与室外），它们反射和吸收的太阳光有强弱多寡之差别，太阳光的光子（光量子）自身却没有多少差异，世界上没有千差万别的太阳光光子。马、牛、羊、鸡、犬、豕的"差异的结构"，与"光子场（信息场）"上反射的光子的"差异的结构"无关，与自身的物质构成相关。不能说白天有阳光，它们有"差异的结构"，漆黑的夜晚就没有"差异的结构"。所谓的"信息场（光子场）"、"辐射或反射出来的另一层次上的粒子"不能用来认知马、牛、羊、鸡、犬、豕的"差异的结构"，或者说无法认知它们的细胞、蛋白质、血液、心脏、肝脏、胃脏、肾脏、卵生、胎生、羽毛等性质以及差异或区别。如果坚持传统哲学（马哲）的观点，世界上只有物质第一性的"物质场"，没有"客观第一性"或"客观第二性"的"信息场"，更没有所谓的

"纯自然"演化（同化和异化）的"信息场"，信息（精神）对人类而言，只能是感知对象以后而产生的第二性的产物。

乔木、灌木、杂草的生长除要与太阳光发生光合作用、获取能量外，还要在无光的环境里，从土壤中吸收营养（氮磷钾）和水分，呼出二氧化碳。这些植物的根系一般可深入地下数米，有的沙生植物的根系可深入地下数十米。假设这些植物与阳光之间有一个邬先生所说的信息场（光子场），人类从这个信息场（光子场）里，检测所有的光子是不可能得到关于植物扎根的土壤的化学成分、粒度、孔隙度、酸碱度、有机质、氮磷钾和水分的含量等信息的，也不可能得到关于植物的细胞、蛋白质、密度、重量、基因、化学成分等信息，并且上述这些"信息"不可能自动地作用在"我们的视网膜"上。人类要获取上述信息，与信息场（光子场）的粒子无关，与植物本体和土壤本体有关。

卫星通讯技术是靠多种多样的电子设备来发射、传播和接受电磁波（电磁讯号）的，这种电磁波是人工发射的，不是辐射或反射的太阳的光子。卫星通讯技术为现代社会提供了电话、数据传输、电视转播、卫星电视教育、移动通信、救援、远程医疗等上百种服务，在很大程度上改变着我们的生活方式。如今我国的通信卫星承担了几十套电视节目、30路对外广播的传输任务。电子设备发射、传播、接受的电磁波，与信息场（光子场）的粒子无关。其中电话、广播传播的是声音，如果不通过扬声器的放大作用，人是听不到的。扬声器的工作原理是，音频电能通过电磁、压电或静电效应，使其纸盆或膜片振动并与周围的空气产生共振（共鸣）而发出声音，与"我们的视网膜"能否感知它们无关，也与信息场（光子场）的粒子无关。尽管"我们的视网膜"能够看到电子设备，但是也无法直接得到电子设备的物质（材料）构成、化学成分、硬度、磁性、芯片的集成电路和编程等信息。

（6）人的视觉（"我们的视网膜"）和听觉，既看不到超声波、次声波、不可见光（如红外线、远红外线、紫外线、X射线、伽马射线），也听不到超声波、次声波。譬如，脉冲星是 20 世纪 60 年代天文学的四大发现之一，目前已找到了 1620 多颗，它们是高速自转着的中子星。脉冲星是会周期性地发射射电脉冲信号（电波束）的星体，直径大多为 20 千米左右，自转极快。"我们的视网膜"是看不到脉冲星发射的射电脉冲信号（电波束）的，只能用仪器来探测。假设我们与脉冲星之间有一个邬先生所说的信息场（光子场），"我们的视网膜"也无法从粒子场的光子中"直接"获得关于脉冲星质量、重力、温度、压力、引力、化学成分等一些基本信息。

宇宙微波背景辐射（又称 3K 背景辐射）是一种充满整个宇宙的电磁辐射，特征和绝对温标 2.725K 的黑体辐射相同，频率属于微波范围。"我们的视网膜"是看不到这种微波的，它是科学家利用一种喇叭形状的天线，测量"回声"卫星的信号时发现的。人类发现宇宙微波背景辐射，与信息场（光子场）的粒子无关。

"我们的视网膜"看不到微波。微波是指频率为 300MHz – 300GHz 的电磁波，是无线电波中一个有限频带的简称，即波长在 1 米（不含 1 米）到 1 毫米之间的电磁波，是分米波、厘米波、毫米波和亚毫米波的统称。微波频率比一般的无线电波频率高，通常也称为"超高频电磁波"。微波的基本性质通常呈现为穿透、反射、吸收三个特性。对于玻璃、塑料和瓷器，微波几乎是穿越而不被吸收。水和食物等就会吸收微波而使自身发热。而对金属类东西，则会反射微波。微波与周围的事物发生作用，不等于与信息场（光子场）发生作用。微波中也没有关于周围事物的质量、重力、温度、压力、引力、化学成分等一些基本信息。

人的视觉（"我们的视网膜"）无法看到微小的物体，如分子、原子、基本粒子、蛋白质、细胞、红血球、白血球、基因、细菌等。人类借助观察的仪器（如显微镜、电子显微镜），瞄准与放大的观察对象是"实在"的具体物质，绝不是什么"不实在"的"第三者"或"不实在"的"客观信息（自在信息）"。众所周知，物质本体内"物质结构"的载体是物质，请问作为"中介物（第三者）"而"存在"的"中介粒子场（信息场）"内"信息结构"的载体是什么？

（7）笔者已多次指出，按照传统哲学（马哲）认为，人类的观察分为直接观察和间接观察，利用科学仪器进行观察，属于间接观察（水面可视为精度不高的镜子），科学仪器可以延长人的感官，不是终结人的感官。尤其是，感官并不仅仅是视觉，还有听觉、嗅觉、味觉、肤觉等。笔者多次指出用视觉功能来代替人类的其他感知功能，就是以偏概全，对此邬先生置若罔闻，照旧我行我素。

人类在绝对无光的环境下，通过手掭和肤觉，可以感知不同物体的轻重与温差，甚至行家可以说出大致重量和温度；品酒师在蒙蔽眼睛、去掉商标的情况下，通过品尝可以准确报出不同品牌的酒名；经验丰富的操作人员可以在蒙蔽眼睛的情况下，熟练地拆卸、安装、检修、调试、操作设备；先天性的盲人虽然丧失了视力，对感知世界带来了一定的遗憾，但是也能一定程度上认知世界，不仅创造了盲文，而且可以举办盲人医院和使用一些特殊的设备（如收音机、盲人手机），为病人看病或按摩。1984年，在沙特阿拉伯首都利雅德召开了世界盲人联盟成立大会，确定每年的10月15日为"国际盲人节"。盲人体育活动有盲人门球、盲人柔道、盲人排球、盲人棒球等。盲人的常见职业有按摩、调音律、心理咨询、中医、翻译、点钞员、弹拨乐器演奏（音乐家）、作家、律师、外交官和话务员等。国际著名盲人歌手有雷·查尔斯，我国民间艺术家则有阿炳（《二泉映月》的作者），美国盲人著名作家有萝拉、海伦·凯勒等。

北极和南极都有极昼和极夜之分，一年内大致连续 6 个月是极昼，6 个月是极夜，即一年中有半年是连续白天，半年是连续黑夜。爱斯基摩人是北极地区的土著民族。住房有石屋、木屋和雪屋。房屋一半陷入地下，门道极低。一般养狗，用以拉雪橇。狩猎是爱斯基摩人的传统生活方式。或者说，在北极地区狩猎是爱斯基摩人的"特权"。他们世世代代以狩猎为生。在格陵兰北部，他们在冬夏之交猎取海豹，6~8 月以打鸟和捕鱼为主，9 月猎捕驯鹿。而在阿拉斯加北端，全年以狩猎海豹为主，并在冬夏之交猎取驯鹿，4 ~ 5 月捕鲸。

在漫长的极夜里，南极洲的生物主要通过变换自身的颜色、改变代谢方式、休眠等办法求得生存。在维多利亚地的一个淡水湖里，有一种"湖藻"能忍受 4 个月的极夜，在极夜来临前，它能充分利用白昼的阳光，高效率地进行光合作用，合成大量的有机物，这些有机物除供它生长发育外，还将剩余部分排到体外，贮存在它生活的水环境中。在极夜期间，它就停止光合作用，并吸收它释放出来的有机物，维持最低限度的代谢，就能发育生长。有一种名叫轮虫的生物，它可以不吃不喝地休眠 4 个月，度过漫长的极夜。还有一种名叫"冰雪藻"的生物，有阳光时，它变成绿色，黑暗时变成蓝绿色，依靠这种变换，吸收不同波长的光进行光合作用而生存下去。科学发现，一些深海、溶洞中生存的鱼类，在长期不见光的环境里，已适应了漆黑无光的环境，视觉功能早已退化，根本就没有视力。

冬眠是一些动物避开食物匮乏的寒冷冬天的一个"法宝"。冬眠的地方有中空的树干和地穴等，并在里面铺上草、秸秆、叶子和毛等作垫。冬眠有冷血动物、某些哺乳类动物和少部分的鸟类。如果用红外线摄影机拍摄冬眠的蝙蝠，会看到蝙蝠的身体呈暗蓝色。土拨鼠在冬眠状态下，体温会从 39℃ 降至 7℃。心跳从原来的每分钟 100 下跌至 2 到 3 下。呼吸频率可以延至一小时一次。冬眠动物靠的是它们自身的脂肪度日。动物冬眠时的生存与演化与太阳的光子或信息场无关。

又如，"世界末日种子库"对 75 万种左右植物种子的储藏就与"中介粒子场（第三者）"无关。当代，挪威斯瓦尔巴特全球种子库建在斯瓦尔巴特群岛地下深处，是确保全球粮食安全的最后一道防线。这座种子库可存储 22.5 亿颗种子，旨在保护农作物多样性和应对小行星撞击地球、核战争等灾难，因此也被形象地称之为"世界末日种子库"。斯瓦尔巴特群岛位于北冰洋，处在挪威大陆与北极之间，以拥有荒凉的山峰、冰川和北极熊著称。在漫长而寒冷的冬季，当地温度在零下 30℃ 到零下 20℃ 之间。斯瓦尔巴特种子库的储藏室，温度保持在零下 18℃。存放种子的盒子都进行过真空密封处理，用以限制氧气透过量和降低代谢活动。在位于一条约合 125 米长的隧道末端的储藏室，即使不使用电动制冷装置，温度也不会超过零下 3.5℃。目前储存的种子种类在 75 万种左右，其中包括 1500 种秘鲁马铃薯种子、太平洋岛屿本土香蕉种子以及啤酒大麦种子。在末日种子库保存的农作物种子中，很多已经不再种植，但它们可能对未来农作物适应气候变化非常重要。如果所属农作物品种消失或者遭到破坏，末日种子库的种子可以帮助恢复这个品种，扮演着拯救者的角色。这座种子库的作用就像是银行的保险箱，寄存者在任何时候都拥有取走种子的权利。在没有获得寄存者允许的情况下，其他任何人都不能取走种子。

（8）众所周知，"我们的视网膜"无论是否与观察的对象发生接触关系，观察的对象不以人的意志为转移，"自身"都将发生演化（进化或退化）。可是，邬先生说："对于某一具体的直接存在物来说，它首先是将自身外化在信息场中，首先通过它所产生的这个信息场把自身显示出来，然后才谈得上自身信息的其他运动。"[2]49 这句话可以等量置换为：对于某一具体的直接存在的月亮、花朵来说，它首先是将自身外化在信息场中，首先通过它所产生的这个信息场把自身显示出来，然后才谈得上自身信息的其他运动。——荒诞之处是，月亮、花朵为什么要到"间接存在"的"信息场（中介物）"里去"将自身外化"？去将"自身"演化或"运动"？而且这种演化不是客观第一性的物质在演化，而是获得客观第一性地位的"自身信息"在演化。可见，"信息哲学"的精髓是：自然界的演化与"具体的直接存在物"或物质本体无关，演化只是与"不实在、间接存在"的"信息场（第三者）"或"客观信息（自在信息）"相关。

（9）邬先生在"信息本体论"中，针对列宁关于物质的定义："物质是标志客观实在的哲学范畴，这种客观实在是人通过感觉感知的，它不依赖于我们的感觉而存在，为我们的感觉所复写、摄影、反映。"认为这一定义是"未经严格的科学或逻辑论证的、难以成立的先验性观念",[2]35因此应该建立一门令传统哲学（马哲）发生变革的哲学。建立这种"元哲学、最高哲学、第一哲学"的立论基础,来自对传统"存在领域"进行"重新分割",[2]38-39而"光子场作用视网膜说"则是对这种"重新分割"的彻底的否定。由于"天上的月亮"和"地上的水面"都不发光,它们都反射太阳光,它们都可以作用于"我们的视网膜","这种客观实在"都可以"为我们的感觉所复写、摄影、反映"。中介物（如水面、水中月）也是物质,把中介物（如水面、水中月）从"实在、直接存在"的"物质"中单独"分割"出来称为"间接存在""不实在";将"物质（如月亮,包括所有的具体物质）"认定为不反射太阳光,不可能"为我们的感觉所复写、摄影、反映",通过"实在、直接存在"的物质本体（如月亮）与中介物（如水中月）案例,杜撰出一种"间接存在、不实在"的"客观信息",由此演绎出"认识发生的信息中介说"、"哲学认识论的信息中介论",显然是地地道道的"未经严格的科学或逻辑论证的、难以成立的先验性观念"!

二、关于"物质"和"信息"的"质和量"问题

邬先生说:"信息思维则是关于不实在的思维、关于间接存在的思维。"[2]424与此相呼应,邬先生在"信息进化论"的"人类感知能力发展的几个阶段"一节中说:"③利用工具对外界信息进行定性、定量的分析,如:各种仪表、仪器等自动感测系统。""人类感知能力的发展的实质是在感官和对象之间不断地增加一些必需的中介因素,或称环节,使人们的感知领域不断向宏观和微观两极发展,向远程高速感知方向发展,向对信息的定质、定量精细感知方向发展。"[2]320-324——由此可见,"信息思维"的对象不是"实在、直接存在"的物质本体,而是"利用工具对外

界信息进行定性、定量的分析"，或者说"信息的定质、定量精细感知"的对象是"中介因素（第三者）"即"不实在、间接存在"的"自在信息（客观信息）"，并且信息自身就有"质和量"，可以用仪器"进行定性、定量的分析"。那么人类的实践活动，难道真的可以用度量"不实在"的"自在信息（客观信息）"的"质和量"来终结传统哲学（马哲）物质范畴的地位吗？

1. 为什么人类不能举头认知"天上月"非要低头认知"水中月"

邬先生说："由于我们的认识无法直接面对对象，只能通过对象派生的信息中介去认识对象，所以，我们对物质对象的质和量的度量，只能从物质对象所派生的相应信息的度量中获得。这样，我们对信息显示的相应对象的质和量的度量的结果，便被我们的意识认定为是对象本身的质和量的规定。"[1]29——这段表述中所言"通过对象派生的信息中介去认识对象"，即人的认识活动必须通过"信息中介"，而且"对象的质和量的度量的结果"必须靠"信息显示"，显然是受"水中月"案例的影响，因此可转化为：由于我们的认识无法直接面对月亮，只能通过月亮派生的信息中介去认识月亮，所以，我们对月亮对象的质和量的度量，只能从月亮对象所派生的相应信息的度量中获得。这样，我们对信息显示的相应月亮的质和量的度量的结果，便被我们的意识认定为是对象本身的质和量的规定。

点评与分析：

（1）为什么人类不能"直接"举头认知"直接存在"的"天上的月亮"，非要低头"间接"认知"间接存在"的"水中的月亮"？"天上的月亮"不是也可以进入"我们的视网膜"吗？

（2）"由于我们的认识无法直接面对对象（如月亮），只能通过对象派生的信息中介（如水中月）去认识对象"，请以"水中月（事物在中介物里的影像）"为例，谈谈如何认知月亮的化学成分、压力、引力、温度、磁场、重力、岩性、密度、岩石、矿物、月幔、月核、自转、公转等问题，谈谈它们是怎样在"间接存在"的"信息场（第三者）"里"同化和异化"的，谈谈人类如何获得"信息显示的相应对象的质和量的度量的结果"，究竟人类是从"直接存在"还是从"间接存在"中获得"对象本身的质和量"的。

（3）需要指出的是："由于我们的认识无法直接面对对象（如月亮），只能通过对象派生的信息中介（如水中月）去认识对象"的"质和量"——这样的说法其实邬先生自己也难以自圆其说，常常自相矛盾。通过表 11 – 1 可以看出，邬先生在"信息质量论"里所说的"质和量"经常不是在"信息中介（第三者）"里，而是在物质的本体里。

表 11 – 1　"质和量"在物质本体内而不在"对象派生的信息中介"里

	邬先生物质本体与"质和量"关系的表述	点评
绝对信息量	（1）"我们便可以把这个绝对信息量的意义表述为：在任何孤立体系中，不同种类或形式的信息量的总和在时间上保持恒定，除非体系的孤立性被打破，产生了体系与环境的信息交换，这种体系信息总量的恒定性是不会改变的。"[2]486　（2）"由于物质本身是分层次的，所以，在不同层次的物态上就必然相应的有一组特征信息量表征这一层次上的物态的绝对信息量，这就又构成了物质绝对信息量的等级层次规定性的意义。"[2]488	（1）所谓"绝对信息量"在"任何孤立体系中"，而不是在"对象派生的信息中介"或"中介粒子场（第三者）"里。　（2）所谓"物态的绝对信息量"在"物质本身"的"层次"里，而不在"对象派生的信息中介"或"中介粒子场（第三者）"里。
相对信息量	"相对信息量的计算说穿了也只是利用信源的微观状态对信源的宏观状态进行的某种规定。这种规定，究其实质是对信源发送何种消息的某种不确定度（即内在变异度）的某种度量。"[2]507	（1）"信源的微观状态"、"信源的宏观状态"是"直接存在"，不是"对象派生的信息中介"或"中介粒子场（第三者）"。

2. "间接存在"能够"对物质的质及其所对应的量进行表征、反映和显现"吗

邬先生说："物质是直接存在，它的质是关于它自身的规定，它的量

是与其质相对应的数量范围。物质有多方面的质，所以也就有多方面的质的规定，及各质分别对应的数量范围。然而，在通常情况下，物质的质及其所对应的量总是自在而潜在的直接存在着，也就是说，物质的质和量就是它自身，就是它自身的是之所是。信息是间接存在，是物质存在方式和状态的自身显示，这就是说，信息能够在某种程度上（不可能是完全的程度）对物质的质及其所对应的量进行表征、反映和显现。"[1]29——请注意，若以"水中月"为案例，所谓"信息是间接存在，是物质存在方式和状态的自身显示"，务必注意所言的"物质"到底是指"实在、直接存在"的"月亮（物质本体）"，还是"不实在、间接存在"的"水中月（物质本体在中介物里的影像）"。

点评与分析：

（1）如果说"物质是直接存在"，"它的量是与其质相对应的数量范围"、"物质的质和量就是它自身，就是它自身的是之所是"。也就是承认了"直接存在"的"物质"是有"与其质相对应的数量范围"的，是有"是之所是"的。毫无疑问，作为"实在"的物质，必然有"实在"的"质和量（是之所是）"。请问：在传统哲学（马哲）看来，只有检测对象后才有关于该对象的"质和量"的信息，信息只能是第二性的。譬如，曹冲可以秤"实在"的大象的重量，难以秤"不实在"的关于大象信息（客观信息）的重量。如果说"信息是间接存在，是物质存在方式和状态的自身显示"，或者说"不实在"的"客观信息（自在信息、间接存在）"可以把物质（如大象）的"质和量""自身显示"出来，那么人类还需要劳神再检测吗？如果说"直接存在"的"物质本体"有"数量范围"，或者说"物质本体"有"实在"的"质和量"，那么应该将其称为什么"信息"？是不是"直接存在"的"物质本体"里也有"客观信息（数量范围）"？它与"不实在""间接存在"的"客观信息（数量范围）"的区别什么？

（2）如果说，这里的"物质"是指"水中月（物质本体在中介物里的影像）"，"信息"赋存于"间接存在"的"水中月"里，"直接存在"的月亮本体中没有"相对应的数量范围"（或曰："信息思维则是关于不实在的思维、关于间接存在的思维"），那么为什么"水中月（物质本体在中介物里的影像）"反而会有关于月亮的"相对应的数量范围"？即为什么"实在、直接存在"的物质本体中没有质和量反而在它的中介物里有了关于本体的质和量？这种（中介物里的）质和量（数量范围）是从哪里来的？反之，如果说物质本体有质和量，为什么不能直接测量和认知物质本体的质和量？譬如某人为什么不能在磅秤和测高仪上直接测量自己的重量和身高？反而要在"间接存在"的那个中介物的影像里测量自己的重量和身高？

（3）如果说，这里的"物质"是指"月亮（物质本体）"，"直接存在"的"月亮（物质本体）"也有信息，"直接存在"的月亮或"它的质是关于它自身的规定"，有"数量范围"，那么"存在领域的重新分割"就根本不能成立！请问：人类对月亮与"它的质（数量范围）"的"规定"和认知的具体内容称为什么"信息"？它与"间接存在"的"水中月"赋存的"客观信息（数量范围）"的区别什么？"所对应的量"具体内容是什么？"不实在、间接存在"的"客观信息（自在信息）"，是不是要剥夺"实在、直接存在"的物质本体的"数量范围"？

（4）请问是不是企图用"信息质量论"代替"物质质量论"？既然物质已没有可被认知的内容（信息），何谈"物质的质及其所对应的量总是自在而潜在的直接存在着"？

3."信息质和量"到底是"实在"还是"不实在"

邬先生说："信息的质和量是和对象的质和量相互对应的，所以，对信息的质和量的度量，便同时就是对对象的质和量的度量。"[1]29——这段表述若以"水中月"案例分析，务必注意所谓的"对象"其实有两种，即物质本体和物质本体在中介物里的影像（第三者）。这两种"对象的质和量"也是大不相同的，实在（直接存在）≠不实在（间接存在），水中的月亮≠天上的月亮。

点评与分析：

（1）如果说"对信息的质和量的度量，便同时就是对对象的质和量的度量"——这里"信息"的对象是"水中的月亮"，那么"信息思维"的对象是"不实在"！奇怪的是，"不实在"的东西怎么会有质量呢？请问"水中的月亮"重量是多少？它与月亮的重量有什么关联呢？

（2）如果说"对信息的质和量的度量，便同时就是对对象的质和量的度量"——这里"信息"的对象是"天上的月亮"，那么"信息思维"的对象，已不是什么"间接存在"而是偷换成了"直接存在"。难道不是鹊巢鸠占，物质退休下岗了吗？请注意，"信息本体论"中"直接存在"的物质（如月亮）是没有信息的（实在≠不实在）！谈什么对"对象"或"天上的月亮"的"质和量"进行度量，岂不好笑？

4. 信息的"时间的延迟"与两种"存在方式"根本不同的物质

邬先生说："信息场中所派生的信息的质和量与它所显示的对象本身的质和量在时间上并不一致。另外，通过信息的同化或异化内在化为物体的信息结构被储存起来的信息的质和量与其所表征的对象的质和量也不可能是同时的，它总有一个时间的延迟。"[1]29——这段表述可以用"水中月"案例转化为：（月亮的）信息场中所派生的信息的质和量与它所显示的月亮本身的质和量在时间上并不一致。另外，通过信息的同化或异化内在化为物体的信息结构被储存起来的信息的质和量与其所表征的对象的质和量也不可能是同时的，它总有一个时间的延迟。兹进行点评与分析：

（1）请注意，所谓"信息场中所派生的信息的质和量""总有一个时间的延迟"是在这篇《反批评》中首次提出的，以前从无这样的说法。邬先生在《信息哲学》中指出：从"宇宙开端（宇宙时为零）"起，"从信息形态的尺度上来看，此时的宇宙可能存在着某种内部差异间的信息沟通活动，但是这些活动又都具有随机产生、随机耗散的特征。"[2]222那么邬先生为什么要改口说"总有一个时间的延迟"呢？是为了"忌讳"冒犯物质第一性范畴，为"间接存在"的"自在信息（客观信息）"是"客观第二性"的、不是"客观第一性"的而辩护。但是，这样做只能是弄巧成拙，一是"存在领域的重新分割"使人类认知的"实在、直接存在"的物质本体没有了自身的属性与规律，认知的对象是"不实在、间接存在（第三者）"；[2]36-38二是邬先生宣称："我们承认，在我们的认识之外，存在着本源的、自在的，广阔无垠的信息世界。这个信息世界我们把它规定为'信息世界1'。这个'信息世界1'以客观信息体（场也是一种信息体）的形式存在着。"[2]96作为只有100万年历史的人类而言，要认知宇宙间已演化了至少数百亿年的"本源的、自在的，广阔无垠的信息世界"及其"自在信息（客观信息）"，尽管一再把这种"自在信息（客观信息）"乔装打扮，说成是"间接存在"或"客观第二性"，实质是变相的"客观第一性"！因为，"信息思维则是关于不实在的思维、关于间接存在的思维。"信息思维的对象不是关于"实在""直接存在"的物质本体的思维，立论依据是在"客观的信息世界"里，[5]20存在着先于人的意识、不以人的意志为转移的"客观"的"自在信息（客观信息）"，它们有着"纯自然"的演化史！

请注意，这种"时间的延迟说"与观察对象的影像抵达"我们的视网膜"的时间差无关。光速一秒钟30万千米，"我们的视网膜"接触的太阳光线是即时的，地球上的物体反射阳光抵达"我们的视网膜"的时间差可以忽略不计，但观察的对象可以是数亿年前形成的。如果说"客观信息（自在信息）"形成的时间，比寒武纪地层稍有"时间的延迟"，但这种名为"客观第二性"的"客观信息（自在信息）"，其实与"客观第一性"又有什么差别呢？因此请问，晚于寒武纪化石或岩石数亿年的、观察对象即时辐射或反射的太阳光粒子（中介粒子场），怎么会有数亿年前寒武纪化石或岩石的质量、矿物、硬度、化学成分、物质结构和演化史的？在"中介粒子场（第三者）"里，这种瞬间就要湮灭的粒子，怎么会有数亿年前、彼时彼刻寒武纪化石或岩石的"同化和异化"历史或过程的？在寒武纪化石或岩石"未被主体把握和认识"前，即从寒武纪至今、进入"我们的视网膜"前，关于它们所谓"不实在"的"自在信息（客观信息）"，是怎样以"纯自然的方式""自身演化自身"的？（注：邬先生说："自在信息是客观间接存在的标志，是信息还未被主体把握和认识的信息的原始形态。在这个阶段里，信息还只是以其纯自然的方式，自身造就自身、自身规定自身、自身演化自身，从而展开其自身纯自然起源、运动、发展的历程。"）[2]47

（2）这里提到"对象本身的质和量"。请问邬先生怎么知道物质本体或观察的"对象本身"有"质和量"呢？这些"质和量"是怎样测量出来的呢？是根据什么测量方法知道"信息场中所派生的信息的质和量与它所显示的对象本身的质和量在时间上并不一致"的呢？既然"实在"的物质本体自身就有"对象本身的质和量"，那么为什么又要从"不实在"的"物质本体在中介物的影像"里测量"质和量（客观信息）"呢？客观信息（自在信息）这个概念难道能够成立吗？

（3）若以"水中月"为案例，请注意这里的"物体的信息结构"中所说的"物体"，指的是月亮的信息结构，而不是水中月的信息结构。

（4）请注意，"信息本体论"中"实在"的物质（如月亮）是没有信息的！这里谈什么"对象（如月亮）本身的质和量"岂不好笑？不妨请谈谈"不实在"的水中月"所表征的对象（月亮）的质和量"，如月亮的成分、压力、引力、温度、磁场、重力、岩性、密度等！

（5）请谈谈"不实在"的"水中月""所表征的对象（月亮）的质和量"，"总有一个时间的延迟"，它是怎样"通过信息的同化或异化内在化为物体（如月亮、水体）的信息结构"的？"水中月"真的能够"同化或异化"月亮、水体的物质结构吗？众所周知，"水中月"受"天上月"运行的影响，是有阴晴圆缺周期性变化的，难道赋存于"水中月"中的"信息场中所派生的信息的质和量"或"信息结构"，可以在"中介粒子场"里时有时无吗？

5. "实在"与"不实在"的"自身显示"能够并存吗

邬先生说："其实，物并不仅仅以派生信息场的方式把自身信息载负于中介场中，而且，物还以同化或异化信息的方式把自身或他物的信息载负于自身之中，这样，物不仅以它所派生的信息场为中介，而且还同时就以自身或他物为中介来显示自身。正是通过这样的过程，物才被普遍信息体化……"[1]30——这段表述可以用"水中月"案例转化为：月亮并不仅仅以派生信息场的方式把自身信息载负于中介场中，而且，月亮还以同化或异化信息的方式把自身或它物的信息载负于自身之中，这样，月亮不仅以它所派生的信息场为中介，而且还同时就以自身或它物为中介来显示自身。正是通过这样的过程，月亮才被普遍信息体化……兹进行点评与分析：

（1）请注意，在"信息本体论"中，天上的月亮≠水中的月亮，实在≠不实在，直接存在≠间接存在。"直接存在"的物质（如月亮）是没有信息的，"客观信息（自在信息）"赋存于"间接存在（水中月）"里！这里谈什么"物（如月亮）还以同化或异化信息的方式把自身或他物的信息载负于自身之中"或"把自身（直接存在）"的"信息载负于自身（直接存在）之中"岂不好笑？请问"直接存在"的月亮"把自身或他物的信息载负于自身之中"，与"间接存在"的水中月"把自身或他物的信息载负于自身之中"两者的区别是什么？难道"天上的月亮＝水中的月亮"，"实在＝不实在"吗？

（2）请注意，这是邬先生面对质疑而出于无奈，正在悄悄地对"信息本体论"进行修正。邬先生提出"认识发生的信息中介说"、"自身显示的间接存在说"、"哲学认识论的信息中介论"，原本是意在用"间接存在""信息中介（第三者）"替代物质范畴、取代传统哲学（马哲）建立"元哲学、最高哲学、第一哲学"的，[3]52怎么突然蜕变成"自身显示的间接存在说（如水中月）"与"自身显示的直接存在说（如月亮）"两者并存了？为什么要突然颠覆"信息本体论"里的规定？

6. 究竟是谁在"凭空杜撰和无的放矢"呢

邬先生说："细究起来，信息场作为某物派生的它物，同时就具有信息同化或异化的性质，它既是派生它的某物异化信息的产物，同时又是同化派生它的某物信息的结果。在这里，场和物的本体是相对的，场本身也具有自身独立存在的物的意义，也是物的本体。由此我们也可以看到，霍先生总是说我的信息本体论学说只承认中介场中存在信息，而不承认物的本体中存在信息……，这样的相关指责以及由此类指责引申出的对我的学说的相应批判的纯属虚杠、凭空杜撰和无的放矢的性质。"[1]30——这段表述可以用"水中月"案例转化为：细究起来，（月亮的）信息场作为月亮派生的它物（水中月），同时就具有信息同化或异化的性质，它（水中月）既是派生它的某物（月亮）异化信息的产物，同时又是同化派生它的某物（月亮）信息的结果。在这里，（月亮的信息）场和月亮的本体是相对的，场本身也具有自身独立存在的物的意义，也是物的本体。兹进行点评与分析：

（1）"细究起来"，邬先生的手法是离开"信息本体论"的规定，总是试图混淆"实在"的物质与"不实在"的客观信息（第三者、中介物）两个不同的概念，就像丈夫和第三者（情人）一样，"信息场作为某物派生的它物（某物与它物）"，两者是不同的事物。宣称"场和物的本体是相对的，场本身也具有自身独立存在的物的意义，也是物的本体"，它们"亦此亦彼"，[4]14-15就是企图混淆"物的本体（月亮）"与"场的本体（第三者、水中月）"的区别，使异体变为同体。

（2）所谓"信息场作为某物派生的它物，同时就具有信息同化或异化的性质，它既是派生它的某物异化信息的产物，同时又是同化派生它的某物信息的结果"。——请以"水中月"为案例，谈谈"水中月"为什么既是"某物（即月亮）异化信息的产物"，又是"同化派生它的某物（月亮）信息的结果"。请谈谈在"水中月"的"信息场"中，如何测量月亮的成分、压力、引力、温度、磁场、重力、岩性、密度、岩石、矿物、月幔、月核、自转、公转等数据，即如何获得"同化派生它的某物（月亮）信息的结果"，如何发生"异化和同化"作用。

（3）"霍先生总是说我的信息本体论学说只承认中介场中存在信息，而不承认物的本体中存在信息……这样的相关指责以及由此类指责引申出的对我的学说的相应批判的纯属虚枉、凭空杜撰和无的放矢的性质。"——"信息本体论"根据"存在领域的重新分割"奠定了"哲学认识论的信息中介论"的立论基础，[2]36-38 即"直接存在、实在（天上的月亮）≠间接存在、不实在（水中月的月亮）"，物质本体≠物质本体在中介物里的影像（第三者），或者说有两种"存在方式"根本不同的物质，声称"信息思维则是关于不实在的思维、关于间接存在的思维"，并且与关于"实在的思维、关于直接存在的思维"无关。[2]424 究竟是谁在混淆"两种存在方式"、"两种本体"根本不同的物质概念，"凭空杜撰和无的放矢"呢？

三、"主客体之间没有直接的接触"必须"借助于第三者"吗

邬先生说："主客体之间没有直接的接触，而那些直接接触的刺激物却并不能成为这一过程中的客体，它只能扮演向主体传递另一物的信息的载体角色。换句话说，我们永远只能借助于第三者来把握我们的对象。"[2]157——理解这段表述，至少应把握四点：一是"在感知时"，"主客体"不会发生"直接接触"。二是"在感知时"，"主客体"的"接触"必须通过"第三者"。"第三者"独立于"主客体"之外，既与主体没有整体和部分的关系，也与客体没有整体和部分的关系。三是这个"第三者"是"客观信息"的载体，是邬先生"认识发生的信息中介说"、"哲学认识论的信息中介论"的最基本的范畴，"客观信息"一词在不同的语境常用不同的术语来表述，主要有"间接存在、不实在、自在信息、中

介物、中介粒子场、光子场、信息场、第三者"等，即"客观信息＝间接存在＝不实在＝自在信息"，"客观信息"寓于"中介物、中介粒子场、光子场、信息场、第三者"里。"第三者"的作用是充当"信息的载体角色"，"不实在、间接存在"的"客观信息（自在信息）"寓于"第三者"里；作为"直接存在"、"实在"的"主客体（事物本体）"自身是没有任何信息的。四是"我们永远只能借助于第三者来把握我们的对象"，意味着除此之外别无出路。

1. "在感知时"主体和客体不会发生"直接接触"吗

难道挖煤工人真的不会"直接接触"煤矿，伐木工人真的不会"直接接触"树木，农民种地真的不会"直接接触"土地和庄稼，主妇做饭真的不会"直接接触"锅碗瓢盆吗？对于只有100多万年历史的人类而言，毫无疑问，人类迄今为止积累的知识（信息），主要是关于地球及其万物的知识（信息），人类天天"直接接触"的也主要是地球及其万物。譬如：现代医学移植心脏、肝脏、肾脏、眼角膜及断肢再植等手术早已是很普通的手术；现代城建从地上建高速公路、高速铁路、高楼大厦，发展到建立地下交通网、地下城市网；钻机可以深入地下10万米。人类钻探的目的是认知矿床、地层构造、土壤性质等，用器械向地下钻孔，取出土壤或岩心供分析研究。可以说，这些"直接接触"活动都与"第三者、中介粒子场（光子场）的同化或异化"作用无关。

又如：人类的手或脚，天天都要"直接接触"形形色色的生产工具、科学仪器、物质资料或健身器材等。手是人或其他灵长类动物臂前端的一部分，由五只手指及手掌组成，手的主要功能为拿取、拉动及推动、举起或抬起物品等。人类可以通过手的"直接接触"功能，做很多不同动作和活动，例如打字、执笔写字、用筷子夹起饭菜、拍球、驾车等等。另外，可以用手与他人沟通，如握手可用来表达善意，大打出手表示恶意，聋哑人士则离不开手语。脚又称足，是人体部位之一，位于每一条腿的下部，行走时与地面接触。生物学上也用来指各种动物运动时与地接触的器官。日常生活中，常见的与脚"直接接触"的交通和生产工具有自行车（脚踏车）、三轮车、汽车的刹车、脚踏缝纫机、脚踏水车、脚踏扳手、脚踏开关、脚踏剪板机、脚踏板、脚踏液压泵等——可以说，这些"直接接触"活动都与"中介粒子场（光子场）的同化或异化"作用无关。其实人类无论在有光还是无光的环境里，都可以开展实践和认知活动，所谓"没有直接接触"必须通过"第三者、中介粒子场（光子场）"，显然是不顾科学事实的无稽之谈。

恩格斯在《自然辩证法》中有一段著名引文："这正是黑格尔所说的难处：我们固然能吃樱桃和李子，但是不能吃水果，因为还没有人吃过水果本身。"[6] 可以看出，"樱桃和李子"虽然是概念（信息）但是有具体的实体（直接存在）；"水果"虽然是概念（信息）但是没有具体的实体。显然，人可以"直接接触""实在"的"直接存在"的具体的物体。针对邬先生"在感知时主体和客体不会发生直接接触说"，恩格斯的这段引文可以演绎成：我们固然能吃樱桃和李子，但是不能吃关于樱桃和李子的信息，因为还没有人吃过樱桃和李子的信息（或信息结构）本身。

药物治疗是人类文化文明的一部分，人类使用药物治疗的历史几乎与人类的本身的历史一样长久。使用药物治疗大约有两个目的：对抗疾病和维持健康。药物治疗通常是指人类用一切有治疗或预防作用的物质用于机体疾病部位，使疾病好转或痊愈，保持身体健康。药物治疗有多种分类方法，其中最常见的是以功效、药物性质和受影响身体部位分类。1976 年世界卫生组织（WHO）推出的解剖学治疗学及化学分类系统（ATC）得到广泛的应用，其分类是：退热剂、抗疟疾、止痛药、抗生素、抗菌剂等。药物进入人体后，与人体的某些部位"直接接触"，发生化学物理作用，与所谓"辐射和反射"的太阳光子或中介粒子场（第三者）里的"同化和异化作用"无关。

2. 科学仪器既离不开"直接接触"，也不能取代"直接观察"

邬先生说："我们在考察信息产生的动力时就已经指出：物体的相互

作用是通过物体自身辐射或反射的中介粒子场来完成的。正是这个中介粒子场，载负着反映物体自身存在的方式和状态的信息。"[2]48 "现代物理学揭示：物体（'粒子'）之间广泛存在着各种形式的场的普遍联系，这个场的联系是通过中介物质（粒子）的传递来实现的。这就告诉我们，在感知时，主客体虽然没有直接接触，但必然存在着中介粒子传递的间接联系。其实，在感知过程中，直接刺激我们感官的并不是客体本身，而是客体反射或辐射出来的粒子场。由于不同质的物体（粒子）辐射或反射的粒子场不同，所以，任何物体辐射或反射的粒子场都是特异化了的，亦即都是与其他物体辐射或反射的粒子场区别着的。正是由于这种场的普遍差异性，才使任一物体产生出来的粒子场能够将该物的特质显示出来，这样，这个场便成了产生它的那个物的信息的载体。就是在这一特定的意义上，我们把这个场叫做'信息场'。"[2]157

把人的认知活动说成是必须通过"第三者"、"辐射或反射的中介粒子场（特异化了的)"、"中介粒子传递的间接联系"、"粒子场"、"信息场"——显然是夸大其词、耸人听闻了。人体不发光，人体反射的太阳光对他人与周围的物体的"相互作用"，可以忽略不计，譬如人将自身反射的光投在办公室的墙壁上。人在漆黑的夜晚，尽管不存在"物体自身辐射或反射"，但可以与其他物体直接发生"相互作用"。人类在夜间也可以从事一定的活动。

供电设备是靠"导线"连接的，电能是靠"导线"来传递的，不是靠"辐射"太阳光子。世界卫生组织早在 2006 年就完成了"国际电磁场计划"，即针对低频场的健康风险评估；针对射频场的致癌性证据评估也已于 2011 年完成。评估显示，公众通常遇见的极低频，即 0～100 千赫兹（kHz）电场水平，不存在实际健康问题；高水平磁场，即显著超过 100 微特斯拉（μT）的会导致神经和肌肉的刺激，但从长期影响来看，高水平磁场与儿童白血病等关联证据是弱的。专家指出：我国输电线的工频是 50 赫兹，其电磁波波长是 6000 千米。如果把电力线路看成一根"发射天线"，它的"发射"能力几乎为零，实际上也不可能形成向外"辐射"。人体处在电力线路附近几米到几十米的地方，这里的电场和磁场在空间是静止不动的，不可能存在电磁波发射现象。所以，低频电磁场供电系统与人群之间，并没有形成所谓的"中介粒子场"。同样的道理，管道输水、输油、输气工程，管道（水管）中流动的是自来水、石油、天然气，在密封不透光的管道里，输送的都是"直接存在""实在"的具体物质或商品，千里管线连接生产厂家、生产者、管线周边的事物和成千上万的用户，并没有形成所谓的"中介粒子场"。

我国蛟龙号潜水器已下潜到7062米海底，潜水员直接拍摄海底照片，采集水样和沉积（生物）样品，在阳光根本无法到达的海底，发现有丰富的生物（包括鱼类和底栖生物），这些生物的生存与光子场（中介粒子场）无任何关系。尤其是采用高分辨率测深侧扫声呐，可以对诸如岩浆流、裂缝、断崖等细微尺寸地貌进行精准探测，并形成高分辨的成像图片。蛟龙号在2010年的海试中，该声呐在3759米海底获得了等深线间隔为1米的精细三维海底地形图和地貌图。其启示是：

（1）声呐是利用水中声波对水下目标进行探测、定位和通信的电子设备，是水声学中应用最广泛、最重要的一种装置。声呐设备不是光学仪器，说明人类认知世界还有光学仪器以外的多种多样的仪器设备。蛟龙号的声学设备主要执行六项任务：实现母船与潜水器之间数据、文字、语音、图片等信息的传送；探测海底微地形地貌；测量海底障碍物；海底成像；通过母船测量潜水器深度和水下坐标；测量海水流速等。其中"母船与潜水器之间数据、文字、语音、图片等信息的传送"是人工利用声学原理来传递"信息"，这种"信息"是第二性的（精神与意识），根本不是什么先于人的意识之前而存在的所谓第一性的"客观信息（自在信息）"，它们与太阳辐射的中介粒子场无关，与第三者的同化与异化作用无关。

（2）声呐设备由潜水员直接操作或"直接接触"，在阳光根本无法到达的数千米以下的海底，潜水员自身没有"辐射或反射的太阳光粒子场"；声呐设备开机则由电子仪器发出声波，关机便不发出声波，声呐设备自身（硬件）也没有"辐射或反射的太阳光粒子场"，电子仪器发出的声波完全是靠人工制造的。潜水员与声呐设备（主客体）之间无需中介物（中介粒子场或光子场）发挥"中介作用"。"我们的视网膜"无法看到，耳朵也无法听到声呐发出的声波。副总设计师崔维成说："蛟龙号"第 5 次下潜，达了 7062 米，专门制定计划寻找海底生物，于是带了诱饵下去，一放诱饵，很多生物都从海底的沉积物里爬了出来，原来它们都生活在那里。见到诱饵，这些生物像蚂蚁搬家一样，出来搬。海参、小虾、大鱼等也全都游了过来。如此深的海底生物，与"辐射或反射的太阳光粒子场"无关。

（3）光在水中的穿透能力很有限，即使在最清澈的海水中，人们也只能看到十几米到几十米内的物体；电磁波在水中也衰减太快，而且波长越短，损失越大，即使用大功率的低频电磁波，也只能传播几十米。然而，声波在水中传播的衰减就小得多，在深海声道中爆炸一个几千克的炸弹，在两万千米外还可以收到信号，低频的声波还可以穿透海底几千米的地层，并且得到地层中的信息。在水中进行测量和观察，至今还没有发现比声波更有效的手段，目前声波是唯一能在深海做远距离传输的能量形式。深海处于漆黑无光的环境，声呐设备依靠电子设备人工制造并接收其返回的声波，这种声波不是潜水员的肉体、海底障碍物自身生产或制造的，声呐发出的声波是物质第一性的，接受回波后变成相关的感性或理性认知是第二性的（精神或信息），先于人的认识之前，根本不存在"客观第二性"的"客观信息"。三者之间发生联系与邬先生虚构的"中介物（光子场）"无关。

（4）必须指出的是，声呐只能接受障碍物即时或瞬间的回波（开机有，关机无；照射有，不照射无）。所以说，根本不可能有一个所谓开机有，关机无的"客观信息（自在信息）"或"自在"的"信息结构"。如果障碍物是巨厚岩层（含有不同时代的不同岩石和化石组合），那么这块岩体自身可能蕴含着成百上千万年的演化史，这是声呐设备在探测障碍物时所无法获知的！（如果想认知，必须对实体进行直接的采样与分析）目前，声呐是各国海军进行水下监视使用的主要技术，用于对水下目标进行探测、分类、定位和跟踪，进行水下通信和导航，保障舰艇、反潜飞机和反潜直升机的战术机动和水中武器的使用。此外，声呐技术还广泛用于鱼雷制导、水雷引信，以及鱼群探测、海洋石油勘探、船舶导航、水下作业、水文测量和海底地质地貌的勘测等领域。

（5）所谓"由于不同质的物体（粒子）辐射或反射的粒子场不同，所以，任何物体辐射或反射的粒子场都是特异化了的，亦即都是与其他物体辐射或反射的粒子场区别着的。"——这是一种误导，"任何物体"之间的"区别"，是由物体自身的属性与规律而确定的，譬如月亮和花朵、"水中月"与"镜中花"的"区别"，来自物质本体的属性而不来自它是否"辐射或反射的粒子场"，即"任何物体"之间的"区别"与是否有"辐射或反射的粒子场"无关。退一步讲，假设"任何""有机物"有一个所谓的"辐射或反射的粒子场"，人类不管怎样精心检测和认知这个"无机"的"粒子场（第三者）"，显然都是无法从中获得这些"有机物"本体的原子、分子、细胞、蛋白质、生命大分子、器官、基因等有何"区别"（属性和规律）的。

雷达是利用电磁波探测目标的电子设备。发射电磁波对目标进行照射并接收其回波，由此获得目标至电磁波发射点的距离、距离变化率（径向速度）、方位、高度等信息。发射的"电磁波"是物质第一性的，把接收到的"电磁波（回波）"变为关于"目标至电磁波发射点的距离、距离变化率（径向速度）、方位、高度等信息"是第二性的（精神或信息），先于人的认识之前，雷达和探测目标之间根本不存在"客观第二性"的"客观信息（自在信息）"。通常雷达包括发射机、发射天线、接收机、接收天线，处理部分以及显示器，还有电源设备、数据录取设备、抗干扰设备等辅助设备。它们都是"实在"的具体物质形态，人只能开机操作"实在"的设备后，才能获得第二性的信息。关机后也就无回波，无回波就无所谓解读回波（而获得信息）。——可以说，雷达获取信息的原理，与"中介粒子场（光子场）的同化或异化"作用无关。"我们的视网膜"无法看到雷达波，而且听觉也听不到雷达波。

中科院徐建中院士在 2012 年 6 月 14 日举行的院士大会综合性主题报告会上直言："我国是联合国 5 个常任理事国中，唯一不能独立研制先进航空发动机的国家。我国航空发动机研制的原创技术太少，与世界航空发动机技术水平还存在较大差距。航空发动机是综合的高技术，特别是其中的高压、高温、高速、旋转和化学反应交织在一起，涉及许多科学技术领域，也有众多基础科学问题需要解决。"要解决航空发动机的"高压、高温、高速、旋转和化学反应交织在一起"的高技术问题，与"实在"相关，与"不实在、间接存在"的"第三者"、"中介粒子场的异化与同化"无关。"高压、高温、高速、旋转和化学反应"的对象（载体）是"实在"的航空发动机，而不是"不实在"的"第三者"。"中介粒子场（事物本体在中介物里的影像）、信息场、客观信息（自在信息）"中不可能有"高压、高温、高速、旋转和化学反应现象"发生。

2012 年 6 月 16 日 18 时 37 分 21 秒，这是神舟九号选择的最佳发射时间，此时的发射窗口就与中介粒子场（光子场）无关。之后，航天员从神舟九号进入到天宫一号，开展失重条件下的科学实验。人体失重与引力场密切相关而不取决于中介粒子场（光子场）。当航天员进入失重状态时，面部会轻微肿胀，这是由体液重新分布所致；航天员通过密闭容器等设备，对"直接存在"、"实在"的实验对象开展测试与科学实验工作。在过去三十多年太空飞行实践中，苏、俄和美国的科学家收集了一些初步的数据。这些数据显示，失重对内分泌、红白血球的产量、内耳平衡器官及骨质的疏松，都有一定程度的影响，但最明显的生理失重状况，莫过于太空失水及其引起的一些症状，如太空贫血、内分泌降低、双腿肌肉萎缩等。失重还会引起骨骼失钙的后果，与上了年纪的骨质疏松症极为相似。完全失重是一种理想的情况，在实际的航天飞行中，航天器除受引力作用外，不时还会受到一些非引力的外力作用。比如，在地球附近有残余大气的阻力，太阳光的压力，进入有大气的行星时也有大气对它的作用力。根据牛顿第二定律，力对物体作用的结果，是使物体获得加速度。航天器在引力场中飞行时，受到的非引力的力一般都很小，产生的加速度也很小。这种非引力加速度通常只有地面重力加速度的万分之一或更小。为了与正常的重力对比，就把这种微加速度现象叫做微重力。可见，现代航天的科学事实是，航天员在飞行器中产生的失重、微重力现象，发生在"直接存在"、"实在"的人体内，而不是发生在"不实在"的"第三者、中介粒子场（事物本体在中介物里的影像）、信息场、客观信息（自在信息）"里。

需要指出的是，据航天部门称，神九太空之行包括七大任务：①作为追踪飞行器，在天宫一号目标飞行器的配合下，完成（自动与手动）交会对接飞行任务；②进一步验证改进型神舟飞船的性能；③在飞行期间，为航天员提供生活和工作条件；④为有效载荷提供上行、下行传输条件；⑤与天宫一号目标飞行器对接后，支持航天员和物品的舱间转移；⑥确保航天员在完成飞行任务后，安全返回地面；⑦飞行过程中一旦发生重大故障，在其他系统的支持或航天员的参与下，能自主或人工控制返回地面，并保证航天员的生命安全。——所有这些实验科目，都是与"直接存在"、"实在"相关，而不是发生在"不实在"的"第三者、中介粒子场（事物本体在中介物里的影像）、信息场、客观信息（自在信息）"里。

我国北斗系统也是很好例证。①运载火箭把北斗卫星推上预定的轨道，火箭推进剂燃烧时，与"中介粒子场（第三者）"毫不相干。推进剂燃烧，是物质燃烧不是信息燃烧；推进剂燃烧完后，也不可能有"自在信息"或"信息结构"继续"自身演化自身"。②北斗卫星导航系统的工作过程是：采用主动双向测距的询问——应答系统，用户设备与地球同步卫星之间不仅要接收地面中心控制系统的询问信号，还要求用户设备向同步卫星发射应答信号。这种人工制造的信号与所谓"中介粒子场"的太阳粒子无关。"我们的视网膜"根本无法看到这种信号，而且听觉也听不到这种信号。

3. "间接存在的客观信息（信息场）"究竟能够度量什么

所谓"间接存在的客观信息（信息场）"，按照"信息本体论"、"信息思维论"的说法，它就是一个"不实在"、"间接存在"，即事物本体在中介物里的影像。那么作为"不实在"东西，真的可以度量吗？笔者在那篇邬焜先生给予《反批评》的文章中指出，"质"、"量"、"质量"、"能量"等，都是"直接存在"，它们是与物质本体同一的，它们的物质组成都不在"中介粒子场（信息场）"或"第三者（中介物）"里。在那个"不实在"的中介物的影像里，是没有可度量的实体与质量的，不赘述。

4. 不伦不类的"第三者"迫使物质范畴退休下岗

邬先生说："通过中介而认识对象是人类认识世界的唯一方式，这是一个基本的事实，研究和分析这一事实，科学地揭示人类认识的具体过程和机制正是一种科学的严谨态度。这不是什么人非要和'物质'过不去，非要把它'架空'，让它'下岗'或'退休'。'物质'有它自身存在的真谛，也有它自身显示自身的具体途径和方式，而我们人只能通过它自身显示的中介去认识它自身存在的真谛。无论这种通过中介的认识有多大的缺陷，或存在多少局限，我们都没有办法超越它，也不可能按照霍先生所希望的那样去直接面对那个物质对象。"[1]30——人类真的无法"直接面对那个物质对象"吗？难道"通过中介而认识对象是人类认识世界的唯一方式"吗？邬先生最后一句话可以等量置换成一种高论："无论这种通过中介（水中的月亮）的认识有多大的缺陷，或存在多少局限，我们都没有办法超越它，也不可能按照霍先生所希望的那样去直接面对那个物质对象（天上的月亮）。"遗憾的是，邬先生曾说过："物质和能量都是'实在'、'直接存在'，物质思维和能量思维都是关于实在的思维，都是关于直接存在的思维。"[2]424甚至还说"第三者"也是物质（"信息场作为某物派生的它物……场本身也具有自身独立存在的物的意义，也是物的本体"）。[1]30明明承认"物质思维和能量思维"可以"直接面对那个物质对象"！那么为什么又要不断地出尔反尔，鼓吹人类无法"直接面对那个物质对象"、"也不存在对这些对象进行直接度量的途径和方式"呢？或者说"直接度量的途径和方式"与观察的"那个物质对象（天上的月亮）"、"直接存在"无缘，仅仅与观察的"那个物质对象（水中的月亮）"——即"不实在"的"中介物（中介粒子场、第三者）"相关。请问到底是谁"非要和'物质'过不去，非要把它'架空'，让它'下岗'或'退休'"呢？

四、"直接存在的物质"不能进行度量吗

"信息进化论"声称"双重存在"的理论必然导致"物质和信息双重演化"。其实，"双重存在"与"双重演化"的理论一是导致了物质本体丧失了可被认知的内容（规律和属性，信息），二是导致了物质本体丧失了可被认知的质和量。

邬先生说："直到今日，人类对地球以外的宇观世界的认识还只能依赖于这些对象给我们发来的光，借助于高性能的光谱分析仪的分析，人类已经可以从宇观对象给我们发来的光中破译出关于对象的诸多方面的信息。但是，对于要达到对这些对象的完整的认识，目前人类科学的发展仍然是远远不够的。但尽管如此，人类仍然无法直接面对这些对象，也不存在对这些对象进行直接度量的途径和方式。"[1]30"从人类认识的角度来看，我们只能通过对间接存在性的量度，也就是，只能通过对信息的量

度，才能达到对物质存在方式和状态本身的量度，亦即才能达到对直接存在的量度。因为我们只能通过间接存在（信息）的中介，才能面对直接存在（对象本身）。"[2]471

——兹进行点评与分析：

（1）所谓"地球以外的宇观世界"，旨在回避人类长期居住的地球。鼓吹"依赖于这些对象给我们发来的光"是以偏概全，绝不能用天文观察或光学观察来替代人类的全部观察活动；鼓吹"也不存在对这些对象进行直接度量的途径和方式"，显然是违背了人类文明史和科学事实。

（2）邬先生千万不要忘了自己说过的话："在客观世界里，在这个作为第一性的物质世界中，还镶嵌着另外一个世界——自在信息的世界。"[1]32为什么物质本体没有"直接度量的途径和方式"，而那个被"镶嵌着"的"自在信息"却有"直接度量的途径和方式"呢？请问所谓"自在信息"到底是"镶嵌"在"直接存在、实在"的事物本体（如月亮）中？还是"镶嵌"在"间接存在、不实在"的那个中介物（第三者，如水中月）里？

千万不要忘了"信息本体论"中"不实在"的"客观信息"是事物本体在中介物里的"影子（影像）"。请注意，邬先生这里所言的"赖于这些对象"，它们都是"直接存在、实在"的"对象"，"给我们发来的光"也是"直接存在、实在"的，它们不是"不实在"的"第三者"。请问这些"对象"的"影子（影像）"究竟存在哪些"直接度量的途径和方式"呢？

（3）邬先生曾说："物质和能量都是'实在'、'直接存在'，物质思维和能量思维都是关于实在的思维，都是关于直接存在的思维。"[2]424如果"关于直接存在的思维"没有"直接度量的途径和方式"，那么是不是徒有其名、名存实亡了？

邬先生说："对于我们人来说，我们的感知不可能直接接触物质的质和量，我们只能通过物质自身派生出来的信息中所显示的关于物质的质和量来把握物质本身的质和量。无论是我们通过感官的感知，还是通过仪器和工具的探测都只能是这样。这就是我所说的，我们只有通过信息的中介才能认识物质世界。这是一个基本的事实，再问多少个'为什么'也无济于事。"[1]30——可以看出，邬先生认为"我们的感知"以及"仪器和工具的探测"都"不可能直接接触物质的质和量"。就是说，"仪器和工具"也不是邬先生认可的那个"信息的中介"。他认可的"信息的中介"是"不实在"的"客观信息（自在信息）"，赋存于"中介物（第三者）"之中，或曰物质本体在中介物里的影像。那么"认识物质世界"的"基本的事实"是不是这样呢？

（1）所谓"我们的感知"以及"仪器和工具的探测"都"不可能直接接触物质的质和量"，可谓幼稚可笑。如果说我们的视觉"不可能直接接触物质的质和量"，难道我们（包括盲人）的手（触觉）不能"直接接触"和掂量（感知）手中石头的重量吗？难道人不能搬重物、扛家伙、抬东西吗？难道重物压垮身体是源于"不实在"的"客观信息"吗？正是由于人可以直接感知重量变化，当把一块石头的重量法定为标准重量（如 1 千克）后，其他东西的重量就可以与之相比较。此外，难道我们的身体（肤觉）不能"直接接触"和"感知"冷暖寒热（春夏秋冬）之变化吗？难道我们的味觉不能"直接接触"和"感知"酸甜苦辣咸吗？

人类利用"仪器和工具"可以延长人的感知功能，提高感知的精度，光学仪器只是仪器大家庭中的一类。在利用"仪器和工具""探测"对象时，必须对"仪器和工具"进行安装、调试、维修和操作，要靠触觉（手）与"仪器和工具""直接接触"。人类的手臂如果不直接接触"仪器和工具"，怎么观察和改造世界？譬如，在中国，秤出现得很早。春秋中晚期，楚国已经制造了小型的衡器——木衡，采用铜环权，用来称黄金货币。完整的一套环权共十枚，大体以倍数递增，分别为一铢、二铢、三铢、六铢、十二铢、一两、二两、四两、八两、一斤。这些不同级别的"环权"，又称秤砣（类似现代衡器的标准砝码），它们是人类在长期的实践中，通过"直接接触"反复权衡轻重而规定的标准重量，都是"实在"、"直接存在"，而不是"不实在"、"间接存在"。而现代磅秤则是人类对"实在"、"直接存在"的物质，进行直接度量的一种最常见的仪器。磅秤，是地磅、汽车衡的别名，广泛用于仓库、车间、货场、集贸市场等场合，适用于吊装货物称量、铲车铲放货物称量、小车搬运货物称量，是用于粮食加工行业，厂矿等大宗货物计量的主要称重设备。磅秤的不同功能一般是由磅秤的仪表来实现的，比较常见的功能有计重、计数、连接计算机、打印磅单、防爆、防水等，比较特殊功能有定量控制开关阀门、上下限声光报警等。显然，用磅秤对物体来称重，与所谓"不实在"的"第三者（光子场）"或"只有通过信息的中介才能认识物质世界"无关。

众所周知，秦始皇统一中国后，重大贡献之一就是统一了度量衡，包括长度、容量、重量等。秦制度量衡，从"商鞅量"中得知，商鞅规定的 1 标准尺约合今 23 厘米，1 标准升约合今 0.2 升 。中国古代度量衡中，"升、斗、石"等是市制容量单位（十升为一斗，十斗为一石），用来直接度量粮食、酒醋等。"寸、尺、丈"等是市制长度单位（十寸为一尺，十尺为一丈），用来直接度量路程（里程）、高度和丝绸布匹等。在建筑中，常说"没有规矩，不成方圆"。"亩"是市制土地面积单位（一亩等于六十平方丈），用来直接度量（丈量）土地的面积，由此可分配土地、换算作物的单产等。显然，用标准容量、长度、面积等计量单位来度量物体，与所谓"不实在"的"第三者（光子场）"或"只有通过信息的中介才能认识物质世界"无关。

（2）所谓"只有通过信息的中介才能认识物质世界"只是一种脱离客观实际的形象思维或虚构。以"信息本体论"中典型案例——"水中月"为例，其中"信息的中介"（中介粒子场、水中月），既与观察者（人）没有整体和部分的关系（两者异体异物），也与观察的对象（月亮）没有整体和部分的关系（两者异体异物），观察者、观察对象、"第三者（中介粒子场）"是性质根本不同三种事物。如果检测（化验）这个"第三者（中介粒子场、信息场）"，对观察者而言，是无法得到关于自身化学成分、蛋白质、白血球、红血球、血糖、血脂、血压、心率、胰岛素、肾上腺素、病灶、结石等信息的；对观察对象（月亮）而言，是无法得到关于它的压力、温度、磁场、引力、重力、密度、岩石成分、月幔等信息的。要获得观察者与月亮本体"质和量"的信息，与"不实在"的"第三者（中介粒子场）"无关。

需要指出的是，邬先生对笔者质疑"水中月（第三者）"与月亮（物质本体）没有整体和部分的关系（两者异体异物）、不能用"中介物（第三者）"代替认知物质本体时，邬先生是这样反驳的："如果由化验所得水还是水的情景就可以判定没有关于月亮的信息的话，那么，去化验人的大脑也只有脑细胞和神经通路，由此也可以否定精神现象的存在。可见，霍先生的论证方法和理论逻辑荒诞到了何种地步！"[7]57 笔者从来没有"否定精神现象的存在"，并反复指出与邬先生的根本分歧是，如果坚持传统哲学（马哲）的观点，"精神现象"（信息）只能是第二性的产物。这种答非所问的艺术不得不令人惊叹，每个人都不难明白，"人的大脑（脑细胞和神经通路）"与月亮也没有"整体和部分"的关系！但是化验"月亮本体"则有关于"月亮本体"的信息，这就是为什么人类产生第二性的"精神现象（如认知月亮）"不能用"水中月（第三者）"代替"天上月（物质本体）"的原因。

（3）2012 年 6 月，欧洲核子研究中心（CERN）的科学家宣布最近发现疑似"希格斯玻色子"的新粒子。这个粒子被认为是构成宇宙间万事万物众多基本粒子中的一种，是构成物质质量的粒子，它的发现对于科学家研究宇宙大爆炸瞬间状态是极其重要的。科学家是如何发现这一新粒子的呢？实验组发言人贾诺蒂说，科学家在 CERN 的 LHC 大型强子对撞机中进行的数以十亿计的对撞实验中发现了"希格斯玻色子"，其属性非常接近于对它的理论描绘，被检测到的新粒子非常不稳定，曾迅速衰变成特性更加不稳、质量更小的粒子。LHC 是人类历史上建造的最强大的粒子加速器，它的工作原理是将两束质子流以接近光速的速度迎头相撞，来模拟宇宙大爆炸瞬间的物质世界状况，科学家利用这一瞬间来寻觅新的粒子。——由"对撞实验"可以看出，"两束质子流"以及"两束质子流以接近光速的速度迎头相撞"是人工制造的（非自然形成的），并非"中介粒子场"辐射和反射的太阳光，"希格斯玻色子""是构成物质质量的粒子"，也与"中介粒子场"辐射和反射的太阳光光子无关。

（4）恩格斯在《自然辩证法》中说："物体的机械运动可转化为热，转化为电，转化为磁；热和电可以转化为化学分解；化学化合反过来又可以产生热和电，而以电为中介又产生磁；最后，热和电又可以产生物体的机械运动。而且这种转化是这样进行的：一种形式的一定运动量，总是有另一形式的精确规定的一定运动量与之相适应，而且，用来量度这个运动量的量度单位，不管是从哪一种运动形式中借用来的都无所谓，就是说，不管是用来量度物体的运动，量度热，量度所谓的电动力，还是量度化学过程中转化的运动，都是无所谓的。"[6]恩格斯在这里谈到"量度物体的运动"、"量度热"、量度磁、量度电、"量度电动力"、"量度化学过程中转化的运动"等，这些"量度"的对象都是"直接存在"、"实在"的具体的物质形态，根本不是"不实在"的"客观信息（第三者）"，不是物质本体在中介物里的影像（如水中月），不是"中介粒子场"里的光粒子。

五、"自在信息"是"客观第二性"还是"变相的客观第一性"

邬先生说："遗憾的是，霍先生在之后的质疑文章中始终还坚持说我要用信息的第一性来取代物质的第一性。其实，造成这样的一种看法的根源，盖源于霍先生对传统哲学相关理论的执着，这就是，客观的是第一性的，主观的是第二性的。而我所提出的信息本体论学说则认为，客观的并不都是第一性的，在客观存在的领域中同样可以区分出第一性的物质和第二性的自在信息。我这里，并不是要用第二性的自在信息去取代第一性的物质（事实上这也是取代不了的），而只是要用第二性的自在信息的存在去限定第一性的物质存在的范围，使客观世界不再全部属于物质世界了，在客观世界里，在这个作为第一性的物质世界中，还镶嵌着另外一个世界——自在信息的世界。"[1]32——邬先生曾指出："主观信息是对客观信息的把握或创造的形态。"[1]102也就是说，在"信息哲学"里，作为"第二性"的"主观信息（精神）"，以"不实在、间接存在"的"客观信息"为"把握和创造"的对象，是排除了"客观第一性"的"物质"作为认知对象的。那么当"物质"被剥夺了认知的内容、属性和规律（信息）后，所谓"第二性的自在信息"是不是变相的"客观第一性"呢？前面已用"寒武纪化石和地层"举例，不赘述。这段"反批评"清晰地表明，他是不赞成笔者"对传统哲学相关理论的执着"态度的，"信息哲学"的实际目的是要建立新的"元哲学、最高哲学、第一哲学"，[3]52它与传统哲学（马哲）中"物质范畴"的区别是，提出在"客观的信息世界"里，从"宇宙开端（宇宙时为零）"开始，便有一种能够"自身演化自身"的"客观信息（自在信息）"。为此，邬先生在"反批评"时还专门做过说明："客观的信息世界是由客观的物质世界载负的纯粹客观自在的存在……天地无心、天道自然、万物自化、自为始因、自生中介、自身显现、自结关系、自通信息、自成过程。"[5]20邬先生的主要理论与演绎的逻辑是：

（1）"信息本体论"[3]52——通过对"存在领域的重新分割"，得出有两种"存在"：一种是物质本体在中介物里的自身显示（影像），称为"间接存在""不实在"（如水中月）；一种是物质本体，称为"直接存在"、"实在"（如天上月），它自身没有可被认知的信息（属性与规律），信息寓于"间接存在""不实在"的"客观信息（自在信息）"里（如水中月）。

（2）"信息认识论"[3]52——就是"认识发生的信息中介说"或"一种关于哲学认识论的信息中介论"。其实质是：人类认知的对象是"不实在"的"客观信息（自在信息）"，不是"实在、直接存在"的物质本体。"客观信息（自在信息）"寓于"第三者、中介粒子场、光子场、信息场"里。

（3）"信息进化论"[3]52——由于物质已没有了可被认知的内容（即丧失了演化的内容），人类认知的唯一对象就是"不实在、间接存在"的"客观信息（自在信息）"，所以讨论的内容也是"客观信息（自在信息）"如何在所谓的"中介粒子场（信息场）"里"同化和异化"问题。那么为什么会有这种先于人的认知之前而存在的"信息同化和异化"运动呢？其理论基础是，宇宙间万物的演化归根到底是"客观信息（自在信息）"在演化；这种"客观信息（自在信息）"从"宇宙开端（宇宙时为零）"开始，便能"自身演化自身"。[2]222

（4）"信息价值论"[3]52——就是关于先于人的认知之前而存在的具有客观第一性属性的"客观信息（自在信息）"，既有先天（先于人的意识）"存在与演化价值"，又有被后天"认知价值"的理论。

（5）"信息思维论"[3]52——就是"关于不实在的思维、关于间接存在的思维。"[2]424或者说这种"不实在""间接存在"的"信息思维论"的特征是，实质是通过所谓"中介粒子场（第三者）"里"信息的同化与异化"作用，剥夺了"实在""直接存在"的物质本体地位的一种思维。

（6）"信息的度量（质和量）论"[3]52——由于"我们的感知不可能直接接触物质的质和量"，"主客体之间没有直接的接触"，"不存在对这些对象进行直接度量的途径和方式"，[1]30"换句话说，我们永远只能借助于第三者来把握我们的对象"。[2]171因此图穷匕首见，物质本体已成为一种没有存在和被认知价值的空壳或幽灵，人类只能通过"不实在"的"客观信息（自在信息）"或"第三者（中介粒子场、光子场、信息场）"来度量"物质的质和量"。

显而易见，邬先生通过步步推进，"客观第一性的物质（如月亮）"不仅失去了可被认知的规律与属性（信息），而且根本不是人类认知的对象。人类要认知世界只能靠"认识发生的信息中介说"或"哲学认识论的信息中介论"，也就是说，"主观信息（精神＝主观间接存在）"只能是对那个脱离了物质本体的"不实在"的"第三者（中介粒子场）"或"客观第二性的自在信息（如水中月）"来认知世界。从而使"客观第二性的自在信息"获得了变相的"客观第一性"的地位。所以说，传统哲学（马哲）的"物质范畴"退休下岗、名存实亡了，其地位是鹊巢鸠占了。

六、"中介工具（仪器）"不是"中介粒子场"

邬先生说："无论在主客体之间发展起多么高超的认识工具，也只能在人和对象之间增加更多、更复杂的对信息进行收集、加工和处理的工具性中介，这就只能使人的认识离霍先生所希望的那个直接面对物质对象的认识方式越来越远了。其实，现代科学的发展历程已经证明，随着人类认识的领域从宏观世界向宇观和微观世界的拓展，人类的现代科学更像是一种依赖中介工具的信息测量科学，这种意义上的科学更多依靠的是对对象派生的相关信息的选择、分析、变换、重组、建构或虚拟。这样的科学认识活动比较起传统科学的宏观认识来，其机制更具有信息化、中介化、相对化和复杂化的性质。"[1]31——请读者务必留意，邬先生明明强调"我们的感知"以及"仪器和工具的探测"都"不可能直接接触物质的质和量"，[1]30即"工具性中介"与他认可的那个"中介物（第三者、粒子场）"或"不实在"的"客观信息（自在信息）"是两种根本不同的概念。

（1）"仪器和工具"或人类发展的"高超的认识工具"，它们都是"实在"、"直接存在"，需要人类进行具体的安装、调试、维修、操作；人类在"中介粒子场（第三者）"里无法安装、调试、维修、操作"仪器和工具"。邬先生定义的"中介粒子场（信息场）"、"信息思维论（信息中介说）"，聚焦的对象是"不实在"、"间接存在"的"光子场"，是"物质本体在中介物里的自身显示（影像）"。

譬如，人用显微镜观察植物细胞，在这种"工具性中介"——显微镜本体（硬件）里，既没有人的基因组，也没有植物细胞的基因组。基因组寓于主客体的本体之中，不在"工具性中介"里。此例的主客体都是有机质的，"工具性中介"是无机质的。显微镜只有"直接指向"观察的对象，才有关于对象的图像，否则就无图像（不能说"客观信息"时有时无）。有机质的人与植物细胞，不会在无机质的"工具性中介"里，发生"同化和异化作用"。当然，如果人用显微镜观察成百上千种植物，在这个"工具性中介"里，既不会有成百上千种植物的基因组，也不会与成百上千种植物发生"同化和异化作用"，不会生成成百上千种植物的"信息结构"。"这就只能使人的认识"离邬先生所希望的那个要"间接面对的中介粒子场（光子场）"的"认识方式越来越远了"。什么"不实在"的"客观信息（自在信息）"能够"自身"进行"选择、分析、变换、重组、建构或虚拟"的"纯自然"的演化就根本不存在，只有物质可以有"纯自然"的演化，人类可以对物质活动进行干预或进行"选择、分析、变换、重组、建构或虚拟"；信息（精神）是第二性而不是第一性的产物，只有人类可以能动地对信息进行"选择、分析、变换、重组、建构或虚拟"，而不是相反。"人类认识的领域从宏观世界向宇观和微观世界的拓展"，与"不实在"的那个"中介粒子场（信息场）"、"第三者（光子场）"无关。

（2）直接观察是指人们主要通过感觉器官来对研究对象进行直接的观察而获得相关信息的过程。比如用肉眼观察天体的位置和分布，中医诊断时采用的"望、闻、问、切"都属于直接观察。人类不能完全靠"仪器和工具"来取消直接观察，譬如不能完全依靠望远镜来取代直接到月球上去观察，要获得月球深层可靠的信息，目前人类的手段是深层钻探，最直接的观察方法是手上要拿到标本。这也说明为什么美国的探月工程曾取得举世公认的成就，那就是因为带回了月岩标本。在不远的将来，人类还要登上月球开采月球上的矿产资源，这是在"水中月（中介粒子场）"中根本无法获得的。毋庸讳言，人类目前探索太空主要是利用各种仪器和设备，但是绝不意味人类满足于仪器和设备观测宇宙，人类在不断地扩大自己的活动空间，意在认知和征服宇宙。人类近期的目标就是登陆月亮和火星，实现直接接触。

目前，人类利用空间站（太空实验室），通过对"实在""直接存在"的物质进行"直接接触""直接度量"得到了许多新的产品和发明。譬如：微型心脏泵就是利用航天飞机上的燃油泵技术研制出来的；研究在被改变形状后仍对原始形状有记忆功能的"智能"材料，有助于提高制作假肢的技术，用聚氨酯材料制成了"记忆泡沫"床垫；人造心脏、肾透析技术是空间技术的"杰作"；自1987年以来，我国进行了300多种农作物种子卫星搭载试验，完成了50多个品系大面积种植推广。"航椒三号、四号""太空葫芦瓜""航茄一号、三号"……这些可口的太空蔬菜，营养成分普遍提高了30%～46%，已经摆上了寻常百姓的餐桌。我国近年来的1000多种新材料中，80%是在空间技术的牵引下研制完成的；有近2000项空间技术成果已移植到国民经济各个部门。"空间微重力环境下，蛋白质可以生长出很大的晶体，可以用来进行结构分析。如果应用到制药上，每分析成功一种蛋白质的结构就会生产出一个新产品。这些成果，都是对"实在""直接存在"的事物认知之后的产物，都与"不实在"的那个"中介粒子场（信息场）"、"第三者（光子场）"无关。

（3）间接观察是指人们借助仪器设备来对研究对象（客体）进行观察。在科学实验活动中，通过科学仪器观察和认知客体，不是在"不实在"的"中介粒子场（信息场、第三者）"里进行。科学仪器是人们在探索自然界奥秘的过程中通过科学实验而逐步酝酿发明的。人们往往把科学仪器、设备、材料的准备，当作是一种纯物质的活动。其实，每一种仪器都是以某种或某些理论为依据而进行设计和制造的。例如，伽利略、托里拆利等人使用的温度计，就是根据液体和气体与"受热程度"按比例膨胀的假定而制作的。1878 年国际度量衡委员会关于标准温度计的决议则做如下规定："温度应当用化学上纯的氢在定容情况下的压力来测量，它在冰的熔解点时的压力为 1000 毫米水银柱高。"当代电子温度计在漆黑的环境里一样可以显示温度值，关于温度的数值不是靠反射太阳光而是靠自备的电池来显示。温度计是与液体和气体"受热程度"的膨胀比例相关，与中介粒子场（光子场、第三者）无关。所以，每采用一种仪器，实际上就意味着引进了一些建立在客观实在基础上的并得到一定程度验证（实证）的科学理论。物质材料的选用也是根据一定的理论进行的。

（4）科学仪器使观察的范围在深度和广度上都发生了质的变化，科学家通过科学仪器和设备获得的科学事实（如 X 射线），不是所谓"不实在"的"中介粒子场（信息场、第三者）"里"同化或异化"的产物：

一是简化和纯化研究对象：可以利用科学仪器和设备所造成的条件，根据研究目的，突出研究对象的主要因素，排除次要因素、偶然因素以及外界的干扰，使要认识的事物的某些属性在特定的状态下显示出来，从而能更准确地认识事物的本质和规律。如 1799 年英国物理学家亨利·戴维把实验仪器保持在水的冰点，排除了实验物品和周围环境的热交换，证明冰融化所需要的热来自于磨擦，否定了当时占统治地位的"热素说"。

二是强化或弱化研究对象：许多事物在常态下并不能充分暴露其本质，利用科学实验（科学仪器）可以创造出自然界中不可能出现的环境，从而更好地认识研究对象。如 1911 年荷兰科学家昂尼斯把汞的温度降到 0℃以下时，发现汞的电阻突然消失，变成了所谓的超导体，并由此打开了超导研究的大门。

三是加速、延缓、再现、模拟自然过程：自然界中许多事物有的转瞬即逝，有的旷日持久，有的事过境迁，给人们认识某些事物带来了困难。而科学实验（科学仪器）可以在人为的控制下，根据研究的需要来改变自然界中事物的状态。1953 年美国科学家米勒进行地球大气及闪电的实验，他仿照地球雷电交加的自然条件，对放入真空管中的各种气体进行火花放电。经过 8 天的反复作用，最后得到了 5 种蛋白质和重要的氨基酸，而这个过程在自然状态下要经过上亿年。

由此可见，人是通过"直接接触"科学仪器与研究的对象发生作用，任何一种科学仪器的功能，都与那个"不实在"的"中介粒子场（信息场）"、"第三者（光子场）"无关。科学仪器作为一种"中介物"，自身（硬件）不会与"主客体"发生"同化和异化"作用，也不会产生新的"信息结构"，只是反映观察对象的某种科学事实而已。

七、关于"物质系统"与"精神系统"的本体问题

邬先生说：然而，霍先生的这个批判逻辑所冒的理论风险也是巨大的，因为，一旦作为前提的谎言被戳破，他所做的整个批判逻辑，以及依据这一批判逻辑所得出的结论便全盘瓦解了。而这正是霍先生所面对的实际情景。更为令人惊奇的是，为了否定客观信息（客观间接存在）的存在，霍先生写下了这样一段文字："系统是事物普遍联系的一种方式，由此人类可以把认知的客体视为一个系统。所谓'事物'指的是'物质'而不是'信息'。系统是客观实在，不是客观不实在；是事物本体，不是事物影像；是直接存在，不是间接存在。系统论、信息论、控制论所研究的系统，都是指'客观实在'的事物而不是'客观不实在'、'间接存在'的事物影像（中介粒子场）。"且不说"信息"算不算"事物"，"精神"也总该算是"事物"吧；另外，我们经常会提到"信息系统"、"精

神系统"、"感知系统"、"思维系统"、"主观系统"、"主客体相互作用的系统"、"社会系统"、"文化系统"、"虚拟系统"等等，难道这些研究的都是"客观实在"，这些系统都是"物质系统"吗？真不知道霍先生对当代信息、控制、系统理论了解多少，更不消说对处于这一领域前沿的复杂性理论、复杂系统理论、复杂信息系统理论了解多少了。其实，运用系统思想可以描述任何一种可以区分出内部关系的现象，无论这种现象是物质的，或是信息的，或是精神的，或是兼有多重现象性质的综合的。系统科学的创始人贝塔朗菲讲的"万物皆系统"中的"物"也并不仅仅是指"客观实在"的物质现象，他指的是任何一种可以区分出内在要素及其关系的存在形式。其实，运用系统思想可以描述任何一种可以区分出内部关系的现象，无论这种现象是物质的，或是信息的，或是精神的，或是兼有多重现象性质的综合的。[1]34

在系统科学里，根据研究的对象（客体），系统可以有不同的分类或名称。譬如：按系统与环境的关系划分有孤立系统、封闭系统、开放系统。按系统内部发生的实际过程划分有物理系统、化学系统、生命系统。按人对自然物的参与程度划分有天然系统、人工系统、复合系统。按系统内各要素相互作用的特点划分有线性系统、非线性系统。按人类对自然的认识程度划分有黑系统、白系统、灰系统，等等。

读者只要仔细推敲邬先生的这段文字，邬先生"这个批判逻辑所冒的理论风险也是巨大的"！如果按照传统哲学（马哲）物质和精神（意识、信息）的关系，他无非是说有两种系统，一种是物质系统；一种是"精神系统"。需要提醒邬先生的是，笔者从来没有否认过这两种系统，自始至终与邬先生辩论的原则性分歧是，笔者始终坚持传统哲学（马哲）的观点，物质是第一性的，精神是第二性的；物质系统（如物质的要素和结构）是第一性的，精神系统（如信息的要素和结构）是第二性的，精神系统是物质系统的反映，物质系统是源，精神系统是流。世间根本不存在什么"客观的信息世界"和客观第一性的能够"纯自然演化"的精神系统。譬如，在人类社会产生人之前，宇宙间怎么会有"精神系统"能够"纯自然"地演化呢？在邬先生的这段反驳文字中，有一句话值得读者特别注意："运用系统思想可以描述任何一种可以区分出内部关系的现象"，使用了"系统思想"、"描述"两个词，即"系统思想可以描述"。毫无疑问，"系统思想"（或精神）是第二性的，人们按照"系统思想""描述"的成果也是第二性的，或者说它是作为对物质系统的反映而"存在"的。作为一种思维的方法，在传统哲学（马哲）看来，"系统思想"或"精神系统"在本体论上与物质系统的地位是不同的，根本就没有什么"客观的信息世界"，[5]20 也没有什么名为"客观第二性"实为"客观第一性"的信息系统、信息结构。

必须指出的是，第二性的"精神系统"与"不实在"的"客观信息（自在信息）"在"中介粒子场（信息场、第三者）"里的"自身显示（或影像）"无关。譬如，"系统思想"根本不是"中介粒子场（信息场、第三者）"里的产物，也不会在这个场里发生"同化和异化"作用。因此，笔者不得不反复地指出："信息思维则是关于不实在的思维、关于间接存在的思维。"[2]424 "信息思维"的对象是"不实在"的"客观信息（中介粒子场、第三者）"而不是"实在"的物质本体，关注与研究的不是系统的"内部关系或自组织"而是"第三者"。"直接存在的物质"自身既没有信息，也不能进行度量。"换句话说，我们永远只能借助于第三者来把握我们的对象"，[2]157 根据"信息哲学"的定位，它是"万物皆系统"中唯一的一种可被认知的系统；"信息思维"并不针对任何别的系统（及其"内部关系或自组织"）。

必须指出的是，"信息哲学"中这种名为"客观第二性"的"自在信息"（譬如"水中的月亮也是客观的，它在人的意识之外，不以人的意志为转移"），从"宇宙开端（宇宙时为零）"起，便"以其纯自然的方式，自身造就自身，自身规定自身，自身演化自身，从而展开其自身纯自然起源、运动、发展的历程"；[2]47 "间接存在虽然产生于直接存在的相互作用，但是，间接存在一旦产生便以自身独具的特质超越了直接性的本性，并由此展开了自身运动和发展的历程。在此历程中，信息呈现出了自身的不同的形式和形态。"[2]47 人类只能面对"客观的信息世界"、信息系统、信息结构来度量"质和量"，不能直接面对（直接接触）"客观的物质世界"、"客观第一性"的物质本体来度量"质和量"。传统哲学（马哲）所谓"物质和能量都是'实在'、'直接存在'，物质思维和能量思维都是关于实在的思维，都是关于直接存在的思维"，[2]424 其真实处境是沦为一个没有实际"思维"内容的空壳或幽灵，从而使那个"不实在""间接存在"的"自在信息（客观信息，即物质本体在中介物里的影像或'自身显示'）"名为"客观第二性"僭越为"客观第一性"。"客观第一性"的物质范畴名存实亡了，可以毫不客气地说，"信息哲学"为了建立一门"元哲学、最高哲学、第一哲学"，[3]52 确实为中国的传统哲学（马哲）界"引出了一场根本性的革命"。

邬先生说："当我谈所有物体都是信息体，所有物体都以其内在结构编码着相应的信息内容时，他便批判说这违背了我的信息本体论学说的基本立场，'前是而后非'、'自相矛盾'。这真是一个万能而伟大的批判逻辑，霍先生就用这样的逻辑把我长达70万字的《信息哲学》一书从头批到尾，并以此为据得出了我的信息哲学不能成立的结论。"[1]34——当笔者依据"信息本体论"的规定，质疑"实在、直接存在（物质）≠不实在、间接存在（客观信息、第三者）"，为什么物质没有可被认知的内容（信息）时，邬先生总是说"第三者（间接存在）"也是物质，因此"间接存在（第三者）＝直接存在"，这真是一种混淆两种"存在"概念的"万能而伟大"的应对"逻辑"。在"信息进化论"、"信息思维论"、"信息质量论"等各论里，邬先生以"物质和信息双重存在"故有"双重演化"为幌子，实质是认定人类只能从"不实在"的"客观信息（信息场、第三者）"中得到对象的质量，使物质"存在"与"演化"没有了可被认知的内容。然后采用"亦此亦彼的思想"，[4]14-15 抹平"物质本体"与

273

"物质本体在中介物里的影像（第三者）"——"直接存在"与"间接存在"（概念）的区别，试图鱼目混珠，以"认识发生的信息中介说"取代传统哲学（马哲）。一部"长达70万字的《信息哲学》"，基本范畴出问题就像一座大厦的基础出问题一样，当耗资数千万元的大厦摇摇欲坠时，当然不是说所有的砖头瓦块都是不合格产品，而是设计、施工、质量出了问题。

邬先生的"信息哲学"把人类千百年来"直接接触"客观实在、认知客观实在、改造客观实在（客观的物质世界）的实践活动——即"物质生产"或"物质生产力"活动，变成了"间接接触""客观不实在"、认知"客观不实在"、创造"客观不实在（客观的信息世界）"的信息活动——即"信息生产"或"信息生产力"活动。或者说，"信息哲学"全面颠覆了传统哲学（马哲）的本体论、认知论、实践论等基本观点和理论。通过辩论，笔者与邬先生的观点都已摆明，一部"万能而伟大的"《信息哲学》（元哲学、最高哲学、第一哲学），必须接受逻辑和实践的检验，完全可以相信，有争鸣比没有争鸣好，在众多哲学工作者的参与下，中国的信息哲学一定能够得到健康的发展。

参考文献

[1] 邬焜. 对霍有光先生《邬焜先生"信息的度量（质和量）论"质疑》一文的反批评 [J]. 江南大学学报（社科版），2012（2）：28 - 34.

[2] 邬焜. 信息哲学——理论、体系、方法 [M]. 北京：商务印书馆，2005.

[3] 邬焜. 中国信息哲学核心理论的五种范式 [J]. 自然辩证法研究，2011（4）：48 - 53.

[4] 邬焜. 相互作用与物质和信息的双重演化——对霍有光先生质疑的反批评 [J]. 辽东学院学报（社科版），2011（6）：12 - 18.

[5] 邬焜. 信息哲学中的几个问题的再讨论——与霍有光先生再商榷 [J]. 江南大学学报》（人文社会科学版），2011（2）：20.

［6］恩格斯. 自然辩证法（《马克思恩格斯选集》第四卷）［M］. 人民出版社，1995. p259～386.

［7］邬焜. 对《"客观信息"范畴的再质疑》一文的反批评［J］. 重庆邮电大学学报：社会科学版，2012（1）：57.

关于李国武先生梳理"信息哲学"
若干反批评观点的扼要回答

【摘　要】李国武先生根据邬焜先生回应笔者质疑的反批评文章，比较全面地梳理和总结了 11 个问题，这些问题笔者虽然在以前文章中做过回答，但集中起来做出扼要评析，便于读者综观双方论辩的全貌，了解"信息哲学"争辩的理论与逻辑问题，显然还是有一定的意义的。

【关键词】信息哲学；信息本体；信息进化；信息思维；信息价值；信息质量；邬焜

2012 年 7 月，西安石油大学高级工程师李国武先生进入哲学领域，在《重庆邮电大学学报》（社科版）第 4 期上发表了《邬焜信息哲学到底是什么样的哲学？——兼评霍有光对邬焜信息哲学的质疑与双方的论争》一文，他像是站在裁判员的立场上，根据邬焜先生回应笔者质疑的反批评文章，对邬先生的反批评观点做了比较全面的梳理和总结，并给出"邬焜的发现并不亚于马克思的两个伟大发现对辩证唯物主义的第一个历史形态所作的贡献"的高度评价。虽然这些问题笔者在以前文章中做过回答，但集中起来做出扼要评析，便于读者综观双方论辩的全貌，了解"信息哲学"争辩的理论与逻辑问题，显然还是有一定的意义的。

问题 1

反批评者（注：即李国武，下同）说："霍先生把'实在'与'存在'混同使用了，现实中的'花'与'镜子'是实在的，也是存在的。但'镜中花'却是一种不实在的存在，否则就无法区分事物和它的影像，须知，事物和它的影像在存在方式上是不同的。……邬先生的《信息哲学——理论、体系、方法》书中明明是这样说的：'客观不实在'是对客观事物间的反应（类反映）内容的指谓。何来'客观信息'就是事物的'影像（水影花影等）'呢？这不是强加于邬先生吗？"

答：真的如是所说吗？所谓"强加于"某某，来自于邬先生建立"信息本体论"的经典案例："水中的月亮的存在是因为天上的月亮的存在，前者是后者的'影子'。这样，我们便在实在的月亮和不实在的月亮之间建立起了一种对应相关的关系。"关于"前者是后者的'影子'"，"实在"与"不实在"即"不实在的月亮（事物的影子）"与"实在的月亮（事物本体）"等概念的关系问题，肇始于邬先生对列宁物质概念的批判，[1]35 是"存在领域的重新分割"的重大成果，是建立"信息哲学"的理论依据和基础，[1]38 其详细地表述是：

邬先生说："按照前所述及的传统哲学对存在领域的分割方式，'客观不实在'是不可能存在的……'水中捞月'之所以荒唐，就在于把水中的月亮也看成实在的月亮了。'水中月、镜中花'一类现象中的'月'或'花'，既是客观的又是不实在的。……我们说'客观不实在'与标志物质世界的'客观实在'的存在方式具有本质的区别。"[1]36-37 "我们说，天上有一个月亮，水中有一个月亮。天上的月亮是实在的，水中的月亮是不实在的。水中的月亮的存在是因为天上的月亮的存在，前者是后者的'影子'。这样，我们便在实在的月亮和不实在的月亮之间建立起了一种对应相关的关系。我们完全可以从这种相关对应的关系出发，把实在的月亮叫做直接存在的月亮，而把不实在的月亮叫做间接存在的月亮。""物

质＝客观实在＝实在＝直接存在"；"不实在＝客观不实在（客观信息）
＋主观不实在（主观信息，精神）＝间接存在＝信息"[1]38——正是由于
"信息哲学"在"信息本体论"中，通过"天上的月亮（实在、直接存
在）"与"水中的月亮（不实在、间接存在）"案例，对"存在领域重新
划分"，得出了四个"新的表达式"，在此基础上，我们依据"天上的月
亮≠水中的月亮"，所以不难得出如下关系：

①直接存在≠间接存在。它们是两种不同的"存在"，或曰"存在方
式具有本质的区别"。

②实在≠不实在。它们是两种不同的"本体"，前者是物质本体，后
者是中介物（第三者），两者没有整体和部分的关系。

③物质≠客观信息（自在信息）。因为：物质＝实在＝直接存在；客
观信息（自在信息）＝不实在＝间接存在。所以，"实在、直接存在"物
质本体是不含任何信息的，客观信息（自在信息）寓于"不实在、间接
存在"的中介物（第三者）里，即典型案例所说的"水中月"，实质是物
质本体在中介物里的影像或"自身显示"。

邬先生旗帜鲜明地说："信息则是'不实在'、'间接存在'，信息思
维则是关于不实在的思维、关于间接存在的思维。"[1]424结合上面表述和
"新的表达式"可以看出，传统哲学（马哲）的"物质"不是"信息哲
学"的认知对象，"实在、直接存在"的物质本体无信息；"信息哲学"
的认知对象是"不实在、间接存在"的"客观信息"和"主观信息（精
神）"。如果尊重"水中月、镜中花"（即发现了"客观不实在"的）经
典案例和"存在领域的重新划分"得出的重大成果，"实在、直接存在"
指的是月亮和花朵，"不实在、间接存在"指的是水中月和镜中花，所谓
"客观信息（自在信息）"就是物质本体在中介物里的影子或"自身显
示"！

概言之，邬先生"信息哲学"的实质是，"不实在、间接存在"的
"客观信息（自在信息）"是"信息哲学"惟一的认知对象。"客观信息

（自在信息）"范畴：一方面它取代了传统哲学（马哲）物质范畴的地位，使之具有了客观第一性的属性；另一方面它又不等于"实在、直接存在"的物质本体，作为"不实在、间接存在"，只是"实在、直接存在"的物质本体在中介物（第三者）或中介粒子场（光子场）里的影像。理论依据是，只有"客观信息（自在信息）"才能作用于"我们的视网膜"而物质本体不行。所以，邬先生在"信息本体论"中强调："主观信息是对客观信息的把握或创造的形态"，[1]102 即第二性的"精神（主观信息）"以"本源的、自在的""客观信息（自在信息）"为"把握或创造"的对象，人类的认识活动，与认知"实在、直接存在"的物质本体无关。所以，"信息哲学"是与传统哲学（马哲）根本不同的新的"元哲学、最高哲学、第一哲学"。

对于"信息哲学"的推理逻辑和经典表述，一些人好像是故意视而不见。究竟是谁要违背客观事实把自己的观点"强加于邬先生"呢？

问题 2

反批评者说："我们面对的世界是一个双重存在的世界。由于信息世界的发现，世界，以及世界上的一切存在物都再不能简单地归结为那种单纯的、干瘪的、混沌未开的、未曾展示自身丰富性、复杂性的直接存在的物质世界了。在这个物质世界中载负着另一个显示着这个物质世界多重规定性的信息世界。整个世界，以及世界上的存在物的这种双重存在性，意味着一切存在物都只能是直接存在和间接存在的统一体，都既是物质体，又是信息体。"[2]39 即一切存在物都是物质与信息的，哪来的"客观信息"意在替代"物质"范畴呢？

答：正如"问题1"中笔者的回答，邬先生通过"水中月"案例，天才地发现了它与"天上月"的区别，因此将"存在领域重新划分"，得出两种"存在"、两种"本体"（两者异体异物），即"实在、直接存在 ≠ 不实在、间接存在（中介物或第三者）"。若认真品味邬先生的"信息本体论",月亮（"天上的月亮"）根本不是什么："既是物质体,又是信息体";既是"直接存在",又是"间接存在";既是"实在",又是"不实在"!(邬先生说:"我们说,天上有一个月亮,水中有一个月亮。天上的月亮是实在的,水中的月亮是不实在的。……我们完全可以从这种相关对应的关系出发,把实在的月亮叫做直接存在的月亮,而把不实在的月亮叫做间接存在的月亮。"[1]38)"客观信息"不赋存于"实在""直接存在"的物质本体中,而是赋存于作为"不实在""间接存在"的"中介物(第三者)"里。"信息哲学"的认知对象不是"物质本体"而是"客观信息(第三者、中介物)"。众所周知,基本范畴是进行推理和建立理论体系的基础,当某种理论的基本范畴确立以后,也就规定了这门学科("信息哲学")要研究什么,兹将邬先生的相关表述梳理如下:

邬先生说:"信息则是'不实在'、'间接存在',信息思维则是关于不实在的思维、关于间接存在的思维。"[1]424"我们说'客观不实在'与标志物质世界的'客观实在'的存在方式具有本质的区别。"[1]37

邬先生说:"我们承认,在我们的认识之外,存在着本源的、自在的,广阔无垠的信息世界。这个信息世界我们把它规定为'信息世界1'。这个'信息世界1'以客观信息体(场也是一种信息体)的形式存在着。"[1]96又郑重指出"主观信息是对客观信息的把握或创造的形态",[1]102即第二性的"精神(主观信息)"以"本源的、自在的""客观信息(自在信息)"为"把握或创造"的对象,排除了对"客观第一性"的物质本体的认知,使"客观信息(自在信息)"获得了"客观第一性"的地位。

邬先生说:"其实,从本体存在的意义上来看,世界上的所有事物和现象(广义的'存在'或'有')都可以归入两大存在领域之中:一是'实在世界',亦即直接存在的物质世界;二是'信息世界',亦即间接存在的'不实在'的世界。"[1]554

邬先生说:"间接存在虽然产生于直接存在的相互作用,但是,间接存在一旦产生便以自身独具的特质超越了直接性的本性，并由此展开了自身运动和发展的历程。在此历程中，信息呈现出了自身的不同的形式和形态。"[1]47"自在信息是客观间接存在的标志，是信息还未被主体把握和认识的信息的原始形态。在这个阶段里，信息还只是以其纯自然的方式，自身造就自身、自身规定自身、自身演化自身，从而展开其自身纯自然起源、运动、发展的历程。信息场以及信息的同化与异化是自在信息的两种基本形式。"[1]47——就是说，那个"与标志物质世界的'客观实在'的存在方式具有本质的区别"的"间接存在"（自在信息），不以人的意志为转移，能够"展开""自身运动和发展的历程"，或者说可以"自身纯自然起源、运动、发展"。

邬先生说："我们承认，在我们的认识之外，存在着本源的、自在的，广阔无垠的信息世界。这个信息世界我们把它规定为'信息世界1'。这个'信息世界1'以客观信息体（场也是一种信息体）的形式存在着。"[1]96——就是说，既然有"本源的、自在的，广阔无垠的信息世界"，那么就使所谓"自在信息（客观信息体）"获得了客观第一性的地位，因为它是"本源的"、"自在的"、普遍存在或"广阔无垠"的！

邬先生说："具体讲来就是：任何物的结构和状态都映射和规定着关于自身的历史、现状、未来的信息，任何物的直接存在的结构和状态都是由它所凝结的间接存在（信息）所规定的。这就意味着，结构决定性质和功能，信息又决定结构，所以，物所凝结的信息便最终决定着物的性质和功能。"[1]159——所谓"信息又决定结构"、"最终决定着物的性质和功能"，就是说"信息"先于物质结构而存在，"信息"成为超客观第一性（物质）的尤物。

邬先生说："严格地来讲，一切关于演化的理论，一切种类的进化学说，都是关于时空转换的内在统一性的演化信息学说。"[1]201"从最为一般的意义上来讲，演化是通过事物的相互作用实现的，而事物的相互作用过程同时就是事物间进行信息的同化和异化的过程。在这一普遍相互作用的信息同化和异化的过程中，处于演化过程中的事物必然被普遍信息体化。事物的普遍信息体化的性质，决定了在其内部的特定结构'痕迹'中必然凝结了关于自身演化历史的多重关系的信息。……如此，在历史的东西的直接存在的过程消失了之后，这种直接存在还可以转化为某种间接存在的形式继续存在着。"[1]202——不仅这种带有客观第一性属性的"信息"，先于人的认知（意识）之前便具有"信息的同化和异化的过程"，而且在"直接存在的过程消失了之后，这种直接存在还可以转化为某种间接存在的形式继续存在着"。看来"不实在、间接存在"的"客观信息（自在信息）"比"实在、直接存在"的物质"牛"得多，马克思主义的物质观形同虚设了！

邬先生说："由此，我们起码可以得出这样一个结论：主客体的相互作用首先被各种不同的信息场所中介着。……主客体之间没有直接的接触，而那些直接接触的刺激物却并不能成为这一过程中的客体，它只能扮演向主体传递另一物的信息的载体角色。换句话说，我们永远只能借助于第三者来把握我们的对象。"[1]157——人类把握或认知的对象，"永远只能借助于第三者"而不是"实在、直接存在"的物质本体。

邬先生说："从人类认识的角度来看，我们只能通过对间接存在性的量度，也就是，只能通过对信息的量度，才能达到对物质存在方式和状态本身的量度，亦即才能达到对直接存在的量度。因为我们只能通过间接存在（信息）的中介，才能面对直接存在（对象本身）。"[1]471——若以"水中月"为案例，就是说人类不能直接量度"实在、直接存在"的月亮，而是要通过量度"不实在、间接存在"的"水中月"来认知月亮，可谓荒唐至极。

由上面这些表述不难看出"信息信息"究竟要研究什么，正如邬先生所说："主观信息是对客观信息的把握或创造的形态。"[1]102请问：对"不实在"的"信息世界"演化的认知称为"主观信息（精神）"，那么对"实在"的"物质世界"演化的认知应该称为什么？不要忘了，邬先生说："信息则是'不实在'、'间接存在',信息思维则是关于不实在的思维、关于间接存在的思维。"[1]424当"物质世界"不是"信息思维"的对象之后,难道不是用"客观信息(自在信息)"范畴替代了"物质"范畴吗?难道不是用"客观的信息世界"取代"客观的物质世界"吗?

问题3

反批评者说:"然而,在'信息认识论'里,摇身一变,用'客体信息'偷换了'客观信息'概念,不仅使中介物(水中月)有了信息,而且使观察的客体也有了'客体信息'!"其实,邬焜先生对主观和客观、主体和客体、主观信息和客观信息、主体信息和客体信息概念的运用,并不像霍先生所说的是'偷换''概念'。因为,在哲学本体论中的基本概念当然是主观和客观,而在哲学认识论中的基本概念则是主体和客体。这怎么是偷换概念呢?另外,霍先生的'主体(主观信息)'、'客体(物质)'等表述,也是缺乏哲学常识的错误。因为认识论中'主体'并不等于主观信息,'客体'也不等于物质,人的思维、精神现象也可以成为'客体'。"

答:①"客观信息(自在信息)"是邬先生独创的词汇。他通过"水中月"案例,将"存在领域的重新划分",把"天上的月亮"视为"实在、直接存在",把"水中的月亮"视为"不实在、间接存在"。"客观信息(自在信息)"赋存于"不实在、间接存在"里(如水中月)。这种"间接存在""不实在",在"信息哲学"的不同语境中有多种称谓,如:第三者、中介、中介物、中介粒子场、信息场、光子场等。请参见笔者在"问题1"里的回答。

②"客体"是大家常见的词汇,通常人们把观察的对象称为"客体"。所谓主客关系,是人类将自己与自然界的对象性关系称为主客关系。与观察者相关的词汇有主人、主体、主观等,与观察对象相关的词汇有客体、客观等。观察的客体(对象)可以是物或人(包括人的意识与

思想）。所以主客关系主要是人与物（含人与人）的关系。但观察的"主体"必然是人，"主观"则是人产生的意识（精神、信息）。

邬先生又说："主客体之间没有直接的接触，而那些直接接触的刺激物却并不能成为这一过程中的客体，它只能扮演向主体传递另一物的信息的载体角色。换句话说，我们永远只能借助于第三者来把握我们的对象。"[1]157——由邬先生给出的"主体—中介物（第三者）—客体"三者关系可以看出，"客体"不是"第三者（中介）"，"客观信息"对应的是第三者而不是"客体"。邬先生这里所说的"主体（我们）"指的是人（视网膜受到刺激）。其中主体、客体都是"实在""直接存在"的；"它"（第三者）则指的是，"它只能扮演向主体传递另一物的信息的载体角色"，"客观信息"赋存于"不实在""间接存在"的第三者（中介物）里。

由此可见，在"信息哲学"里，"客观信息"与"客体信息"是两个性质不同的概念，虽然仅差一个字，可谓"差之毫厘，失之千里"。其中："客观信息（自在信息）"是"不实在""间接存在"，赋存于中介物（第三者）里；"客体信息"所说的那个"客体"，是"实在""直接存在"，不是什么"第三者（中介物）"。试图混淆两者的区别只能是徒劳的、可笑的。但遗憾的是，在"信息本体论"里，"客体"原本是没有信息的。那么为什么要不断地变换词汇呢？这就跟市场里常见真假难辨的茅台酒一样，若不仔细观察，假商标和真商标的外观几乎一样。这恰恰表现出"客观信息"这个概念漏洞百出，在一些地方不得不用"客体信息"来冒充"客观信息"，以达到混淆概念、偷换概念之目的。

③"认识论中'主体'并不等于主观信息，'客体'也不等于物质，人的思维、精神现象也可以成为'客体'。"——虽然说"认识论中'主体'并不等于主观信息"，尽管这是常识而不存在分歧，但认知信息必然与主体有关，关于信息究竟是第一性的还是第二性的则存在着很大分歧！不妨看看邬先生自己的说法：

邬先生说："如果我们说思维的本质是创造主观信息，那么，语言便是思维创造出来的主观信息赖以存在的形式。"[1]316——尽管是把"创造主观信息"而不是把客观世界作为人类认知的对象，但至少表明"创造主观信息"的主体是人。

邬先生说："宇宙自然的无限性规定着总是有不曾被人认识的'自在'、'外在'的自然信息。这个外在、自在的自然信息无论在宏观上，还是在微观上都具有无限广阔的领域和层次。……自然信息体在未被认识时，对我们的认识毫不相干，说毫不相干也不很准确，它的作用就在于启示我们时时记着还有那么一个未被开垦的广阔的处女地。当然，根据人们已经把握的信息世界的属性，通过合乎逻辑的推论去解释那未被认识的自然信息世界的某些方面并不是完全没有意义的。"[1]96-97——这里所谓"宇宙自然"有"'自在'、'外在'的自然信息"，就是指"自然信息体在未被认识时"，"客观的信息世界（自然信息世界）"里存在着一种从"宇宙开端（宇宙时为零）"开始就能"纯自然"演化的"自在信息（客观信息）"，它先于人的意识而存在、不以人的意志为转移，是人类认知的对象。

邬先生说："人的意识在本质上是对信息的能动的把握和改造，以及在此基础上的信息的主体创造；语言则是思维创造出来的主观信息赖以存在的形式；劳动本质上是主体的目的性信息转化为客体的结构信息的过程，是主体能动地利用和实现信息的过程；能动地把握、利用、开发、创造和实现信息是人类社会的本质。"[1]551——在这里邬先生把人类的实践活动进一步归之于"信息的能动的把握和改造"、"信息的主体创造"、"劳动本质上是主体的目的性信息转化为客体的结构信息"、"能动地把握、利用、开发、创造和实现信息是人类社会的本质"等等，也就是说人类的实践活动与认知、改造和创造物质世界（具体的物质）无关。需要指出的是，"人的意识在本质上是对信息的能动的把握和改造"，也就是说在人类"能动的把握和改造"之前，就有一种先于人的意识而存在的

"信息（自在信息）"，"有一个标志客观间接存在的自在信息活动的世界"，毋庸置疑，这种"自在信息活动"是不是第一性的不言自明！

主体是人，只要他在思维，就会有意识、精神（邬先生称为"主观信息〈精神〉"）。人也可以作为"主体"的研究对象，广义的人类社会，既要处理"人与自然"的关系，也要处理"人与人"的关系。毫无疑义，"客体"可以是"人的思维、精神现象"，如看电视、读《史记》、听广播等。"人的思维、精神现象"一经产生，那么它就是客观实在的、直接存在的，它既不是"不实在"的"客观信息（自在信息）"，也不是"不实在"的"主观信息（精神）"。邬先生将人类认知活动成果"主观信息（精神）"称为"不实在"，譬如将《诗经》、《史记》、《全唐诗》、某某大型电视连续剧等称为"不实在"，用逻辑检验甚是好笑。

④需要关注的哲学问题是，笔者指出邬先生所谓；"水中的月亮也是客观的，它在人的意识之外，不以人的意志为转移，但是水中的月亮却并不具有实在的特性，它只是实在月亮的一个影子，而映现或载负这个月影的水却又不是实在的月亮本身，虽然，水本身是实在的水，但水中却没有实在的月。'水中捞月'之所以荒唐，就在于把水中的月亮也看成实在的月亮了。"[1]37——这是在玩文字游戏，其实邬先生所言的"水中的月亮"至少有两层含义：一是"水中有月亮的影子"，毫无疑问这个"影子"是客观的、实在的！对观察者而言，先有图像，后有关于图像的意识而不是相反，因为图像是有实在的、明摆的（眼见为实的），或曰"它在人的意识之外，不以人的意志为转移"。二是"水中有实体的月亮"，毫无疑问这是不客观的、不实在的！因为水中没有实体的或实在的月亮。

同样的道理，"天上的月亮"其实至少也有两层含义：一是正像我们"低头"可以看见"水中月影"一样，我们"抬头"当然可以看到"天上月影"，它们都可以作用于"我们的视网膜"，作为一种"影像（图像）"而言，毫无疑问都是客观的、实在的。对观察者而言，先有图像，后有关于图像的意识而不是相反。无视两者同是月亮影像这一事实，单独把"水中月影"说成的"不实在""间接存在"的，在逻辑上显然是非常荒谬的。二是"天上有实体的月亮"，毫无疑问这是客观的、实在的！

邬先生的手法是，通过模糊与混淆"月亮影像（天上的、水中的）"、"水中无实体月亮"、"天上有实体月亮"等几个概念，使原本实在的水中月亮影像，由于水中没有实体的月亮，变成了"不实在、间接存在"的，然后将这个第三者（中介物）视为"客观信息（自在信息）"的载体。我们不禁要问，既然邬先生说"水中捞月'之所以荒唐，就在于把水中的月亮也看成实在的月亮了"，那么为什么"水中的月亮"会"荒唐"的赋有关于月亮本体的"物物间的种种反应内容的特定编码结构"呢？[1]36~37

"水中月影"、"天上月影"作为"实在""直接存在"的图像（有实体），可以成为人类认知的对象。但是，正如笔者反复指出的，它们只是关于月亮本体的一些精度不高的外观表象，只有些微的信息，一个直径区区不到数米的、模糊不清的月亮影像，根本不能代替直接认知月亮本体（如奔月工程），它（图像）根本没有关于月亮本体的成分、密度、磁场、引力、温度、压力、岩性、月幔、月核等信息。人类的实践（认知）活动不能简单地说成是依赖于"我们的视网膜"或视觉活动，登月工程就是要登上月球对月亮进行直接接触和研究，人类未来不仅要在月球上居住，而且还要开采月球的矿产资源，这些都是靠"我们的视网膜"远距离观察"水中月影"、"天上月影"无法实现的。

概言之，这是武先生通过转述邬先生的表述，试图搅浑"主体（直接存在、实在）——主观信息"、"客体（直接存在、实在）——客体信息"、"中介物（第三者）——客观信息（中介信息）"三个不同概念的区别与差异，问题的实质是在"信息本体论"里，观察的对象不是"客体（天上月）"而是"中介物（水中月）"！人"健忘"的好处是可以随意地逢场作戏，不妨再看看邬先生自己的表述：其一，"自在信息是客观间接存在的标志，是信息还未被主体把握和认识的信息的原始形态。"[1]47——"主体把握和认识"的对象是"客观间接存在"的"自在信息",不是"直接存在、实在"的物质。其二,"恰恰是在'间接存在'和'自身显示'的意义上,信息获得了自身在本体存在论层面上存在的意义和价值,同时也获得了在哲学认识论层面上与认识主体和认识客体相区别的独立性存在意义和价值。"[1]46——这个"与认识主体和认识客体相区别的独立性存在"的尤物是"间接存在"的"客观信息"。"间接存在"的"客观信息""在本体存在论层面上",它不是赋存于"直接存在、实在"的"客体(如月亮)"当中,而是赋存于"间接存在、不实在"的"中介物(第三者)"里,这个中介物之本体,既不是"认识主体",也不是"认识客体"。其三,所谓"认识论中'主体'并不等于主观信息"显然有悖于邬先生自己的说法:"主体自身的活动本身又是靠主体的主观信息(目的、计划、指令信息)以及与相关肢体、神经、肌肉的活动,或所操作的工具的活动相伴的客观信息的活动为中介的。……我们说,还应该有一个标志客观间接存在的自在信息活动的世界。"[1]93在这里与"主体"对应的是"主体的主观信息",主体认知的对象不是"直接存在"的"客体(如月亮)",而是"标志客观间接存在的自在信息(如水中月)",即"中介物(第三者)"里的"客观信息的活动"。

问题4

反批评者说:"霍先生把'树木的气味'当作'物质'现象,是缺乏基本的科学常识。……在一般无意识的自然物之间通过相互作用传递的内容,既可以是物质的,也可以是自在信息的,并且,事物间传递的所有物质都必然会载负信息,而传递的所有信息又都必然会由相应的物质载负,这就是邬焜所说的一切事物都是物质和信息双重存在的统一体。"

答:①"一切事物都是物质和信息双重存在的统一"——此说与"信息本体论"相悖,参见笔者在"问题1"里的回答。"实在、直接存在(如花朵)≠不实在、间接存在(如镜中花)"。"花朵"和"镜中花"

两者是"物质本体"与"中介物(第三者)"的关系,它们是彼此不同的"存在(异体异物)",不是同一的"存在",根本不是什么"双重存在的统一体"!

②如果认为"一般无意识的自然物之间通过相互作用"可以传递"不实在、间接存在"的"客观信息(自在信息)",那么到底是谁"缺乏基本的科学常识"呢?请问"树木的气味"载体是物质,它的"客观信息(自在信息)"载体是什么?自然界几亿年前就开始生长茂盛的森林了,如果先于人的认知之前,自然界树木之间就存在"客观信息(自在信息)"的"相互作用传递",那么请问它们到底是不是客观第一性的?

还要提醒注意的是,"无意识的自然物之间"是指"实在""直接存在"的"自然物之间",它们在"信息本体论"里是无信息的(参见笔者在"问题1"里的回答)!它们为什么能够传递所谓"不实在、间接存在"的"客观信息(自在信息)"呢?为什么突然又有"信息"可以传递了?

问题 5

反批评者说:"霍先生先是编造了一个弥天大谎。""在霍先生八篇质疑文章中,都贯穿了一个统一的批判逻辑。这就是他把物质和信息割裂开来而质疑邬焜先生的信息哲学,认为谈物质,就不能有信息;谈信息,就架空了物质。否则,就扣以邬焜先生'前是而后非、自相矛盾'的帽子。这是一个虚假的、一戳就破的批评逻辑。……无论是中介粒子、波场,还是一般的实体物,它们都是双重存在的,都是直接存在(物质)和间接存在(信息)的统一体,都既是物质体又是信息体。"

答:请参见笔者在"问题1、问题2"里的回答。

如果说"实在、直接存在"的"花朵"与"不实在、间接存在"的"镜中花","都是直接存在(物质)和间接存在(信息)的统一体",那么为什么"信息本体论"要说"直接存在≠间接存在(第三者)"呢?

人类为什么不能直接认知"天上的月亮"而要去认知"水中的月亮"呢？"物质本体"与"第三者（中介物）"怎么会是"统一体"呢？请问"信息哲学"为什么要说"'客观不实在'与标志物质世界的'客观实在'的存在方式具有本质的区别"呢？为什么要提出"认识发生的信息中介说"、"哲学认识论的信息中介论"呢？为什么要说"信息思维则是关于不实在的思维、关于间接存在的思维"呢？为什么不去思维"直接存在（物质）"而要替代传统哲学（马哲的物质思维）去建立"元哲学、最高哲学、第一哲学"呢？

问题 6

反批评者说："霍先生哲学与科学知识的欠缺性。霍先生在《邬焜先生〈信息认识论〉质疑》中说：'即时不能包含过程。水中月所反映的影像是即时的（退一步讲，即便是直接观察月亮所获得的月亮本体影像，也是即时的）'；'即时不能包含过程，所以说将中介粒子场（影像、自在信息）作为人类认知客观世界的根本途径，就是荒诞不经的。'"对此，邬焜先生认为，这明显是在承认'超矩作用'，早在 19 世纪科学就已经揭示，任何相互作用的传递都是需要时间的。一般说来，月亮反射的光线到达地球需要 1.28 秒，直接观察月亮所获得的信息其实是 1.28 秒以前月表的景象。如果是太阳，其辐射光到达地球则需要大约 8.20 分钟。"

答：邬先生所谓"时间差"问题，可谓顾左右而言他，并没有反驳"水中月所反映的影像是即时的"这一科学事实。光速一秒钟 30 万公里，"月亮反射的光线到达地球需要 1.28 秒"也可以看成是即时的，地球上的物体反射阳光抵达"我们的视网膜"的"时间差"（如水中月）可以忽略不计。但是，需要注意的是我们观察的对象，可以是数亿年前形成的。

问题的实质是"即时不能代替过程"！如果说"客观信息（自在信息）"的形成时间，比寒武纪地层稍有"时间差"，但这种名为"客观第二性"的"客观信息（自在信息）"，其实与"客观第一性"又有什么差别呢？如果我们现在手中拿着寒武纪的岩石或化石标本，请问晚于寒武纪化石或岩石数亿年的、观察对象即时辐射或反射的太阳光粒子（中介粒子场），怎么会有数亿年前寒武纪化石或岩石的质量、矿物、硬度、磁性、化学成分、物质结构和演化史的？在"中介粒子场（第三者）"里，这种瞬间就要湮灭的太阳光粒子，怎么会有数亿年前寒武纪化石或岩石的"同化和异化"历史或过程的？在寒武纪化石或岩石"未被主体把握和认识"前，即从寒武纪至今、进入"我们的视网膜"前，关于它们所谓"不实在"的"自在信息（客观信息）"，是怎样以"纯自然的方式""自身演化自身"的？（注：邬先生说："自在信息是客观间接存在的标志，是信息还未被主体把握和认识的信息的原始形态。在这个阶段里，信息还只是以其纯自然的方式，自身造就自身、自身规定自身、自身演化自身，从而展开其自身纯自然起源、运动、发展的历程。"[1]47）

问题 7

反批评者说：霍先生在《邬焜先生"信息进化论"质疑》中说："'农业生产作为人类第一个完全意义的生产形式，它的本质'应该首先是告别了原始的采集、渔猎生产方式，通过人工驯化（体力劳动与脑力劳动相结合），大力发展种植和养殖业，即物质资料的生产，从而解决了人类可以更大规模的繁衍生存问题。'仓廪实而知礼节，衣食足而知荣辱'，人类从事精神生产必须有物质基础。"对此，邬焜先生在《关于信息生产和信息生产力问题的讨论——对霍有光先生质疑的反批评》中明确说："人类的'物质资料的生产'并不是通过创造物质实现的，而是通过改变物体的结构信息实现的。所以，'物质资料的生产'不是'物质生产'，而是'信息生产'。'物质'概念和'物质资料'的概念并不等价，'物质资料的生产'和'物质生产'这两种说法也并不等价。说'精神生产必须有物质基础'是对的，但是，因为需要物质基础，就说精神生产是'物质生产'便大错特错了。"

答：请参见《关于邬焜先生"信息生产和信息生产力"观点的再质疑》一文（《天水师范学院学报》2012年第4期），不赘述。

问题8

反批评者说："在霍先生炮制的所谓'邬焜先生〈存在领域分割图〉中有关范畴与信息的关系问题'的图表中，竟然强调说'水无月影'的存在方式是'客观的'、'不实在的'，其对应的范畴是'客观不实在（水中无影像）'。这哪里是我的观点？我什么时候这样说话来着？这里所谓的'不实在'指的究竟是什么呢？是水是'不实在的'，还是'没有的月影'是'不实在的'？真令人莫名其妙！"

答："真令人莫名其妙"来自邬先生"存在领域分割图"让人"莫名其妙"。众所周知，水面、镜面能够反射物体的图像（影像），被称为镜像原理，如果需要，万物都可以在水面、镜面里成像。邬先生把"水中月影"定为"不实在""间接存在"的，并认定这就是"自在信息（客观信息）"（参见"问题1"里的回答）。但是，邬先生显然忘记了"水无月影"也有"信息"，笔者专门对此打了问号进行质疑。因为，"水无月影"有关于天阴不出月亮、水面被障碍物遮挡等"信息"，笔者甚至列出有至少有6种情况可以无"水中月影"，而这种"信息"若按照邬先生的推理逻辑，应该也是"不实在""间接存在"的。问题的要害是，"水无月影"可以使"水有月影"典型案例难以成立！况且，人们为什么不直接举头望明月，非要去低头看"水中月"从而获得所谓关于月亮本体的信息呢？

问题9

反批评者说："针对霍先生试图通过化验水中相关成分没有月亮的因素来否定水中包含有月亮的信息的论证方式，邬先生写道：'如果由化验所得水还是水的情景就可以判定没有关于月亮的信息的话，那么，去化验人的大脑也只有脑细胞和神经通路，由此也可以否定精神现象的存在。可见，霍先生的论证方法和理论逻辑荒诞到了何种地步！'"

答：需要指出的是，这是邬先生对笔直质疑"水中月（第三者）"与月亮（物质本体）没有整体和部分的关系、不能用"中介物（第三者）"代替认知物质本体时所作的反驳。笔者从来没有"否定精神现象的存在"，并反复指出与邬先生的根本分歧是，如果坚持传统哲学（马哲）的观点，"精神现象"（信息）只能是第二性的产物。这种答非所问的艺术不得不令人惊叹，每个人都不难明白，"人的大脑（脑细胞和神经通路）"与月亮也没有"整体和部分"的关系！但是化验"月亮本体"则有关于"月亮本体"的信息，这就是为什么人类产生第二性的"精神现象（如认知月亮）"不能用"水中月（第三者）"代替"天上月（物质本体）"的原因！

问题 10

反批评者说："霍先生的无中生有的凭空捏造性。邬焜先生在《与信息哲学相关的几个问题的讨论——对霍有光先生质疑的再质疑》中说：霍先生质疑我的第一个问题是：'从哲学角度将信息分为客观（不实在）信息与主观（不实在）信息，并用所谓的客观信息取代物质第一性的地位，使物质成为没有认知内容的空壳。'这一问题涉及的是物质、信息与精神的关系问题。说我'用所谓的客观信息取代物质第一性的地位'则纯粹是一种捏造或栽赃，说客气一点也是霍先生自己的随心杜撰。因为，在《自然辩证法新编》中根本就没有任何一句话说信息是第一性的，不仅在《自然辩证法新编》中，就是在我已经出版和发表的所有著作和论文中都没有这样的表述。而恰恰相反，坚持物质的第一性、信息的第二性是我所建立的信息哲学的最基本的理论基础。"

答：请参见笔者在"问题1、问题2"里的回答。如果一个人杀了人，他却说"在我已经出版和发表的所有著作和论文中"，"我'没有任何一句话'说杀过人"，那么究竟是"信其言"还是"察其行"呢？仅再举几例，立此存照：

邬先生说："客观的信息世界是由客观的物质世界载负的纯粹客观自在的存在，它不需要什么如霍先生所说的'谁'去'沟通'，如果硬要像霍先生所希望的那样非要找出一个'操纵''信息同化和异化'的'谁'来的话，那么，我们就只好去请出那个所谓的'上帝'了。天地无心、天道自然、万物自化、自为始因、自生中介、自身显现、自结关系、自通信息、自成过程。"[2]20——点评：在"客观的信息世界"里，有一种"自在信息（客观信息）"或"纯粹客观自在的存在"，既不需要"上帝"来沟通，也无须人来认知或沟通，它可以"自为始因、自生中介、自身显现、自结关系、自通信息、自成过程"。

邬先生说："宇宙开端（宇宙时为零）：从信息形态的尺度上来看，此时的宇宙可能存在着某种内部差异间的信息沟通活动，但是这些活动又都具有随机产生、随机耗散的特征。"[1]222 "总之，宇宙信息的自在进化构成了宇宙信息进化的坚实的主流。"[1]226——点评：具有物质第一性属性的"自在信息（客观信息）"，从"宇宙开端（宇宙时为零）"便开始演化了。

邬先生说："自然向上演化的进化发展，乃是一个信息不断创生、不断凝结积累的自组织过程，在这一过程中，既有信息形态在量上的扩张，也有信息形态在质上的迁跃。"[1]266——点评：所谓"自然向上演化的进化发展"，就是说自然界的进化过程与物质活动无关，"是一个信息不断创生、不断凝结积累的自组织过程"，包括"信息形态在量上的扩张"和"信息形态在质上的迁跃"。这种不以人的意志为转移的、作为"间接存在、不实在"的"客观信息（自在信息）"取代了物质的地位，有了质（"质上的迁跃"）和量（"量上的扩张"）。

邬先生说："物体的相互作用是通过物体自身辐射或反射的中介粒子

294

场来完成的。正是这个中介粒子场，载负着反映物体自身存在的方式和状态的信息。"[1]48——点评：①在"物体的相互作用"时，物体的内部没有可被认知的信息，只是它们的外部、处于两者之间的"中介粒子场""载负着反映物体自身存在的方式和状态的信息"。②"物体的相互作用"的原因或条件是"通过物体自身辐射或反射的中介粒子场来完成的"，否则物体无法发生相互作用。③"信息认识论"或"信息思维"的认知对象是"中介粒子场（自在信息、客观信息）"，因为它"载负着反映物体自身存在的方式和状态的信息"。

邬先生说："信息场就其本身与信源相脱离、相对立的意义上，它是同化信源信息的它物（从这一意义上也可把它看作是信宿），但就其是信源与本来异在的信宿的对立的意义上，它是信源向信宿异化信息，信宿同化信源信息这一过程的一个中介环节。"[1]50——点评：读起来非常拗口，但仔细琢磨也能理解。①所谓"中介环节"是指出"信息场"，"信息场"具有"与信源相脱离、相对立的意义"。它与被中介者的关系是：信源——信息场——信宿。②"信息场"能够"同化信源信息"，可"向信宿异化信息"。同化和异化作用发生在"不实在、间接存在"的"信息场"里，因为它与"实在、直接存在"的信源、信宿是"相脱离、相对立的"。

邬先生说："现代物理学揭示：物体（'粒子'）之间广泛存在着各种形式的场的普遍联系，这个场的联系是通过中介物质（粒子）的传递来实现的。这就告诉我们，在感知时，主客体虽然没有直接接触，但必然存在着中介粒子传递的间接联系。其实，在感知过程中，直接刺激我们感官的并不是客体本身，而是客体反射或辐射出来的粒子场。"[1]157——点评：主体（我们）不能直接认知客体，原因是"直接刺激我们感官的并不是客体本身"，人类认知的对象是"客体反射或辐射出来的粒子场"。这个"粒子场"在"信息哲学"里有多种称谓，譬如：中介粒子场、信息场、中介物等，它们寓于了所谓"不实在、间接存在"的"客观信息（自在信息)"。

邬先生说："其实，人类的产生归根到底也只是一个以信息凝结为中介的种系进化过程。这一种系进化过程凝结了宇宙大爆炸以来的宇宙进化演化的最一般的积极性成果的信息，如果讲得最切近一些，起码也凝结了地球生物起源和进化的最一般的积极性成果的信息。"[1]159——点评：①"人类的产生归根到底也只是一个以信息凝结为中介的种系进化过程"，就是认定在自然界漫长的生物进化过程中，"人类的产生"与物质演化和物质活动无关，只是一种"信息凝结为中介的种系进化过程"。②"种系进化过程凝结了宇宙大爆炸以来的""最一般的积极性成果的信息"，就是认定这种"信息"肇始于"宇宙大爆炸"即"宇宙开端（宇宙时为零）"，使这种数百亿年前就形成了的"信息"（客观信息、自在信息），取得了类似物质第一性的地位，并成为"信息认识论"或"信息思维"的认知对象。③科学事实是，地球大约有四五十亿年的演化史，当年"地球生物起源和进化的"物质成果，即便曾有数亿年前、数千万年前、数百万年前、数万年前的中介光子场（粒子场），那时人类和"人的视网膜"还没有产生，而当年某时某刻产生的辐射粒子早就灰飞烟灭了！如果有什么"凝结"的"最一般的积极性成果"，也只能是"实在、直接存在"的具体物质，而根本不可能是什么"不实在、间接存在"的客观信息（"一个以信息凝结为中介的种系进化过程"）！

邬先生说："直到今日，人类对地球以外的宇观世界的认识还只能依赖于这些对象给我们发来的光……尽管如此，人类仍然无法直接面对这些对象，也不存在对这些对象进行直接度量的途径和方式。"[3]30——点评：人类"不存在对这些对象进行直接度量的途径和方式"，就是说无法对物质世界进行"直接度量"，人类无法直接认知物质世界，"我们永远只能借助于第三者来把握我们的对象"。

邬先生说："也许有人会问：为什么要以信息活动的过程，而不是以物质活动的过程来规定认识过程呢？诚然，从感知到思维的信息传递过程是一个物质化过程（神经细胞膜内的电传导和神经细胞突触间的化学传导）。但是，这一物质化过程仅仅是作为信息的载体形式存在着。在感知思维活动对外界客体信息和主体认识结构中凝结着的信息进行识辨、加工、改造的时候，神经系统内部的载体的物质性活动并不在感知、思维中被明确的意识到。人们要认识这些载体的物质性活动，不得不通过另外的途径，把载体的运动作为客体，通过捕捉载体运动所生发出来的信息，才能认识载体运动本身。所以，要揭示认识的本质特征，便只能用信息活动的过程，而不能用物质活动的过程来规定人的认识。"[1]163-164——点评：①邬先生对"信息哲学"有取代传统哲学（马哲）之嫌，心知肚明（即旨在建立一门新的"元哲学、第一哲学、最高哲学"）。②邬先生说："物质思维和能量思维都是关于实在的思维，都是关于直接存在的思维。"[1]424，不知邬先生在提出"信息思维则是关于不实在的思维、关于间接存在的思维"的时候，是不是承认有"关于直接存在的思维"呢？是不是想否定传统哲学（马哲）呢？③所谓"物质化过程仅仅是作为信息的载体形式存在着"可谓荒谬之极。其一，"信息"在没有被人类认知之前，居然有与物质同在的所谓"载体"，难道这种"信息"不是第一性的吗？其二，"物质化过程"的载体是"实在、直接存在"的物质，怎么能够是"不实在、间接存在"的"客观信息（自在信息）"呢？若用逻辑检验，难道"不实在"的东西可以有"载体"（这样的概念能够成立）吗？"物质化过程"只能赋存于物质本体之内，怎么能够赋存于"第三者（中介粒子场）"里呢？④所谓"要揭示认识的本质特征，便只能用信息活动的过程，而不能用物质活动的过程来规定人的认识"，难道不是用"客观信息（自在信息）—主观信息（精神）"范畴来取代传统哲学（马哲）的"物质—精神（意识）"范畴吗？

问题11

反批评者说："针对霍先生关于邬先生认为客观信息可以脱离人的认

知而'自为'演化的说法，邬焜先生在《对〈'客观信息'范畴的再质疑〉一文的反批评》中写道：'中介物'并不就是'客观信息'，它仅仅是客观信息的载体，而客观信息不论如何也不是'自为'演化的。看来，霍先生并不明了信息与其载体的关系，也不明了'自在'与'自为'的关系。霍先生虽然把'自为'二字加了引号，但是他所质疑的这一观点却不是我的，是霍先生自己炮制的。"

答：邬先生说："自在信息是客观间接存在的标志，是信息还未被主体把握和认识的信息的原始形态。在这个阶段里，信息还只是以其纯自然的方式，自身造就自身、自身规定自身、自身演化自身，从而展开其自身纯自然起源、运动、发展的历程。"[1]47——请问"不实在"的"自在信息（客观信息）"，在处于"还未被主体把握和认识"的"原始形态"时，譬如手中的6亿年前的寒武纪岩石和化石标本，在"拿在手中""还未被主体把握和认识"前，它是怎样"以其纯自然的方式，自身造就自身、自身规定自身、自身演化自身"的？这种可"展开其自身纯自然起源、运动、发展的历程"是不是"自为"？这究竟是谁在"炮制""信息"可以像物质一样"纯自然的"演化呢？

综上所述，邬焜先生70万字的《信息哲学》，是一部名副其实的针对信息范畴而不是物质范畴的哲学专著。传统哲学（马哲）里的物质范畴变成了没有实际认知内容（信息）的空壳，不仅物质的存在、演化、价值等要靠所谓"中介粒子场（第三者）"里的"客观信息（自在信息）"来认识，而且乃至物质的质量也必须依赖"中介粒子场（第三者）"里的"客观信息（自在信息）"来度量（显示）。传统哲学（马哲）中物质范畴的地位是鹊巢鸠占了，物质范畴退休下岗了。

中国哲学界尤其应注意李国武先生的说法："邬焜用抽象思维这个哲学的仪器，经过严密的逻辑论证与推理，发现了信息的间接存在的科学规律。这是邬焜的伟大发现，他敏锐地抓住了信息这个信息时代的'关键词'，创立了信息哲学这个信息时代精神的精华和信息文明的活的灵魂，完成了系统的、科学的、严谨的信息哲学理论体系。……从信息哲学作为辩证唯物主义的第二个历史形态的意义上说,邬焜的发现并不亚于马克思的两个伟大发现对辩证唯物主义的第一个历史形态所作的贡献。"[4]如果说这个"伟大发现"标志中国"信息哲学已开始走向成熟性发展的阶段",如果说一个理论能够建立、经得起历史的考验,那么必须经得起逻辑与实践的检验。鼓励开展百家争鸣,显然有助于发展中国的信息哲学。通过不同视角的辩论,将自言自语,变为你言我语,必将激活人们的思辨能力,使更多的人来参与。完全可以相信,有争鸣比没有争鸣好,在众多哲学工作者的参与下,通过全面商榷与完善,中国的信息哲学一定能够得到健康的发展。

参考文献

[1] 邬焜. 信息哲学——理论、体系、方法 [M]. 北京:商务印书馆,2005.

[2] 邬焜. 信息哲学中的几个问题的再讨论——与霍有光先生再商榷 [J]. 江南大学学报》(人文社会科学版),2011 (2):20.

[3] 邬焜. 对霍有光先生《邬焜先生"信息的度量(质和量)论"质疑》一文的反批评 [J]. 江南大学学报(社科版),2012 (2):28 – 34.

[4] 李国武. 邬焜信息哲学到底是什么样的哲学?——兼评霍有光对邬焜信息哲学的质疑与双方的论争 [J]. 重庆邮电大学学报(社科版)。2012 (4).